Vázquez Fernandez

DIE VERWALTUNG DER ÖFFENTLICHEN SICHERHEIT UND DIE BILDUNG DER HAUPTSTADT GARA

Ocar Coronado Rincon
Francisco Espinoza Morales
Enrique Vazquez Fernandez

DIE VERWALTUNG DER ÖFFENTLICHEN SICHERHEIT UND DIE BILDUNG DER HAUPTSTADT GARA

Gobersecurity

ScienciaScripts

Cover image: www.ingimage.com

This book is a translation from the original published under ISBN 978-620-2-10915-4.

Publisher:
Sciencia Scripts
is a trademark of
Dodo Books Indian Ocean Ltd. and OmniScriptum S.R.L publishing group

120 High Road, East Finchley, London, N2 9ED, United Kingdom
Str. Armeneasca 28/1, office 1, Chisinau MD-2012, Republic of Moldova, Europe

ISBN: 978-620-5-81522-9

VERWALTUNG DER ÖFFENTLICHEN SICHERHEIT UND BILDUNG VON GARANTIEKAPITAL

Oscar Coronado Rincón, Francisco Espinosa Morales, Enrique Vázquez Fernández, Javier Carreón Guillén, Eleazar Villegas Gonzélez

(Koordinatoren)

Wissenschaftlicher Ausschuss

Dr. Christian Bucio Pacheco, Universidad Autónoma del Estado de México

Dr. Francisco Rubén Sandoval Vázquez, Autonome Universität des Bundesstaates Morelos

Dr. Gerardo Arturo Limón Domínguez, Autonome Universität von Chihuahua

Dr. José Marcos Bustos Aguayo, Universidad Nacional Autónoma de México

Dr. Rigoberto Sánchez Rosales, Autonome Universität des Bundesstaates Mexiko

Dr. Bertha L. Rivera Varela, Fernuniversität

Eréndira Fierro Moreno, Autonome Universität des mexikanischen Staates

Dr. Margarita Juárez Nájera, Universidad Autónoma Metropolitana

Dr. Michiko Amemiya Ramírez, Universidad Nacioal Autónoma de Mexico

VORWORT 4

EINFÜHRUNG 7

KAPITEL 1 9

KAPITEL 2 29

KAPITEL 3 53

KAPITEL 4 73

KAPITEL 5 105

KAPITEL 6 136

KAPITEL 7 164

KAPITEL 8 190

VORWORT

Die Beteiligung der Zivilgesellschaft stützt sich auf neue Kommunikationsmöglichkeiten, die sich nicht mehr nur auf die traditionellen Massenmedien stützen, sondern elektronische Geräte nutzen, die mit dem Internet verbunden sind, und zwar in größerem Umfang und mit einer schnelleren Zugriffsgeschwindigkeit als die Printmedien und auch schneller als Radio und Fernsehen. Gleichzeitig nimmt die Macht des Internets zu, da es zu einem neuen Mechanismus für den Zugang zu einer größeren Zahl von Nutzern fast überall auf der Welt wird. Angesichts einer derartigen Medienberichterstattung über politische, ökologische, wirtschaftliche und soziale Ereignisse besteht eine wichtige analytische Aufgabe darin, das Agenda-Setting zu untersuchen, das dazu beiträgt, zu bestimmen, welche Themen die größte Aufmerksamkeit in der Gesellschaft erregen und welche Themen in den Hintergrund treten und das allgemeine Interesse verlieren. Doch damit nicht genug, denn nicht nur die gewichteten und die ignorierten Themen ziehen die Aufmerksamkeit der Gemeinschaft unterschiedlich auf sich, sondern auch die von den Medien verwendeten Inhalte und Überzeugungstechniken beeinflussen die Meinungen und das Verhalten der Menschen, was den Hauptgrund für das Interesse an diesem Text darstellt.

Die Arbeitsweise, die sich durch alle Kapitel des Buches zieht, geht von dem methodischen Dreiklang aus, das *Problem* zu formulieren, *die Theorien mit der größten Erklärungskraft zu analysieren und ein entsprechendes Modell vorzuschlagen, das auf systematisch ausgewählten beobachtbaren Variablen beruht.* Zunächst werden die Themen Medien und öffentliches Agendasetting als artikulierendes Problem betrachtet. Die Art und Weise, in der beide Prozesse miteinander verflochten sind, wird im Detail analysiert, wobei auf nationale und internationale Angelegenheiten Bezug genommen wird, bei denen Gruppen und Einzelpersonen eine besondere Berichterstattung zum Nachteil anderer Ereignisse von gleicher oder vielleicht größerer Bedeutung im öffentlichen Leben erhalten. Die Autoren dieses Buches analysieren die Probleme der Einstellungsbildung im Hinblick auf das Agenda-Setting der Medien und schlagen Modelle vor, die den Prozess erklären und eine Debatte mit dem Leser eröffnen. Verschiedene theoretische Ansätze zur Einstellung, ihre Konzepte, Grundsätze und Erkenntnisse bilden die Quelle der Analyse für dieses Buch, das von Dr. Javier Carreón und Dr. Jorge Hernández koordiniert wird. Einstellungen stehen im Mittelpunkt, weil man davon ausgeht, dass die Prozesse der Beeinflussung - häufig medialen Ursprungs - erklären, wie sich Einstellungen konstituieren und verfestigen, so dass individuelle und gruppenspezifische Verhaltenstendenzen gegenüber Objekten des gesellschaftlichen Lebens oder einer wirtschaftlichen und politischen Ordnung erklärt werden können. Die Einstellungen und das Verhalten der Bürger hängen von den Einflüssen anderer Individuen und Gruppen sowie von ihrer eigenen Fähigkeit ab, Informationen auszuwählen und kognitiv zu verarbeiten. Die *Massenmedien* und das Internet verstärken die Wirkung dieser sozialen Einflüsse und stellen die Analysefähigkeit der Menschen auf die Probe.

Die Forscher in der Sozialpsychologie und die international veröffentlichten Arbeiten, die in den letzten Ausgaben der *Annual Review of Psychology erschienen sind*, zeigen die Vitalität des Bereichs der Einstellungsforschung, der sich von den immer wichtiger werdenden Themen der Verhaltensvorhersage, der Einstellungsänderung und der Überzeugung bis hin zu den moderneren differenzierten Formen der Einstellungsmessung erstreckt, sei es durch Selbstauskünfte oder implizite Messungen auf der Grundlage von Reaktionszeiten auf verschiedene Ereignisse oder Reizsituationen. Der Einsatz neuer methodischer Mittel zur Erhebung von Meinungen und Einstellungen ermöglicht eine Annäherung an die Untersuchung der psychosozialen Auswirkungen der Medien.

Dr. Carreón und Dr. Hernández ist es in Zusammenarbeit mit einer großen Gruppe von Forschern gelungen, die Aufmerksamkeit auf Themen von großer internationaler und nationaler Bedeutung zu lenken. Zu den behandelten Themen gehören die Einstellung zu Krankheiten, die Entwicklung von Kindern, Unsicherheit und Diebstahl sowie die Probleme einer schlechten Regierungsführung angesichts von Umweltproblemen. Alle diese Probleme werden auf den folgenden Seiten mit großer konzeptioneller und methodischer Strenge behandelt. So wird beispielsweise eine Analyse vorgelegt, die uns zwingt, über die Merkmale des kriminellen Verhaltens und die Wahrnehmung der öffentlichen Unsicherheit nachzudenken, Prozesse, die das Vertrauen der Bürger in die Behörden erheblich beeinträchtigt und die Gewohnheiten der Einwohner von Städten, in denen Kriminalität vorherrscht, verändert haben.

Die Agenda-Setting-Theorie als Funktion der Massenmedien spielt hier eine wesentliche Rolle und zeigt ihre erklärende Bedeutung. Fast ein halbes Jahrhundert Arbeit an dieser Theorie hat dazu beigetragen, unser Verständnis für die Rolle der Print- und elektronischen Medien bei der Beeinflussung von Einstellungen und Verhalten als Ziel der Beeinflussung zu verbessern. Maxwell McCombs und Donald Shaw, die Begründer der Theorie, stellten in ihrem inzwischen klassischen Aufsatz die Hypothese auf, dass die Massenmedien eine Agenda-Setting-Funktion haben, indem sie signifikante Korrelationen zwischen den Meinungen der Leser und den Medieninhalten, die sie während einer politischen Kampagne konsultierten, feststellten. Diese Forscher wiesen kürzlich darauf hin, dass die große Zahl der seit der ersten Formulierung veröffentlichten Forschungsergebnisse die Gültigkeit des theoretischen Ansatzes belegt. Zu den behandelten Themen gehören politische Themen, die Bestimmung von Themen zwischen der Medienagenda und der öffentlichen Agenda, die kognitiven Prozesse der selektiven Informationsaufnahme, der Erfahrung und der Informationsverarbeitung sowie methodologische Arbeiten wie die Konstruktion von Modellen und Analysemethoden zur Entschlüsselung von Agenden und vieles mehr. An diesem Punkt trägt das vorliegende Buch zur Diskussion verschiedener Analyseelemente bei und schlägt die Entwicklung einer alternativen Agenda zur derzeitigen ausgrenzenden und räuberischen Agenda vor, die die Interessen und Bedürfnisse der Bevölkerung im Rahmen eines Schemas der Nachhaltigkeit rettet.

EINFÜHRUNG

In diesem Werk werden verschiedene Forschungsstudien vorgestellt, die die enorme Komplexität der sozialen Probleme widerspiegeln, die mit der Untersuchung der kriminellen Gesellschaft verbunden sind. Zu diesem Zweck finden wir in diesem Buch verschiedene Modelle von Haltungen, die die Konstruktion der öffentlichen Agenda durch die öffentliche Meinung erklären.

In einigen anderen Beiträgen wird ein Modell vorgeschlagen, um die Diskussion über die Etablierung von Migration als zentrales trilaterales Agenda-Setting-Thema zu eröffnen. Wir finden auch einen Überblick über die Agenda-Setting-Theorie und den Stand des Wissens für die Untersuchung des Selbstmanagements im Bereich der privaten Sicherheit und der Konstruktion einer auf den sozialen Frieden ausgerichteten Bürgeridentität.

Sie zeigt, wie die Informations- und Kommunikationstechnologien des Internets, vor allem die sozialen Netzwerke, die Themen bestimmen, die in den anderen herkömmlichen Medien verbreitet werden.

Andererseits werden Fragen der Erziehung zu einer Kultur des Friedens und des sozialen Unternehmertums angesprochen, die sich auf die berufliche Ausbildung von Talenten konzentrieren, die dazu berufen sind, die Ordnung, Sicherheit und Befriedung der Gesellschaft wiederherzustellen, um Verbrechen zu verhindern, Korruption zu bekämpfen und das Vertrauen der Öffentlichkeit in die Behörden zu stärken. Er weist darauf hin, dass sowohl die Regierenden als auch die Regierten für den Aufbau eines Bildungssystems verantwortlich sind, das nicht nur Wissen und Fähigkeiten vermittelt, sondern auch bürgerliche Werte und Tugenden fördert.

Es werden Studien über Gewalt ausgewertet, um ihre Materialisierung in organisierten Bürgergruppen zu erörtern. Ausgehend von der Gegenüberstellung von Anzeigen, Strafverfolgung und Verurteilung werden eine Theorie und Konzepte vorgestellt, um ein empirisch überprüfbares Modell zur Analyse der Auswirkungen sicherheitspolitischer Maßnahmen auf die Lebensweise der Bürger und kollektives Handeln angesichts von Gewalt zu spezifizieren.

Schließlich haben wir den historischen Hintergrund des internationalen und nationalen Panoramas der Integration von Frauen in die Polizeikräfte gefunden, da sie mit verschiedenen Situationen konfrontiert sind, die ihre Würde als Person und als Frau gefährden, von dem Moment an, in dem sie zur Ausbildung zugelassen werden, bis zu ihrer Eingliederung in den Arbeitsmarkt.

KAPITEL 1

Einführung

Die Methodik von Big Data und Information Mining hat sich auf Szenarien ausgewirkt, in denen Aufzeichnungen systematisch sind und in diesem Sinne zukünftige Macht- und Einflussbeziehungen zwischen regierenden und regierten Akteuren vorwegnehmen. In diesem Sinne ist es das Ziel dieses Papiers, die Diskussion über die Konstruktion öffentlicher Politiken auf der Grundlage von Theorien und Methoden zu eröffnen, die aufgrund ihrer historischen Aufzeichnungen und ihres Umfangs so analysiert werden können, dass sie zur öffentlichen Entscheidungsfindung beitragen.

Es wurde eine dokumentarische, querschnittliche und explorative Studie mit einer bewussten Auswahl von Quellen durchgeführt, die den Veröffentlichungszeitraum von 2000 bis 2017 sowie die Diskussion der Begriffe "Vielfalt", "Entwicklung" und "Sicherheit" berücksichtigt. Die Informationen wurden dann mit Hilfe der Delphi-Technik in Inhaltsanalysematrizen verarbeitet, die darin bestehen, die aus den Quellen ausgewählten Informationen zu kontrastieren, um die Trajektorien der Abhängigkeitsbeziehungen zwischen den fraglichen Variablen zu ermitteln.

Das Projekt ist Teil der Abteilung für Sozialwissenschaften, Disziplin der Sozialen Arbeit, Bereich der Informations- und Technologiestudien. Das Projekt wurde von der Universidad Nacional Autónoma de México, Dirección General de Asuntos del Personal Académico, Programa de Apoyo a Proyectos de Investigación e Innovación Tecnológica, Registry IN153016 gefördert.

Diversitätsorientierte Entwicklungspolitik

Im Rahmen der Vielfalt, der sozialen Entwicklung und der Sicherheit, der Beziehungen zwischen Männern und Frauen, der Beschäftigungsmöglichkeiten und -kapazitäten kann die Diskussion über Ähnlichkeiten und Unterschiede zwischen den Konzepten der menschlichen, nachhaltigen und lokalen Entwicklung in zwei Indikatoren der sozialen Entwicklung verortet werden: 1) Würde des Lebens und 2) Lebensqualität (Sojo; 2006: S. 66), sowie auf institutioneller Ebene im

9

Hinblick auf ihre Unkoordinierung auf verschiedenen Regierungsebenen, Bund, Länder und Gemeinden.

Die Würde des Lebens bezieht sich auf die Menschen- und Sozialrechte als Vermittler von öffentlichem Handeln und sozialen Bedürfnissen (Sojo, 2006: S. 66). Das heißt, der Ansatz der sozialen Entwicklung geht davon aus, dass die Unterschiede in den Rechten von Männern und Frauen dadurch entstehen, dass beide Identitäten, Männer und Frauen, Opfer eines Schmelztiegels von Verletzungen ihrer Rechte sind. Denn obwohl sie sich in ihren Möglichkeiten und Fähigkeiten unterscheiden, haben sie gemeinsame Probleme und Strategien für ihre Entwicklung.

Dies ist der Fall bei der Lebensqualität, die sich auf Gesundheit, Ernährung, Wohnen, Bildung, Umwelt, Kultur und Langlebigkeit bezieht (Sojo, 2006: S. 66). Es geht um die Möglichkeiten und Kapazitäten des Zugangs und der Nutzung jedes dieser Privilegien, die wiederum zwischen der Anerkennung und der Ignoranz der weiblichen und der männlichen Identität angesiedelt sind.

So ist die soziale Entwicklung ein Produkt öffentlicher und privater Maßnahmen, Programme und Strategien, die auf Würde und Gesundheit abzielen und sich in der Lebensqualität widerspiegeln, aber gleichzeitig Teil eines Teufelskreises aus Ähnlichkeit (gemeinsame Probleme) und Differenzierung (Entwicklungsprivilegien). Daher ist eine staatliche Führung erforderlich (Carreón, 2015: S. 264).

Aus dieser Definition der sozialen Entwicklung lassen sich die Unterschiede und Gemeinsamkeiten zwischen menschlicher, nachhaltiger und lokaler Entwicklung ableiten. Es wird unabdingbar sein, die Definitionen, Ziele, Instrumente und Zielsetzungen festzulegen, die sie voneinander unterscheiden, da die Knappheit oder Nichtexistenz von Würde und Lebensqualität der gemeinsame Nenner ist (Carreón, Hernández und Quintero, 2016: S. 154).

Es ist jedoch zu bedenken, dass die Unterschiede bei den Beschäftigungsmöglichkeiten und -kapazitäten von Männern und Frauen auf Unzulänglichkeiten des Arbeitsmarktes zurückzuführen sind (Sojo, 2006: S. 66). Daher sind Maßnahmen zur Erhebung und Umverteilung von Einkommen von entscheidender Bedeutung für die Klärung der Solidarität, die männliche und weibliche Identitäten kennzeichnet, insbesondere für die Zusammenarbeit bei ihrer Entwicklung.

Anhand einer Matrix, die die nachhaltige, menschliche und lokale Dimension umfasst, lassen sich Unterschiede und Gemeinsamkeiten erkennen, wenn man die Diagnose in Bezug auf das Fehlen oder den Mangel an Rechten, Zielen, Instrumenten und Zielen betrachtet (siehe Tabelle 1).

Tabelle 1. Matrix der Entwicklungsähnlichkeiten und -unterschiede

Dimension	Diagnostik *(Fehlen oder Unwirksamkeit, Ineffizienz und Unwirksamkeit von Ansprüchen)*	Zielsetzungen *(Wirksamkeit der Rechte)*	Instrumente *(Wirksamkeit der Rechte)*	Ziele *(Wirksamkeit der Rechte)*
Nachhaltig *(Schaffung von Gesundheits-, Bildungs- und Beschäftigungsmöglic hkeiten mit Schwerpunkt auf sozialer Gleichstellung: Frauen, Afroamerikaner, indigene Völker und ältere Erwachsene zur Überwindung der Armut).*	Abbau des Staates (S. 72); fehlende Lenkungsfunktion des SEDESOL, fehlende Koordination auf Bundes-, Landes- und Gemeindeebene, Polarisierung, soziale Ungleichheit (S. 74), Eindämmung und Reduzierung der öffentlichen Ausgaben (S. 71 und 72), Ausnahmeregelungen für Unternehmen und Reduzierung der staatlichen Beschäftigung (S. 72), diskontinuierliches Wachstum (S. 70), begrenzter Beitrag der Unternehmen (S. 71), Wettbewerb bei Dienstleistungen und Handel (S. 71), staatliche Fehlentwicklungen; makroökonomisches Management (S. 72), extreme Armut, Feminisierung der Armut (S. 73), staatliche Fehlentwicklungen (S. 72). 70), begrenzter Beitrag der Unternehmen (S. 71), Wettbewerb bei Dienstleistungen und Handel (S. 71), staatliche Fehlentwicklungen; makroökonomisches Management (S. 72), extreme Armut, Feminisierung der Armut (S. 73) nach Rasse und	Interinstitutionelle Koordination, Wiederherstellung des Vertrauens der Bürger (S. 72), soziale Integration (S. 73).	Sozialpolitik: Schwerpunkt, Koordinierung und Einfluss, institutioneller Rahmen (Minute 4: 48), öffentliche Investitionen (S. 71), sozialer Dialog (S. 73), Vertretung und Governance (S. 72), Solidarität und soziale Integration (S. 71), staatliche Verantwortung (S. 73); Transparenz (S. 73), nationaler Kampf gegen den Hunger, Anschluss an die Volksversicherung, Verknüpfung von Subventionen und produktiven Tätigkeiten	Anhaltendes Wachstum (S. 70).

	Alter (S. 74), Bildungsrückstand, Zugang zur Gesundheitsversorgung, Zugang zu Wohnraum, Einkommen			
Humana *(Aufbau von Kapazitäten für Würde und Lebensqualität in den Bereichen Gesundheit, Bildung und Beschäftigung)*	Mobilitätsanforderungen (S. 66 und 67), institutionelle Unsicherheit (S. 67), Informalität der Arbeit (S. 68), Arbeitslosigkeit (S. 70).	Überwindung der Armut (S.68), Stärkung des Humankapitals (S.69).	Allgemeine Pflege (S.67); Bildung (S.66).	Familienfürsorge (S. 68).
Lokal *(öffentliche und private Unterstützung und Dienstleistungen durch solidarischen Kooperativismus)*	Aufgabe der Zentralität des Staates (S. 74), Ende der Wohlfahrt und des Paternalismus (S. 75), politische Korruption und sozialer Rückzug (S. 71), institutioneller Verwaltungszentralismus (S. 71), Verknappung der fiskalischen Ressourcen, monetäre Unsicherheit, Ausgrenzung der Arbeit (S. 67), soziales Misstrauen (S. 72).	Beschäftigungsmöglichkeiten (S. 66), Förderung positiver Interaktionen zwischen Kulturen und Gemeinschaften (S. 75).	Soziale und wirtschaftliche Belohnungen (S. 66), Migration und Rücküberweisungen (S. 67), Sozialkapital (S. 66 und 68), Solidarität und Vertrauen (S. 69), Förderung von Bewältigungsstrategien (S. 69).	Arbeitsplatzstabilität (S. 70), faire Entlohnung (S. 66).

Quelle: Auf der Grundlage von Sojo (2006).

Auf diese Weise bezieht sich die nachhaltige Entwicklung auf einen Bereich, in dem der Staat Möglichkeiten schafft und zu den Kapazitäten der Zivilgesellschaft beiträgt, um Ungleichheiten zwischen Kulturen, Orten, Gemeinschaften, Familien und Individuen zu verringern (Carreón, 2016: S. 82).

Wenn nachhaltige Entwicklung auf soziale Gleichheit abzielt, um die Armut der am stärksten ausgegrenzten Sektoren zu überwinden, dann wird sich die menschliche Entwicklung auf die Förderung von Gesundheit, Bildung und Arbeitsrechten konzentrieren, um die Bildung von Fähigkeiten zu etablieren, die in der Erreichung von Würde und Lebensqualität gipfeln (García et al., 2016: S. 75).

Auf diese Weise werden die Bedürfnisse und Erwartungen der Menschen mit den Maßnahmen zur Stärkung des Humankapitals durch die soziale Betreuung im Allgemeinen und die pädagogische Betreuung im Besonderen in Einklang gebracht, wodurch die gewünschte soziale Wohlfahrt entsteht (Carreón, 2013: S. 154).

Die Abkehr des Staates von der Bevormundung durch die Wohlfahrt setzt jedoch eine lokale Politik voraus, die sich auf den Wiederaufbau des sozialen Gefüges und die Wiederherstellung des Vertrauens der Bürger durch die Förderung von Solidarität und kooperativen Beziehungen sowie von sozialen und wirtschaftlichen Ausgleichsmaßnahmen konzentriert, die durch Arbeits- und Lohngerechtigkeit gekennzeichnet sind.

In allen Dimensionen der nachhaltigen, menschlichen und lokalen Entwicklung ist die Wirksamkeit, Effizienz und Effektivität von Rechten von zentraler Bedeutung für die staatliche und zivile Agenda, und zwar über alle Kulturen, Rassen, Geschlechter, Altersgruppen, Bildungsniveaus und Einkommen hinweg.

Anhand der Unterschiede und Gemeinsamkeiten zwischen nachhaltiger, menschlicher und lokaler Entwicklung lässt sich u. a. die Ungleichheit zwischen Männern und Frauen beobachten. Dies liegt daran, dass die Probleme, Zielsetzungen, Instrumente und Ziele die weibliche Identität gegenüber der männlichen zu

benachteiligen scheinen, was sich nicht nur in der Zahl der Armen zeigt, sondern auch in den von Institutionen und Unternehmen geschaffenen Möglichkeiten, die eine Wettbewerbslogik begünstigen, die sich auf die Überzeugung vom Erfolg konzentriert, ein wesentliches Attribut der männlichen Identität, und zum Nachteil der Ethik der Erhaltung, ein grundlegendes Merkmal der weiblichen Identität.

Auf diese Weise wird eine nachhaltige, menschliche und lokale Entwicklungspolitik, die auf Wettbewerb statt auf Solidarität setzt, die männliche Identität begünstigen, gleichzeitig aber nicht nur die weibliche Identität in den Bereichen Gesundheit, Bildung und Beschäftigung ausschließen, sondern auch die männliche Identität auf diese Bereiche beschränken und familienbezogene Themen wie Vaterschaftsrechte ignorieren.

Eingliederung und Schutz für Vielfalt und soziale Entwicklung

Das Phänomen der Migrationsströme männlicher Jugendlicher kann anhand der Asymmetrien und Ähnlichkeiten zwischen den Prozessen der sozialen Eingliederung und des Schutzes verstanden werden, wenn man bedenkt, dass die Menschenrechte das Instrument der universellen und umfassenden Umsetzung sind (Cecchini, 2015: S. 331 und 346).

Mit anderen Worten, soziale Eingliederung, die eine Ethik, eine Berufung und ein Diskurs der Gleichheit ist, impliziert nicht nur die Ausübung von Rechten in der Grundlage von Programmen und Strategien, sondern ist auch auf den Abbau von Barrieren ausgerichtet, die den Aufbau von Bürgerschaft, Zusammenhalt, Zugehörigkeit und demokratischem Leben behindern (Cecchini, 2015: S. 332). Durch administrative Dezentralisierung, soziale Anerkennung, Sozialpakt, Konfliktverhandlung und die Ausweitung von Rechten zur sozialen Umverteilung (Cecchini, 2015: S. 333 und 346).

Wenn sich soziale Inklusion im Sozialschutz als Synonym für Sozialhilfe widerspiegelt (Cecchini, 2015: S. 332), dann hätten Männlichkeiten in ihrem Zustand der Jugend und der Migrationsströme reichlich Möglichkeiten, einbezogen und geschützt zu werden, aber Letzteres impliziert Sozialhilfe in Bezug auf Progressivität, Gleichheit,

Vollständigkeit, Institutionalität, Partizipation, Transparenz, Zugänglichkeit und Verantwortlichkeit (Cecchini, 2015: S. 333).

Mit anderen Worten: Die sozialen und wirtschaftlichen Rechte müssen nicht nur vom Staat garantiert werden, sondern auch Teil einer Politik, eines Programms und einer Strategie sein, die auf die Beseitigung von Ungleichheiten abzielen, die durch ihren regressiven Charakter im Hinblick auf die Undurchsichtigkeit der Ressourcen und die Unzugänglichkeit von Informationen gekennzeichnet sind (Cecchini, 2015: S. 346).

Daher sind die Gemeinsamkeiten und Unterschiede zwischen sozialer Eingliederung und Sozialschutz zentrale Themen auf der politischen und zivilgesellschaftlichen Agenda, vor allem im Hinblick auf die Diagnose von Ungleichheit und sozialer Ausgrenzung sowie die Ziele, Instrumente und Vorgaben für eine auf Schutz basierende Eingliederung.

Grob gesagt (siehe Tabelle 2) ist die soziale Eingliederung die Auswirkung des Sozialschutzes, der als umfassende Politik, Programm und Strategie zur Steuerung des Bedarfs und zur Umverteilung von Ressourcen verstanden wird, um (1) die Sozialhilfe, (2) die soziale Sicherheit und (3) den Arbeitsmarkt zu regeln.

Tabelle 2: Matrix der Unterschiede und Gemeinsamkeiten zwischen Sozialschutz und sozialer Eingliederung

Dimension	Diagnose (mangelnde Wirksamkeit, Effizienz und Wirksamkeit der Rechte)	Zielsetzung (Wirksamkeit der Rechte)	Instrument (Wirksamkeit der Rechte)	Ziel (Wirksamkeit der Rechte)
Inklusion (Diskurse über Ethik, Berufung und soziale Gleichheit für die Ausübung der sozialen und wirtschaftlichen Rechte)	Ethik der Ungleichheit (S. 332), Verzerrung der Staatsbürgerschaft (S. 332), Fehlen von Zusammenhalt, sozialer Zugehörigkeit und demokratischem Leben (S. 332),	Gleichheit in der Wohlfahrt (S. 332), Würde, Autonomie und Freiheit (S. 344), demokratische Beteiligung (S. 344), Universalität der Rechte (S. 346).	Dezentralisierung der Zuständigkeiten (S. 346), soziale Anerkennung unabhängig von Geschlecht, Rasse, ethnischer Zugehörigkeit, Alter, Zugehörigkeit zu bestimmten sozioökonomischen Gruppen oder geografischer Lage (S. 332), soziale Pakte (S. 333), Konfliktverhandlung (S. 333), Erweiterung der Rechte (S. 333), sozialer Zusammenhalt und Identität (S. 333).	Soziale Umverteilung (S. 332), Diskurse über Rechte (S. 332),
Schutz (Umsetzung wirtschaftlicher und sozialer Rechte auf der Grundlage von Standards für Progressivität, Gleichheit, Vollständigkeit, Institutionalität, Beteiligung, Transparenz, Zugang und Rechenschaftspflicht).	Politik der sozialen Ungleichheit (S. 332), Regressivität, die die Ausübung sozialer und wirtschaftlicher Rechte behindert (S. 333), illegale und informelle Arbeit, mehrdimensionale Armut, unterschiedliche Bedürfnisse, vorübergehende und chronische weibliche Alleinerziehende. Mangelnde technische und operative Koordinierung auf kommunaler Ebene, undurchsichtige Information und Verwaltung.	Verringerung der sozialen Ungleichheit (S. 332) auf der Grundlage von Vollständigkeit, Bedarfsermittlung und Gewährleistung des Zugangs zu Ressourcen, Förderung von menschenwürdiger Arbeit mit Schwerpunkt auf dem Einkommen.	Universelle Politiken (S. 332), horizontale Vollständigkeit, vertikale Verwaltung, sektorale Transversalität, institutionelle Koordinierung, Förderung der Menschenrechte; wirtschaftliche und soziale Rechte mit einem unveräußerlichen Sinn (S. 331 und 332), Deckung des Bedarfs (S. 335), Konfliktkontrollsysteme.	Sozialhilfe, beitragsabhängige soziale Sicherheit und Arbeitsmarktregulierung. Multisektoralität staatlicher Interventionen; rechtliche (S. 332), sozialversicherungsrechtliche (S. 342) und sozialhilferechtliche (S. 342) Verpflichtungen.

Quelle: Ausarbeitung auf der Grundlage von Cecchini et al. (2015).

Mit anderen Worten: Die soziale Ausgrenzung, die sich in sozialer Ungleichheit äußert und durch regressive wirtschaftliche und soziale Rechte bestimmt wird, spiegelt sich in illegaler und informeller Beschäftigung, mehrdimensionaler Armut und differenzierten Bedürfnissen wider und wirkt sich unmittelbar auf alleinerziehende Familien aus, die von Frauen geführt werden.

In diesem Sinne ist der Sozialschutz die Umsetzung von Strategien und Mechanismen der Unterstützung, der Sicherheit und des Arbeitsmarktes als Teil eines universellen, umfassenden, vertikalen in seiner Ausarbeitung und horizontalen in seiner Umsetzung, es nimmt eine sektorale Transversalität; institutionelle Koordinierung bei der Deckung der Bedürfnisse und die Kontrolle der Konflikte zwischen politischen und zivilen Akteuren.

Die Unterschiede und Gemeinsamkeiten zwischen der sozialen Eingliederung als einer vom Sozialschutz abgeleiteten Ethik und dem Sozialschutz, der als Strategie der Unterstützung, der Sicherheit und der Arbeitsregulierung verstanden wird, zeigen, dass 1) Migrantenströme aufgrund des demografischen Bonus einen Platz in der Integrität des Sozialschutzes einnehmen; 2) männliche Migranten jedoch nur dann

eine Priorität darstellen, wenn sie sich im produktiven Alter befinden; 3) sowohl Migrantenströme als auch männliche Identitäten anfälliger für die Ausgrenzung durch den Staat sind, da dieser den gefährdeten Teilen der einheimischen Bevölkerung Vorrang einräumt.

Große Daten und Informationsgewinnung

Im Rahmen der Informationsgesellschaft impliziert die Vielfalt der Daten für Entwicklungs- und Sicherheitsentscheidungen ein Wissensmanagement, das sich auf die Sammlung historischer Daten und die spezialisierte Datenverarbeitung für Prozessinnovationen sowie auf Qualitätsindikatoren für die Managementbewertung konzentriert (Morales, 2009: S. 50).

Die Wissensgesellschaft umfasst zwar gut strukturierte historische Informationssysteme, aber Vielfalt, Entwicklung und Sicherheit bedeuten, dass Daten in elektronischen Technologien, Geräten und Netzen nicht immer zugänglich oder verschlüsselbar sind.

So kann die Analyse von Vielfalt, sozialer Entwicklung und Sicherheit auf der Grundlage der Weltsicht durchgeführt werden, die sich auf die Komplexität der Darstellungen der Umwelt bezieht (Castro, 2011, S. 264). Dabei handelt es sich um Daten, die dokumentiert, halbdokumentiert oder noch zu dokumentieren sind. Dies ist der Fall bei den Macht- und Einflussbeziehungen, die sich in Gehorsam und Konformität widerspiegeln, Indikatoren der Biomacht (Conde, 2011: S. 288). Es handelt sich dabei um Daten, die der Staat in Bezug auf die Bürger zu beobachten begann, von denen man annahm, dass sie regimekritisch seien.

Beide Prozesse, Weltanschauungen und Biomacht, sind zentrale Knotenpunkte im Netz der Informationen, die Big-Data-Methodik und Data-Mining analysieren können, um historische Beziehungen von Macht und Einfluss, Konformität und Gehorsam zwischen Herrschern und Beherrschten zu ermitteln.

Die historische Sammlung von strukturierten, unstrukturierten und unstrukturierten Daten erfordert jedoch ein kollaboratives Management, das auf Vertrauen und Gegenseitigkeit beruht und die gegenseitige Abhängigkeit der beteiligten Parteien fördert (Porras, 2009: S. 78). Mit anderen Worten: Die dokumentarische und analytische Untersuchung von Vielfalt, Entwicklung und Sicherheit ist eine Untersuchung des Vertrauens und der Gegenseitigkeit, die sich auf die gegenseitige Abhängigkeit konzentriert.

Big Data und Data Mining (Big Data und Data Mening) umfassen drei Arten von Informationen: a) strukturierte, b) halbstrukturierte und unstrukturierte. Im ersten Fall handelt es sich um ordnungsgemäß gespeicherte und verarbeitete, interpretierbare und vorhersehbare Informationen. Im zweiten Fall handelt es sich um nominale Informationen, die für die Verarbeitung codiert werden können. Im dritten Fall handelt es sich um alltägliche und gelegentliche Informationen, die jedoch für die Verarbeitung gekennzeichnet und kodiert werden können (siehe Tabelle 3).

Tabelle 3: Taxonomie der Informationen

Tipo de Datos	Definición	Ejemplo
Estructurados	Datos con formato o esquema fijo que poseen campos fijos.	Hojas de cálculo y archivos o ficheros.
Semiestructurados	Datos que no tienen formatos fijos, pero contienen etiquetas y otros marcadores.	Texto de etiquetas XML y HTML.
No Estructurados	Datos sin tipos definidos, se almacenan principalmente como documentos u objetos sin estructura uniforme.	Audio, vídeo, fotografía, formatos de texto libre (e-mails; SMS, artículos; libros; mensajería de tipo WhatsApp, Viber, etc.)

Quelle: Ortiz, Aguilar und Giraldo (2016).

Im Falle der Sicherheit sind die strukturierten Daten in den Datenbanken der Institutionen enthalten, die sich mit der Überwachung der Gewalt oder der Befriedung befassen. In diesem Sinne handelt es sich bei den in den Medien verbreiteten Informationen um halbstrukturierte Daten. Gerüchte, Strategien und Meinungen der Zivilgesellschaft über das Verschwinden von Personen, Raubüberfälle, Entführungen, Erpressungen, Morde, Vergewaltigungen oder andere Verbrechen oder zivile oder persönliche Präventivstrategien werden als informelle oder unstrukturierte Daten betrachtet (Carreón et al., 2016).

Betrachtet man den Grad der Interaktion zwischen Informations- und Kommunikationstechnologien, Geräten und Netzen, so werden Big Data und Big Data Mining in folgende Bereiche eingeteilt: 1) Web und elektronische Netze; 2) Gerät-zu-Gerät; 3) elektronische Transaktionen; 4) Biometrie; 5) menschliche Interaktionen (siehe Abbildung 1).

Abbildung 1: Taxonomie der Informationen

Quelle: Ortiz, Aguilar und Giraldo (2016).

18

In jeder dieser Dimensionen sind sicherheitsrelevante Informationen von zentraler Bedeutung für die Erstellung einer umfassenden Agenda und die Bearbeitung der darin enthaltenen Themen, denn wenn Sicherheit als zentrales Thema auf der persönlichen, kollektiven oder politischen Agenda angesehen wird, dann werden sicherheitsrelevante Informationen in jeder Form von Informationen enthalten sein.

Auf der Grundlage dieser Taxonomien impliziert die Verarbeitung von Informationen in Big Data und Data Mening den Aufbau einer neuen Agenda, die sich nicht mehr auf staatliche Propaganda, Markenwerbung, Medieneinfluss oder die öffentliche Meinung konzentriert, sondern auf Informationen selbst. Dies bedeutet, dass solche Informationen auf eine Art und Weise verarbeitet werden können, die neue, bisher ungeahnte Wissenshorizonte eröffnen würde.

Der Nutzen von Big Data und Information Mining liegt in: a) Volumen, b) Geschwindigkeit, c) Vielfalt, d) Wahrhaftigkeit, e) Wert und f) Visualisierung. Jeder dieser Vorteile deutet darauf hin, dass Unternehmen, die Big-Data- und Information-Mining-Methoden anwenden, Wettbewerbsvorteile erlangen, die sie von ihren Konkurrenten unterscheiden (siehe Tabelle 4).

Tabelle 4: Wettbewerbsvorteile von Big Data und Information-Mining-Methoden

Característica	Explicación	Ejemplos
Volumen	Las actuaciones diarias tanto de empresas como de personas usuarias generan grandes volúmenes de datos.	Se habla de gigabytes, ahora se referencian petabytes y exabyte, para 2015 a 2020 será la era del zettabyte.
Velocidad	La velocidad se asocia al concepto de los datos en movimiento, es decir, la velocidad a la cual fluyen los datos.	Flujos continuos de datos que son imposibles de manipular por sistemas tradicionales.
Variedad (tipos de datos)	Las fuentes de datos pueden ser diversas (datos estructurados, no estructurados o semiestructurados). En big data las fuentes de datos no suelen ser típicas.	Los datos de redes sociales, imágenes y videos pueden venir de sensores y no suelen estar preparados para una integración en una aplicación.
Veracidad	La veracidad o fiabilidad (truth) es la confianza y credibilidad que los datos generados por big data suponen en la toma de decisiones en las empresas.	A medida que la variedad y las fuentes de datos crecen la fiabilidad suele ser menor para los directivos de las organizaciones.
Valor	Las organizaciones estudian cómo obtener información de los grandes datos de una manera rentable y eficiente.	Tecnologías que faciliten la analítica de datos (las tecnologías de código abierto como Apache Hadoop), aportan valor a las organizaciones.
Visualización	Actualmente muchas de las imágenes que nos traen a la memoria el trabajo con big data tienen que ver con estas nuevas formas de 'ver' estos datos.	El exponencial crecimiento de la información genera cada vez más problemáticas en torno a la gestión de la privacidad de la información y la visualización de contenidos.

Quelle: Ortiz, Aguilar und Giraldo (2016).

Die Herausforderungen und Chancen der Big-Data-Methodik und des Information Mining liegen jedoch in den Ressourcen der Organisationen. Das heißt, die Auswirkungen auf Managementstile, Entscheidungsfindung, Wissensmanagement und Organisationskultur werden einen Paradigmenwechsel von Informationen als Mittel zu Informationen als Zweck anzeigen. Denn Organisationen werden nicht länger eine Zukunft für sich selbst aufbauen, sondern sie werden zu Instrumenten der Wissens- und Informationsproduktion mit dem Ziel, eine große Datenbank aufzubauen, die es ermöglicht, Strategien, Programme und Politiken abzugrenzen, zu spezifizieren und effizienter zu gestalten (siehe Abbildung 2).

Abbildung 2: Auswirkungen von Big-Data-Methodik und Information Mining

Liderazgo	Tecnologia
Equipos con talento, creatividad y visión para: - Hacer las preguntas correctas. - Fijar objetivos claros y precisos. - Definir qué métricas son las más valiosas para conocer al cliente, progresar continuamente y mejorar los resultados de negocio. - Detectar oportunidades excepcionales. - Comprender cómo evolucionan los mercados. - Proponer nuevas ofertas y convencer a la gente de que las adopte. - Tratar efectivamente con clientes, empleados, accionistas y la sociedad en general.	- *Hadoop.* - Bases de Datos NoSQL. - Bases de Datos in-memory. Los directores de las áreas donde *big data* tenga gran impacto (marketing, finanzas, etc.) deben trabajar con los directores TI.

Gestión del talento	Toma de decisiones
Nacimiento de nuevos roles y profesiones: - Especialistas SEO - Analistas web - *Community manager* y *social media manager* - Analistas de *big data* - Científicos de datos A medida que la información resulta más barata de obtener, aquellas personas que sean capaces de analizarla destacarán por el valor añadido que darán a las organizaciones.	- La obtención, organización, estructura y análisis de los grandes volúmenes de datos permitirá una toma de decisiones más acertada y orientada al negocio, a las personas clientes y la satisfacción de sus necesidades, etc. - Construcción de modelos predictivos sencillos que optimicen los resultados de negocio.

Cultura corporativa
Big data necesita un cambio organizacional: - Desarrollar analíticas que demuestren con sencillez la evolución del negocio. - Crear analíticas sencillas para que sean utilizadas por el personal de la empresa. - Desarrollar las capacidades necesarias para obtener el máximo rendimiento de *big data*.

Quelle: Ortiz, Aguilar und Giraldo (2016).

Mit anderen Worten: In dem Maße, in dem sich strukturierte, halbstrukturierte und unstrukturierte Daten vermehren, wird die Informationsverarbeitung mit Big-Data-Methoden und Information Mining immer wichtiger. Dies liegt daran, dass Institutionen und Organisationen ihre Entscheidungen treffen, ihre Strategien entwickeln und ihre Sicherheitsprogramme auf der Grundlage der Analyse detaillierter Informationen erstellen müssen, die nicht nur Datenmuster, sondern auch scheinbar irrelevante Informationen betreffen, die jedoch bei ihrer Verarbeitung Bedeutungen offenbaren, die Organisationen und Institutionen in Zukunft leiten werden.

Theorien zu Big Data und Information Mining

Drei theoretische und konzeptionelle Rahmenwerke haben die Wechselbeziehung zwischen Technologien und Geräten und menschlichen Talenten, die als intellektuelles Kapital betrachtet werden, erklärt. Dabei handelt es sich um die Theorie der sechs Grade, die Theorie des digitalen Aktivismus und die Theorie der entstehenden Verbindungen (siehe Tabelle 5).

Tabelle 5: Theoretischer und konzeptioneller Rahmen für Big Data und Information Mining

Teoría	Definición	Comprobación/aplicación
Teoría de los seis grados de separación (Six Degrees Theory) Propuesta en 1929 por Frigyes Karinthy.	El número de personas conocidas crece exponencialmente con el número de vínculos que se tienen en una cadena, y ese número de vínculos necesarios son mínimos para que el conjunto de conocidos se convierta en la población humana entera.	En 6,6 pasos y con las tecnologías disponibles, se puede enviar un mensaje a cualquier individuo en cualquier lugar del planeta, así lo ha corroborado Microsoft Messenger (Agencia EFE, 2008).
Teoría de la sabiduría de las multitudes o los grupos Escrita por James Surowiecki en 2004	Las decisiones tomadas colectivamente por un grupo de personas, bajo ciertas condiciones, suelen ser más acertadas que las decisiones tomadas sobre la base del conocimiento de un experto o una sola persona del grupo (Colls y Bravo, 2012).	Linus Torvald (creador de Linux, sistema operativo, competidor directo de Microsoft), en 1991, publicó el código fuente, para que la gente pudiese acceder a él. Con esto logró que programadores en todo el mundo trabajaran para mejorar Linux (Surowiecki, 2004).
Teoría de vínculos débiles Propuesta por Mark Granovetter en 1973	El uso de los vínculos débiles[8] sirven como puentes para generar relaciones que promueven diversos fenómenos macro como la difusión, la movilidad social, la organización política y la cohesión social en general (Granovetter, 1973).	Esta teoría actualmente queda demostrada con el gran fenómeno de las redes sociales y profesionales (*Facebook, LinkedIn, Xing*) cuyo logro principal ha sido que las personas que mantienen contacto poco frecuente con otras sirvan como puentes para generar agrupaciones sociales.

Quelle: Ortiz, Aguilar und Giraldo (2016).

Die Theorie der sechs Grade, die vorgeschlagen wurde, um die Entscheidungsfindung auf der Grundlage des erwarteten Aufwands und der erwarteten Belohnung zu erklären, wenn man bedenkt, dass die Kommunikation von überall nach überall mit Hilfe von Technologien, Geräten und elektronischen Netzen erfolgen kann, warnt davor, dass die Sicherheit als zentrales Thema auf der politischen und bürgerlichen Agenda nicht nur eine Politik der Entlastung und der sofortigen Reaktion unter Annahme der sechs Phasen fördern würde, sondern erklärt auch, dass die Welt so vernetzt ist, dass die Zivilgesellschaft von ihren Herrschern ausspioniert wird, aber auch Beobachter der Leistung ihrer Behörden ist Carreón et al, 2016).

In diesem Sinne erfordert die Ausarbeitung von Vereinbarungen den Zugang zu und die Transparenz von sicherheitsrelevanten Informationen und Daten, aber nicht mehr von der öffentlichen Verwaltung oder der Wissenschaft, sondern von der Zivilgesellschaft. Mit anderen Worten, zivile Präventions- und Bewältigungsstrategien sind für die Selbstverteidigung und den Schutz der Bürger relevanter als die Politiken und Programme von Institutionen, die von

Experten in Bezug auf Risiken, Bedrohungen, Gewalt, Justiz oder Befriedung beraten werden.

Die Theorie des digitalen Aktivismus warnt davor, dass durch Diskussion, Konsens und interne Verantwortung in Gruppen, die bedroht oder potenzielle Opfer von Verbrechen sind, die effizientesten, wirksamsten und wirksamsten Initiativen und Vorschläge angesichts der wahrgenommenen Unsicherheit entwickelt werden. Es handelt sich um eine Gruppe von Zivilisten mit einem Bedarf an Informationen und Verarbeitungskapazitäten, die nicht nur vorbeugen oder eingreifen, sondern auch Informationen generieren, die Big Data und Information Mining nutzen können, um Szenarien der Wechselbeziehung und Konfrontation sowie des sozialen Wandels zu schaffen (García et al., 2016).

In zivilen Kreisen und Netzwerken wird jedoch über Konflikte zwischen Bürgern und Behörden in Bezug auf Gewalt und Kriminalität diskutiert, vor allem aber über Informationen, die nicht sehr strukturiert sind, obwohl sie für die Ermittlung von Unsicherheitsbereichen, Gefahrenzeiten, Gefährdungsszenarien oder Instrumenten zur Ausführung von

Straftaten relevant sind, die von der Zivilgesellschaft vielleicht nicht als relevant angesehen werden, aber bei der Verarbeitung als Big Data und Information Mining Dimensionen aufweisen, die in Verbindung mit strukturierten oder halbstrukturierten Daten eine besondere Bedeutung erlangen.

Die Theorie der entstehenden Verbindungen warnt davor, dass sich die Sicherheit verschlechtern oder in Szenarien wahrscheinlicher Kriminalität geschmiedet werden kann, die die Bürger selbst nicht wahrnehmen, sondern aus ihren Aussagen, Gerüchten, Meinungen, Erfahrungen, Bedürfnissen, Erwartungen oder Fähigkeiten ableiten. Dies ist eine symbolische und emotionale Dimension, in der die Zivilgesellschaft Informationen aufbaut, die, wenn sie kodifiziert und mit strukturierten und halbstrukturierten Daten von Institutionen oder den Medien in Verbindung gebracht werden können, es ermöglichen, Konfliktszenarien und Veränderungen in der Zivilgesellschaft und in Bezug auf ihre Behörden zu antizipieren (García, Carreón und Hernández, 2016).

Die drei theoretischen Rahmen ermöglichen die Interpretation und

Erklärung von Big Data und Information Mining im Zusammenhang mit der Sicherheit, insbesondere der Daten, die die Bürger unwissentlich sammeln.

Spezifizierung eines Modells für die Untersuchung von Vielfalt, Entwicklung und Sicherheit

Eine Spezifikation bezieht sich auf die Festlegung der Abhängigkeitsbeziehungen zwischen den in der Literaturübersicht verwendeten Variablen. In diesem Sinne erfordert die Methodik des Big Data und Information Mining komplexe Trajektorien (siehe Abbildung 3).

Abbildung 3: Spezifikation eines Modells für die Untersuchung der Komplexität der Trajektorien der Abhängigkeitsbeziehungen zwischen den im Stand der Technik verwendeten Variablen.

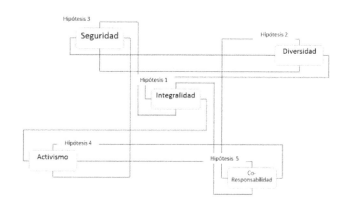

Quelle: Eigene Ausarbeitung

Aus der historischen Sammlung von strukturierten, halbstrukturierten oder unstrukturierten Daten lässt sich ein Verlauf mit fünf Annahmen über Abhängigkeitsbeziehungen ableiten.

Die erste Annahme, die von der Vollständigkeit der öffentlichen Politiken auf die anderen Dimensionen übergreift, legt nahe, dass der Staat für die Sicherheit zuständig ist, dass aber die Zivilgesellschaft die Vielzahl der Programme und Strategien bestimmt,

24

auch wenn die Bürger als Beobachter und Kritiker ihrer Leistungen auftreten.

Die zweite Hypothese betrifft die Vielfalt im Verhältnis zu den anderen Knotenpunkten. Es geht um das Verhältnis der Zivilgesellschaft zu den Institutionen. In diesem Sinne berücksichtigt die öffentliche Politik die Differenzierung der Bedürfnisse und Kapazitäten, aber der Umfang der Managementstrategien und der öffentlichen Verwaltung wird auf der Grundlage der zivilen Sektoren abgegrenzt.

Die dritte Annahme, die von der Sicherheit zu den anderen Instanzen übergeht, warnt davor, dass der Staat als Regierungsorgan und die Bürger als Verwahrer ihrer Rechte eine Synergie erzeugen, um eine gemeinsame Agenda aufzustellen und zu einer Mitverantwortung zu gelangen.

Die vierte Hypothese, die vom Aktivismus zu den anderen Achsen führt, legt nahe, dass zivile Sektoren, die Zugang zu digitalisierten Informationen haben, Maßnahmen gegen oder für eine öffentliche Politik ergreifen, die sich an ihrer Integrität orientiert, aber durch die soziale Vielfalt begrenzt ist.

Die fünfte Annahme schließlich, die der Mitverantwortung für die anderen Faktoren, spiegelt den Konsens zwischen den politischen und zivilgesellschaftlichen Akteuren über den Umfang der öffentlichen Maßnahmen, die Vielfalt der Bedürfnisse und Erwartungen und den sozialen Aktivismus in den Medien, vor allem durch elektronische Technologien und Geräte, wider.

Abschließende Überlegungen

Der Beitrag dieses Papiers zur Untersuchung von Vielfalt, Entwicklung und Sicherheit liegt in der Spezifizierung eines Modells, das die taxonomische Methodik von Big Data und Information Mining nutzt, sowie in einem theoretischen Rahmen, der die Abhängigkeitsbeziehungen zwischen den im Wissensstand überprüften Faktoren erklärt.

Eine Gegenüberstellung des Modells mit der historischen Sammlung strukturierter, halbstrukturierter und unstrukturierter Daten würde jedoch die Grenzen der Spezifikation aufzeigen. Es wird empfohlen, die Informationen mit den Datenbanken zu verarbeiten, die dem Umfang der Sozial- und Wirtschaftspolitik, den Meinungsumfragen zu den sozialen

Bedürfnissen und den Erwartungen der Bürger, den Bürgerbeschwerden an die öffentlichen Ministerien und der Medienverbreitung im Zusammenhang mit der kollektiven Mobilisierung und den sozialen Maßnahmen entsprechen, insbesondere in den Aufzeichnungen auf Twitter, Facebook, Instagram, WhatsApp und Snapchat über das Misstrauen der Bürger und die mit den lokalen Behörden getroffenen Vereinbarungen.

Referenzen

1. Carreón, J. (2013). *Discursos en torno a la migración laboral, el retorno y la reinserción social a partir de la identidad grupal en Xilitla, micro-región de la Huasteca Potosina (México)*. in L. Cano (coord.). Pobreza y desigualdad social. Retos para la configuración de la política social (pp. 153-174). Mexiko: UNAMM ENTS

2. Carreón, J. (2015). *Calidad de vida en estudiantes de una universidad pública del Estado de México*. in L. Cano (coord.). Política social y sociedad civil: Retos para alcanzar la equidad y la justicia social. (pp. 263-286). Mexiko: UNAM ENTS

3. Carreón, J. (2016). *Menschliche Entwicklung: Governance, lokale Entwicklung und soziales Unternehmertum*. Mexiko: UNAM ENTS

4. Carreón, J., Hernández, J. und Quintero, M. L. (2016). *Spezifikation eines lokalen Entwicklungsmodells*. In D. Del Callejo, Canal, M. E. and Hernández, G. (coord.). orientaciones metodológicas para el estudio del desarrollo. (p. 149-168). Mexiko: UV

5. Carreón, J., Hernández, J., Quintero, M. L., García, C. und Mejía, S. (2016). Wissensnetzwerke rund um organisatorische Komplexität: Selbstregulierung, Dissipation, Anpassungsfähigkeit und Dynamik angesichts des Wandels lernen. *Prospects in Psychology, 2 (2)*, 57-70.

6. Carreón, J., Pérez, M. I., Valdés, O., Sandoval, F. R., Quintero, M. L. und García, C. (2016). Talentmigration in die Vereinigten Staaten und die Europäische Union: Spezifizierung eines Modells aus Data Mining. *Fermentum, 77 (26)*, 179-187.

7. Castro, F. (2011). *Umweltanthropologie (ista). Geschichten einer transdisziplinären Konstruktion.* In A. Conde, Ruíz, P. A und Delgado, A. (coord). Die Umwelt als sozio-ökologisches System. Reflexiones en torno a la relación humano naturaleza (S. 259-284). Mexiko: UAT

8. Cecchini, S., Filgueira, F., Martínez, R. und Rossel, S. (2015). *Social protection instruments. Latin American pathways towards universalization.* New York: UN-ECLAC.

9. Conde, A. (2011). *Der Mensch als Primat. Ein Analysevorschlag für das Mensch-Natur-Verhältnis in den Sozialwissenschaften.* In A. Conde, Ruíz, P. A und Delgado, A. (coord). Die Umwelt als sozio-ökologisches System. Reflexiones en torno a la relación humano naturaleza (S. 285-322). Mexiko: UAT

10. García, C., Carreón, J. und Hernández, J. (2016). Governance der öffentlichen Sicherheit auf der Grundlage der Identität und der Risikowahrnehmung, die von den Medien in die Agenda der Bürger aufgenommen werden. *Rumbos de TS, 11 (13),* 103-1166.

11. García, C., Carreón, J., Hernández, J. und Bustos, J. M. (2016). *Risiko-Governance durch Gefahrenwahrnehmung und Gemeinschaftsgefühl.* In S. Vázquez, Cid, B. G. und Montemayor, E. (coord.). riesgos y trabajo social. (pp. 71-94). Mexiko: UAT

12. García, C., Carreón, J., Mendoza, D. und Aguilar, J. A. (2015). Bildung und das Internet für die lokale Entwicklung. *Secci, 19 (36),* 42-67.

13. Morales, J. R. (2009). *Wissensmanagementsysteme im neuen Jahrhundert.* In M. Cejas (coord.). Organisation, Wissen und Management. Die Verbindung zwischen Vielfalt (S. 45-69). Mexiko: UAM Iztapalapa

14. Ortiz, M. D., Aguilar, L. J. und Giraldo, L. M. (2016). Die Herausforderungen des Marketings in der Ära von BIG DATA. *E-Information Science, 6 (1),* 1-31.

15. Porras, S. T. (2009). *Management in*

Zusammenarbeit. In M. Cejas (coord.). Organisation, Wissen und Management. Die Verbindung zwischen Vielfalt (S. 71-81). Mexiko: UAM Iztapalapa

16. Sojo, C. (2006). Soziale Entwicklung, Integration und öffentliche Politik. *Luminar Estudios Sociales y Humanísticos, 4 (1), 65-76.*

KAPITEL 2

Eine zivile Sphäre ist das Ergebnis der Macht der Medien und/oder des Einflusses von Minderheiten, der sich im und außerhalb des Internets durch die Gestaltung und Verzerrung von Informationen manifestiert. Ziel dieses Papiers ist es, die Paradigmen zur Erklärung des öffentlichen Agenda-Settings aufzuzeigen, um Studien aus dem Wissensstand auszuwählen und ein Modell zu erstellen. Zu diesem Zweck wird argumentiert, dass trotz der Unterschiede zwischen den theoretischen Ansätzen und der empirischen Forschung die Verbreitung von Medienmacht und der Einfluss von Minderheiten Schlüsselfaktoren für das Verständnis von Phänomenen wie der Belästigung von Internetnutzern sind, denen es an Fähigkeiten und Kenntnissen in Bezug auf die intensive Nutzung elektronischer Geräte für die Zwecke der politischen Debatte und des Konsenses fehlt.

Einführung

In modernen Demokratien geht es bei der Erstellung einer öffentlichen Agenda um den Einfluss der Medien auf die Meinung der Bürger und um deren Einfluss auf die Bewertung der Massenkommunikationspolitik. In diesem Sinne wurden Einstellungen als Indikatoren für die Überredung oder Abwendung des Publikums untersucht. Ziel dieses Papiers ist es daher, Modelle von Einstellungen in Bezug auf die Verarbeitung von Informationen zu öffentlichen Tagesordnungspunkten zu diskutieren. Zu diesem Zweck werden Einstellungstheorien überprüft und ihre Postulate mit den neuesten Erkenntnissen über die Entstehung, Funktion und Zusammensetzung von Einstellungen verglichen. Auf diese Weise wird es möglich, den Einfluss der Medien auf die Meinung der Bürger durch die Einstellung zu den von elektronischen und kybernetischen Geräten erzeugten Informationen im aktuellen technologischen und demokratischen Kontext zu erörtern.

Das Entstehen, die Bildung, die Veränderung und die Verstärkung von Einstellungen beinhaltet ein System von Informationen, das die Überzeugungen, Entscheidungen und Handlungen des Einzelnen bestimmt. In diesem Sinne zielt die vorliegende Arbeit darauf ab, Einstellungstheorien zu vergleichen, um ein sozio-psychologisches System zu erhellen, das systematische Handlungen bestimmt. Auf diese Weise können

29

spontane, bewusste, heuristische und geplante Prozesse unter Berücksichtigung des Informations-, Kommunikations- und Technologisierungsgrades des sozio-psychologischen Systems unterschieden werden. Die Diskussion über das sozialpsychologische System wird zur Erklärung der Auswirkungen der Informations- und Kommunikationstechnologien auf das menschliche Verhalten beitragen (Ozer und Yilmaz, 2011).

Die Medien scheinen den Informationsprozess der Überzeugung oder Abschreckung des Publikums und der Gruppen einzuleiten und zu vervollständigen, vor allem die Menschen, die eng mit dem Einzelnen interagieren, vermitteln die Themen, Inhalte und Botschaften, die die Medien verbreitet haben. In diesem Sinne könnte die Bildung von Einstellungen zu den von den Medien verbreiteten Informationen, die Interpretation der ihnen nahestehenden Personen und die Meinung der führenden Persönlichkeiten den Aufbau einer öffentlichen Agenda erklären. Daher ist es notwendig, die Funktionen und Komponenten von Einstellungen zu erklären.

Das Ziel dieses Papiers besteht darin, Einstellungsmodelle aufzuzeigen, die den Aufbau der öffentlichen Agenda durch die öffentliche Meinung erklären. Ein solches Vorgehen wird die Diskussion über den Einfluss der Medien auf persönliche Entscheidungen durch interindividuelle Beziehungen eröffnen. In dem Maße, in dem sich die Botschaften verdichten, bestimmen sie die soziale Diversifizierung ihrer Inhalte und damit die Beziehungen zwischen den Menschen, was die Annahme und Verarbeitung von Informationen in Situationen der Unsicherheit hemmt oder erleichtert. Mit anderen Worten: Angesichts der Inkommensurabilität und Unvorhersehbarkeit von Risiken hat der Einzelne Zugang zu den ihn umgebenden Informationen, die seine Einstellung beeinflussen und die Entscheidungsfindung in Bezug auf die Interessengruppe und nicht auf die Situation selbst oder die entsprechende mediale Gestaltung begünstigen. Es handelt sich um eine zwischenmenschliche Informationsverarbeitung, bei der das Eindringen der Technologie die Probleme definiert und den Kreislauf der Beeinflussung vervollständigt, indem sie die Informationen ergänzt, die ursprünglich entsprechend ihrer

Erwartungsziele voreingenommen waren.

Das Phänomen des Agenda-Setting wurde anhand von Paradigmen untersucht, in denen mindestens drei Elemente vorhanden sind: Medien, öffentliche Meinung und politische Initiativen.

Das sozio-politische Paradigma, das den Einfluss des Staates auf die Gesellschaft durch Zwangs- und Überzeugungsapparate sieht, manifestiert sich in den Streitkräften oder den Medien. In dieser Denktradition ist die Propaganda ein Instrument der Macht und der sozialen Kontrolle, das die Ideologie der Bürgerinnen und Bürger bestimmt. Dieser Ansatz geht jedoch davon aus, dass sich die politische Macht einseitig auf die anderen zivilen Sphären ausbreitet, so dass die Vermittlung ideologischer Apparate und die Innovation der Bürger außerhalb des normativen Abschreckungsmodells liegen, das von einem Regime oder einer Staatsform auferlegt wird.

Das mediensoziologische Paradigma besagt, dass es die Medien sind, die die Themen auf der öffentlichen Agenda setzen, indem sie die öffentliche Meinung und die Bewertung der öffentlichen Politik beeinflussen, um so Einfluss auf politische Initiativen zu nehmen. Das Framing bestimmter Ereignisse und Akteure durch die Medien wird als Instrument für die Verbreitung der Medienmacht über die zivile und politische Sphäre angesehen. Diese Denktradition konzentriert sich bei ihrer Analyse jedoch auf den Prä-Post-Vergleich von Botschaften und legt somit nahe, dass die Innovation der Bürgerschaft das Ergebnis der erheblichen Zunahme des Medien-Framings und nicht das Produkt ziviler Einflussbeziehungen ist.

Theorien zur Festlegung der Tagesordnung

Im Rahmen der Einstellungstheorien bezieht sich die Einstellungsänderung auf Emotionen und Affekte, die aus individuellen Handlungen resultieren und für die sich Menschen verantwortlich fühlen. Es geht auch um den sozialen Einfluss, der von Bezugsgruppen auf den Einzelnen ausgeübt wird. Oder es geht um die Rezeption von persuasiven Botschaften, die auf die zentrale Argumentation abzielen, oder von persuasiven Botschaften, die auf die periphere Emotionalität abzielen. Im Allgemeinen reagiert das Einstellungssystem

31

empfindlich auf die Instabilität des Objekts und auf kognitive Veränderungen, die die Konsistenz, Stabilität, Vorhersagbarkeit, Kompetenz oder Moral des Einzelnen beeinträchtigen.

Die Überprüfung und der Stand des Wissens über Einstellungssysteme kann unter Berücksichtigung der Ansätze von Leon Festingers Theorie der kognitiven Dissonanz (DCT), Icek Ajzen und Martin Fishbeins Theorie des überlegten Handelns (TRA), Icek Ajzens Theorie des geplanten Verhaltens (TPB), Richard Pettys und John Cacioppos Elaboration Likelihood Theory (ELT) und Russell Fazios Theorie der spontanen Verarbeitung (SAT) erfolgen.

Einstellungstheorien gehen davon aus, dass Individuen, Gruppen und Gesellschaften bewusst die Dispositionen bilden und spontan aktivieren, die ihre Absichten und Verhaltensweisen bestimmen. Es sind sogar diese Dispositionen, die Veränderungen im Verbrauch anzeigen.

Die Theorie der kognitiven Dissonanz (DCT) erklärt Entscheidungs-, Wahl- und Handlungsdilemmata, bei denen Informationen vorliegen, die nicht unbedingt mit unseren Meinungen übereinstimmen. Die DCT basiert auf

drei Paradigmen: freie Veränderung, induzierter Prozess und erzwungene Rechtfertigung. Die DCT hat sich in ihrer Entwicklung auf Einstellungsänderungen und die Reduzierung von freien Änderungen konzentriert. DCT geht von Diskrepanzen zwischen kognitiven Schemata und den durch diese Diskrepanz erzeugten Informationen aus. Eine Botschaft, die mit den Erwartungen übereinstimmt, erzeugt konsistente Reaktionen.

Wenn die wissenschaftlichen Informationen mit den Einstellungen der Empfänger übereinstimmen, werden sie eine bewusste und konvergente Reaktion auf Informationen über die Verfügbarkeit von Wasser hervorrufen.

Die Theory of Reasoned Action (TRA) geht davon aus, dass Einstellungen das Ergebnis von Überzeugungen über Informationen aus verschiedenen Quellen wie den Medien oder Menschen, mit denen der Einzelne in Kontakt steht, sind. In Anspielung auf den Aufbau einer öffentlichen Agenda verbreiten die Medien Themen, die der Einzelne durch seine Einstellungen verarbeitet. Wenn Nachrichten über ein Thema in die Medien gelangen, bewerten die Menschen die Informationen und verbinden sie mit Erfahrungen (Albacerrín, Wallace und Hart, 2012). Somit werden Einstellungen nach TRA durch einen selektiven Informationsprozess gebildet, in dem Überzeugungen Themen abgrenzen und Informationen in Risiken oder Vorteile umwandeln, die der Einzelne mit Verhaltensweisen verbindet. In diesem Sinne wird die Agenda auf der Grundlage der Annahme konstruiert, dass Notizen, Leitartikel, Kolumnen, Berichte, Nachrichtensendungen, Programme oder Spots Bewertungen aktivieren, die sie in Objekte der Sicherheit oder des Risikos verwandeln. In diesem Stadium werden die Informationen durch die Einstellungen verbreitet und auf einem Kontinuum von Dispositionen kategorisiert, das von starker Ablehnung bis zu starker Zustimmung reicht. Dies ist eine allgemeine Bewertung, die dazu dient, eine Entscheidung über die umgebenden Informationen zu treffen.

TRA vertritt im Gegensatz zu DCT die Auffassung, dass Dilemmata reduziert werden können, wenn das Verhalten als Produkt von Überzeugungen, Bewertungen, Wahrnehmungen oder Normen betrachtet wird. Bewusstes Verhalten wird durch Überzeugungen über die Verfügbarkeit von Ressourcen gesteuert.

Sowohl die TRA- als auch die DCT-Theorien betrachten Einstellungen als wesentlich für die Erklärung von absichtlichem Verhalten, und beide gehen davon aus, dass jede überlegte Handlung ein Handlungsausführungsprogramm beinhaltet, bei dem sich jede Person an die Entwürfe der kollektiven Vernunft zur Optimierung von Ressourcen hält.

TRA argumentiert, dass Einstellungen die Wirkung von Überzeugungen auf Absichten und Verhaltensweisen vermitteln. Eine Zunahme der Überzeugungen erhöht die Bereitschaft zu spezifischen und bewussten Entscheidungen und Handlungen. Es handelt sich um einen Prozess, der vom Allgemeinen in Form von Überzeugungen zum Besonderen in Form von Absichten und Handlungen führt. Die Vorhersagekraft allgemeiner Überzeugungen ist jedoch durch die Spezifität und Eindimensionalität von Einstellungen begrenzt. Da Einstellungen die Wirkung von Überzeugungen vermitteln, begrenzen sie deren Indikatoren in Dispositionen, die wahrscheinlich realisiert werden.

33

TRA erklärt auch den Diffusionsprozess, da die subjektive Norm, eine weitere Komponente des absichtlichen Modells, mit der Einstellung und der Absicht zusammenhängt. Nach demselben Beispiel werden die von den Medien verbreiteten Themen wiederum von der Gruppe verarbeitet und fließen über die Normen in die Entscheidungen ein. Die TRA geht auch davon aus, dass Einstellungen und Normen, die mit Absichten verbunden sind, zur bewussten Verarbeitung von Informationen beitragen, obwohl Überzeugungen der Hauptfilter sind, Einstellungen die Situation eingrenzen und auf dieser Grundlage die Entscheidungen zur Ausführung eines Verhaltens treffen (Ajzen, Joyce, Sheikh und Cote, 2011).

Der Übergang von einer allgemeinen Information zu einer günstigen oder ungünstigen Disposition brachte jedoch eine Reihe von Kritikpunkten mit sich, die dazu führten, das absichtliche Modell in ein geplantes umzuwandeln.

Die Theorie des geplanten Verhaltens (Theory of Planned Behaviour, TPB) geht davon aus, dass Informationen vom Individuum so ausgewählt werden, dass nur Informationen über bedingte Reaktionen die Assoziationen zwischen Bewertungen und Dispositionen in Bezug auf die Entscheidungsfindung bestimmen würden (Albacerrín und Wyer, 2011). In diesem Sinne wäre die Konstruktion der öffentlichen Agenda das Ergebnis einer begrenzten und geplanten Information. Im Falle von partizipativen und deliberativen Demokratien würde die TPB die Hypothese der Wahlentscheidung erklären, da Informationen und nicht die Diskussion über Informationen zu Wahlabsicht und -verhalten führen.

TPB betrachtet spezifische, räumlich und zeitlich gebundene Überzeugungen als indirekte Determinanten des geplanten Verhaltens. Überzeugungen in Bezug auf Normen, Wahrnehmungen und Einstellungen sind direkt und indirekt mit dem Verhalten verbunden. Diese Beziehung wird durch Einstellungen zum geplanten Verhalten vermittelt.

Die Besonderheit zwischen Überzeugungen, Wahrnehmungen, Einstellungen, Entscheidungen und Verhaltensweisen liegt nicht nur im psychologischen Inhalt, sondern auch im bewussten und geplanten Kontext. Das heißt, es wird von einem Szenario ausgegangen, in dem zufällige Ereignisse mit Ereignissen, die durch

34

persönliche Planung gesteuert werden, koexistieren, und es wird auf einem spezifischen Szenario bestanden, das die rationale Bewertung beeinflussen würde.

TPB stellt fest, dass die Wirkung von Überzeugungen auf das Verhalten durch Einstellungen und Kontrollwahrnehmungen vermittelt wird. Angesichts einer kontingenten Situation oder eines kontingenten Ereignisses erhöhen Kontrollwahrnehmungen ihre Vorhersagekraft für Absichten und Verhaltensweisen nur dann, wenn sie mit spezifischen Dispositionen interagieren (Hughes und Barnes, 2011). In dem Maße, in dem die wahrgenommene Kontrolle abnimmt, macht ihre Beziehung zu den Einstellungen eine falsche Wirkung auf Entscheidungen vorhersehbar. Der bewusste und geplante Prozess der Entscheidungsfindung und Strategieumsetzung erfordert notwendigerweise eine Kontrollwahrnehmung, die mit den Dispositionen gegenüber dem Objekt übereinstimmt.

Die umgebenden Informationen, die eher emotional als argumentativ sind, erzeugen jedoch eine asymmetrische öffentliche Meinung mit den Plattformen, die Bildung als System der Wohlstandsumverteilung betrachten. Aus diesem Grund wurde die TPB durch die Spontane Verarbeitungstheorie (SAT) ergänzt.

SAT basiert auf der Annahme, dass Einstellungen durch Stimuli im Gedächtnis des Individuums aktiviert werden, anstatt geformt oder abgegrenzt zu werden. Das heißt, die Entscheidung jeder Person ist direkt mit der Vergangenheit verbunden, ohne kognitive Vermittler (Sommer, 2011). SAT geht davon aus, dass die Allgemeinheit der Informationen den Abruf von Erfahrungen und die konsistente Verbindung dieser mit Verhaltensweisen erleichtert.

Die Diversifizierung von Informationen aktiviert sinnvolle Erinnerungen, auch wenn dies ihre Zugänglichkeit impliziert. Mit anderen Worten, die automatische Verarbeitung ist bei Personen, die Informationen angesammelt haben, eher möglich (Albarracín, Wallace und Hart, 2012). Im Gegensatz dazu sehen diejenigen, die die sie umgebenden Informationen nicht entschlüsseln können, ihren Zugang zu diesen Informationen als eingeschränkt an, und ihre Einstellungen hemmen ein systematisches Verhalten, wenn sie nicht aktiviert werden.

Ein weiterer entscheidender Aspekt von SAT ist, dass sowohl Erfahrungen als auch Informationen bedeutsam sind, weil sie eher eine affektive als eine kognitive Komponente haben. Menschen neigen dazu, sich eher an molare als an molekulare Ereignisse zu erinnern. Die Erfahrungen, die bedeutsam waren, werden im Gedächtnis gespeichert und immer dann aktiviert, wenn ein Stimulus sie mit spontanen Handlungen verbindet (Fazio, 2011). In gewisser Weise erklärt die SAT die Affektivierung von Informationen und erhebt sie über die Rationalität, auch wenn sie nicht erklärt, was mit Nachrichten geschieht, die zur Diskussion anregen. In diesem Sinne hätte eine deliberative Demokratie keinen Platz im Modell der spontanen Verarbeitung, Nachrichten über die Vorteile und Kosten politischer Entscheidungen würden gespeichert und als Heuristiken verwendet. Öffentliche Beratungen würden auf Bilder oder Schemata reduziert, aus denen Handlungen abgeleitet werden.

Im Gegensatz zu DCT, TRA, TPB und TAT argumentiert SAT, dass die Hauptursache für eine unbestimmte und eher improvisierte Handlung die Bedeutung der vorherigen Erfahrung mit dem Einstellungsobjekt ist. Die Vorhersage des Verhaltens sollte nicht in der Aufnahme von Informationen, sondern in deren Symbolisierung, Bedeutung und Signifikanz gesucht werden.

Die SAT betrachtet Einstellungen als eine Folge der Aktivierung von Erfahrungen mit dem Einstellungsobjekt. Einstellungen sind Assoziationen zwischen Objektbewertungen. Eine negative Bewertung erhöht die Disposition und damit die Spontaneität des Verhaltens.

SAT erklärt die von der Elaboration Likelihood Theory (ELT) vorgeschlagene periphere Verarbeitung. Wenn die Informationen mehr Schemata und Bilder als Argumente enthalten, dann ist es die periphere Verarbeitung, die das Verhalten lenkt, sogar auf systematische Weise, aber indem die Informationen nicht in Frage gestellt werden, ist die Möglichkeit einer Änderung minimal (Ajzen, Joyce, Sheikh, & Cote, 2011). Im Gegensatz dazu wird das Nachdenken über Informationen, das sich aus der Notwendigkeit ergibt, solche Inhalte zu verarbeiten, eine Diskussion über

Themen, Botschaften oder Meinungen erzwingen. Diese Dynamik ermöglicht neue Ansätze, die sich aus der Dialektik zwischen persuasiven Systemen und ihrer Bewertung ergeben.

ELT geht davon aus, dass Einstellungen nur Vermittler zwischen Medieninformationen und Handlungen zur Veränderung sind. In diesem Modell ergänzen sich die bewusste, geplante und spontane Verarbeitung und hängen eher von der Botschaft als von Gruppen oder Technologien ab.

Im gegenwärtigen Kontext haben die Informations- und Kommunikationstechnologien jedoch alle Arten von Informationen derart diversifiziert, fragmentiert, spezialisiert, synthetisiert und gespeichert, dass es unabdingbar war, ein neues Modell zu entwickeln, um die Auswirkungen nicht der Information selbst, sondern der Technologie zu erklären, die sie aussendet oder verarbeitet, so dass der Einzelne danach strebt, sie zu handhaben.

Die kognitive Verarbeitung von Informationen wird durch die ELT erklärt, in der Bilder mit Emotionen und Daten mit dem Denken in Verbindung gebracht werden. Die ELT erklärt Einstellungsprozesse gegenüber Objekten, die aufgrund ihrer diskrepanten Natur zu einer Ausarbeitung führen, die emotional oder rational sein kann, die aber jedes Individuum als ein Symbol annimmt, das es an der Peripherie seiner Kognition ansiedelt und nach einem systematischen deliberativen Prozess als zentrales Argument für seine Entscheidungen und Handlungen annimmt (Ajzen, Joyce, Sheikh und Cote, 2011). ELT analysiert kontroverse Einstellungsobjekte, bei denen die Position des Empfängers auf der Grundlage seiner ausgeklügelten Annahme oder Ablehnung von Informationen aus einer Quelle ausgerichtet wird, die aufgrund ihres Spezialisierungsgrades und ihrer Zuverlässigkeit den Bedarf an Kognition fördert. ELT argumentiert, dass Bilder einer Prüfung unterzogen werden, wenn die Quelle, aus der sie stammen, unbekannt und unzuverlässig ist.

Denn Emotionen aktivieren nur einen peripheren Prozess, bei dem die Darstellung in einem Bedeutungskern verankert ist. Da es sich um einen peripheren Prozess der Vorstellung handelt, verändern sich Emotionen ständig. Ihre Intermittenz wird durch verstreute Symbole und Bedeutungen verursacht, die je nach Situation variieren.

Die ELT geht davon aus, dass menschliches Verhalten das Ergebnis einer emotionalen Aktivierung ist, die im Gedächtnis gespeichert und mit den zukünftigen Handlungen der Menschen verbunden ist.

Ausgehend von einem Informationsstimulus nehmen Individuen Symbole an, die durch ihre Absicherung künftige Verhaltensweisen in unstrukturierten Situationen, aber mit entsprechend sinnvollen Zielen, aktivieren (Hughes und Barnes, 2011). Somit hätte die improvisierte Einstellung Dimensionen, die durch Assoziationen zwischen Konsum und Bewertung angezeigt werden. Da ELT eine Konvergenz von Bewertung und Handlung vorschlägt, ist es relevant, Items einzubeziehen, die Überzeugungen und Bewertungen in Bezug auf das Einstellungsobjekt enthalten. Der einstellungsbezogene Ansatz zur Improvisation basiert auf Überzeugungen, da sie diese bestimmen.

Die ELT hat mit ihrem Vorschlag, periphere und zentrale Prozesse zu untersuchen, ein Feld eröffnet, das die Technologieakzeptanztheorie (TAT) durch die Verarbeitung von als nützlich und zugänglich empfundenen Informationen mit der Technologie und dem Verbraucher verbindet. Im Rahmen des TAT-Ansatzes vermitteln die Einstellungen zwischen den Nützlichkeitserwartungen und den Entscheidungen zur Nutzung einer Technologie oder eines elektronischen Geräts.

In Bezug auf die Konstruktion der öffentlichen Agenda sind in einer kybernetischen partizipatorischen Demokratie Einstellungen zur Akzeptanz von Technologie, vor allem ihrer Zugänglichkeit und Nützlichkeit, relevant, da die öffentliche Meinung in sozialen Netzwerken das Medium ist, in dem die Bewertung der öffentlichen Politik das soziale Urteil bestimmt. Indem TAT davon ausgeht, dass Einstellungen Filter von Informationen über die Nützlichkeit einer Technologie sind, geht sie davon aus, dass Demokratie von der technologischen und kybernetischen Verarbeitung von Informationen abhängt. Vor diesem Hintergrund sind Einstellungen und Entscheidungen nur Filter (Fazio, 2011). Informationen zirkulieren im Internet und sind unabhängig von der Einstellung oder Entscheidung der Nutzer verfügbar, sie erscheinen zur Unzeit, genauso wie die öffentliche Agenda, die nun kybernetisch ist, nicht mehr von den Massenmedien, sondern von kybernetischen technologischen Geräten abhängt. Da eine solche Technologie als zugänglich und nützlich wahrgenommen wird, erzeugt sie nicht mehr Erwartungen, sondern Akzeptanz, Annahme und Abhängigkeit. Durch einen solchen Prozess wird die deliberative politische oder zivile Sphäre weiter reduziert, indem sie durch eine Sphäre peripherer Meinungen und Äußerungen ersetzt wird.

Die Einstellung zur Technologie, ihr Nutzen und ihre Benutzerfreundlichkeit wurden als wesentlicher Bestandteil des Modells zur Erklärung der Auswirkungen externer organisatorischer Faktoren auf die Technologienutzung hervorgehoben.

Es handelt sich um eine Theorie, mit der der Prozess der Technologieübernahme durch zwei Arten von Nutzern erklärt wird, je nach dem Grad der Verbindung zwischen ihren Bewertungen der technischen Geräte, ihrer Auswirkung auf die persönliche Leistung und der Komplexität ihrer Nutzung. Im ersten Fall sind es die utilitaristischen Nutzer, die sich dadurch auszeichnen, dass sie die Technologie als Selbstzweck betrachten, da sie sie als zentrales Bindeglied in der menschlichen Evolution sehen. Im Gegensatz dazu

sieht der autodidaktische Nutzer die Technologie als Mittel, um ein bestimmtes Ziel zu erreichen.

Die Kritik an den Theorien bezieht sich auf den technischen Prozess der Technologieübernahme. Wenn TAT argumentiert, dass Ausbildung und Befähigung Schlüsselelemente bei der Übernahme von Technologie sind, dann scheint selbstgesteuertes Lernen auf die Verwendung fortgeschrittener Informationssuchstrategien reduziert zu werden, die den Nutzern einen Wettbewerbsvorteil gegenüber denjenigen verschaffen würden, die von den IKT ausgeschlossen wurden und in die digitale Kluft zwischen den Generationen eingetaucht sind.

Ungeachtet der Kritikpunkte scheint die TAT eher zentralen und rationalen Prozessen zu entsprechen als der peripheren und emotionalen Informationsverarbeitung. Die Einbeziehung von Variablen, die den Affekt gegenüber der Technologie erklären, würde die Barrieren erklären, die die Annahme des Internets als Werkzeug für Ausdrucksfähigkeit und kritisches Denken hemmen.

TAT geht davon aus, dass Einstellungen als Vermittler von Wahrnehmungen über das Verhalten betrachtet werden. Das heißt, dass Erwartungen, die im Zusammenhang mit den umgebenden Informationen entstehen, als Kategorien verarbeitet werden, die in die Entscheidungsfindung und die daraus folgenden Handlungen einfließen. TAT geht davon aus, dass die Technologieübernahme das Ergebnis eines bewussten, geplanten und systematischen Prozesses ist. In diesem Sinne aktivieren Einstellungen Informationen über die Nutzung von Computern, die je nach deren Fähigkeiten variieren, oder sie beeinflussen Konsumentscheidungen, die aus erwarteten Vorteilen oder der Zugänglichkeit zur Nutzung von Technologien entstanden sind.

Bei den Einstellungsmodellen haben sich vier Hauptmodelle herauskristallisiert.

Das subkutane Modell geht von den Auswirkungen von Botschaften und Inhalten auf die Wahrnehmung des Publikums aus, das es als manipulierbar, kontrollierbar und vorhersehbar betrachtet. Das Publikum ist nach diesem Modell eine Erweiterung des Individuums, denn wenn letzteres passiv und wehrlos gegenüber dem Ansturm der Botschaften ist, ist das Publikum anfällig für überzeugende Diskurse als

Abschreckung für öffentliche Meinungsführer. Das hypodermische Modell berücksichtigte jedoch nicht das Auftreten der Gruppen, mit denen das Individuum interagiert oder interagieren möchte (Hernández, Robles und Mella, 2010).

Das Modell des sozialen Einflusses behob den Mangel der Hypodermie, indem es darauf hinwies, dass die bloße Anwesenheit eines Fremden oder einer dem Individuum nahestehenden Person Auswirkungen auf seine Wahrnehmungen, Überzeugungen, Einstellungen, Entscheidungen und Verhaltensweisen hat. Die Betonung des Anderen eröffnete die Debatte über die Vermittlung des Einflusses der Medien auf die Gruppendynamik und der Medien auf den Lebensstil des Einzelnen. Dieser Prozess wurde in dichotomen Begriffen formuliert, indem postuliert wurde, dass Botschaften, die gegen die Gruppennorm verstoßen, eher abgelehnt werden als solche, die den Sitten und Gebräuchen der Meinungsführer der Gruppe entsprechen. Die Meinungsführer werden jedoch von der Basis beeinflusst. Dies lenkte die Aufmerksamkeit der Studien auf die Auswahl der Informationen, da die umfassende Exposition gegenüber Botschaften eine

Funktion der aus den Gruppennormen abgeleiteten Überzeugungen und Wahrnehmungen ist. Darüber hinaus geht das Modell des sozialen Einflusses von einem direkten und horizontalen Informationstransfer aus, bei dem die Meinungsführer die Botschaften an das Publikum weitergeben würden. Als dieses Schema umgekehrt wurde, wurde das Modell des doppelten Informationsflusses formuliert, um die Nachteile des Einsatzes von Meinungsführern als Informationsvermittler zu erklären. Auf der Grundlage dieses Modells wurde die Hypothese, dass das Publikum durch die Medien beeinflusst wird, überdacht, da das Publikum eher vertikalen als horizontalen und eher emotionalen als bewussten Informationsprozessen zu folgen scheint (Wee, Hoc, Keat, Yee, & Hin, 2010).

Das Modell der selektiven Informationsexposition geht von der Annahme aus, dass die Zuhörer in Risikosituationen Entscheidungen treffen. Oder, wenn Entscheidungen informiert werden müssen, rechtfertigen Botschaften Entscheidungen, die in Situationen der Unsicherheit getroffen werden. Aus der Sicht des selektiven Modells sind Medien und Publikum zentrale Elemente der kommunikativen Prozesse, aber diese Beziehung ist nicht notwendigerweise kausal, auch wenn es bestimmten Botschaften gelingt, in die Präferenzen und vor allem in die Entscheidungen des Publikums einzudringen. Die Informationsselektion nach dem expositorisch-selektiven Modell deutet auf einen zwischenmenschlichen Prozess hin, bei dem Informationen schrittweise verbreitet werden, um die Entscheidungen und Verhaltensweisen von Individuen durch Gruppennormen zu regulieren (Shroff, Deneen und NG, 2011).

Das Modell der Diffusion von Innovationen schließlich geht davon aus, dass Informationen, die über verschiedene Kanäle verbreitet werden, eher von Einzelpersonen als von Gruppen neu interpretiert und weiterverteilt werden können. Ungeachtet der Normen ist der Einzelne dem Einfluss der Informationen stärker ausgesetzt, da er in ein vertikales Verbreitungssystem eingetaucht ist, in dem jeder die Inhalte weitergeben kann, wenn er die Kommunikationsbarrieren zwischen Gleichgestellten überwindet. Das Modell der Verbreitung von Innovationen umfasst vier Phasen: Zugang, Überzeugung, Akzeptanz und Neubewertung. In jeder Phase scheint sich der Einzelne von den Gruppennormen zu lösen, indem er Informationen auf eine Weise verarbeitet, die es ihm ermöglicht, um die Verbreitung von Informationen zu konkurrieren, die andere Personen mit anderen Mitteln bereits in Gang gesetzt haben (Ruíz, Sanz und Tavera, 2010).

Kurz gesagt, die Einstellungsmodelle betrachten das Publikum als Empfänger von Informationen, die verbreitet werden können, wenn 1) Asymmetrien zwischen den Akteuren aufgebaut werden, 2) informationelle Gegengewichte geschaffen werden und 3) informationelle Wagnisse eingegangen werden. Jede dieser Phasen beinhaltet den bewussten, geplanten und systematischen Aufbau von Informationen als Vorsorge angesichts von Unsicherheiten, Risiken und Ungewissheiten.

Stand des Wissens

Psychologische Studien zu Einstellungen haben sich mit ihrer Konzeptualisierung, Entstehung, Aktivierung, Zugänglichkeit, Struktur, Funktion, Vorhersage, Veränderung, Impfung, Identität und Ambivalenz befasst. Einstellungen wurden in Form von affektiven und rationalen Dimensionen definiert. Beide Dimensionen sind das Ergebnis von Erfahrungen und Erwartungen. Daraus ergibt sich ihre Struktur: eindimensional oder mehrdimensional, die von exogenen und endogenen Faktoren geprägt ist. Das heißt, wenn Einstellungen Entscheidungen und Verhaltensweisen aktivieren, verursachen sie einen peripheren, emotionalen, spontanen, heuristischen und ambivalenten Prozess. Wenn Einstellungen dagegen die Auswirkungen von Werten und Überzeugungen auf Absichten und Handlungen vermitteln, sind sie endogene Vermittler eines zentralen, rationalen, überlegten, geplanten und systematischen Prozesses.

Psychologische Studien haben gezeigt, dass es erhebliche Unterschiede zwischen Einstellungen zu Personen und Einstellungen zu Objekten gibt. Erstere beziehen sich auf Stereotypen oder Attribute, letztere auf Bewertungen oder Dispositionen. In beiden Fällen ist Ambivalenz ein Indikator für Veränderungen, wenn Überzeugungen und Bewertungen zusammenwirken, um negative und positive Dispositionen gegenüber dem Objekt zu bilden. Konflikte entstehen innerhalb der Komponenten, die durch Überzeugungen gegenüber dem Objekt gebildet werden. Widerstand gegen Überredung ist eine Folge von Einstellungsambivalenz. Wenn die Umwelt die Bildung und Funktion von Einstellungen bedroht, passen sie das Individuum an die Eventualitäten an. Einstellungen haben also zwei wesentliche Funktionen: egoistische und utilitaristische.

In der Einstellungsforschung über den Einfluss der Medien auf den Aufbau öffentlicher Agenden wurden fünf Modelle entwickelt, um den Aufbau der öffentlichen Meinung in Bezug auf lokale und globale Themen zu erklären, die von der öffentlichen Politik in ihre Steuerungsprozesse einbezogen werden. In diesem Sinne kann die Beziehung zwischen der politischen Sphäre und der zivilen Sphäre auf der Grundlage der Bildung von Einstellungen als Indikatoren für die öffentliche Meinung zu den Themen, die die Medien an einem Ort verbreiten, erklärt werden.

Studien über die Konstruktion der öffentlichen Agenda haben ihre Analyse auf die Beziehung zwischen Publikum und Medien konzentriert. Auf diese Weise wurde das Publikum nach seinem sozioökonomischen Niveau, dem Grad der Erwartung oder der lokalen Bekehrung eingeteilt.

Die Informationen, die durch die Einstellungen übertragen und für die Entscheidungsfindung kategorisiert werden, können jedoch durch direkte wirtschaftliche Vorteile wie Preisausschreiben oder Gewinnspiele generiert werden, obwohl die Grundsätze, die das Verhalten des Einzelnen gegenüber der Referenz- oder Mitgliedsgruppe durch die Interaktion mit den Einstellungen leiten, auch Entscheidungen über die Nutzung von Informationen generieren, die bestimmte Handlungen bei der Technologienutzung beeinflussen (Ozer und Yilmas, 2011).

Im Gegensatz zur Studie von Wee, Hoc, Keat, Yee und Hin (2010), in der sie direkte Auswirkungen der Wahrnehmung von Nützlichkeit und Einfachheit auf die Einstellungen feststellten, fand Iconaru (2013) heraus, dass die Erwartungen an die Nutzung die erwarteten Vorteile und diese wiederum die Einstellungen in Bezug auf die Absicht, Technologie zu nutzen, beeinflussen. Das heißt, dass der bewusste, geplante und systematische Prozess der Informationsverarbeitung durch eine Technologie nicht wie in den anderen zitierten Forschungsarbeiten von der Wechselbeziehung zwischen Wahrnehmungen ausgeht, sondern vom Einfluss der Fähigkeiten auf den Nutzen.

Tavera Sanchez und Ballesteros (2013) bestätigten die Ergebnisse von Iconaru (2013), fügten jedoch den Faktor Vertrauen als Vermittler zwischen Wahrnehmungen und Einstellungen hinzu. Dies deutet darauf hin, dass Einstellungen nicht nur Erwartungen hinsichtlich der Zugänglichkeit oder des Nutzens übertragen, sondern auch ein positives Organisationsklima verbreiten, das die Kategorisierung von Informationen durch eine Technologie deutlich erhöht.

Zusammenfassend lässt sich sagen, dass sich der Wissensstand in Richtung der Einbeziehung positiver psychologischer Faktoren bewegt hat, die den exponentiellen Anstieg der Technologieakzeptanz und -übernahme erklären, um die umgebenden Informationen in Kategorien zu verarbeiten, die die bewusste, geplante und systematische Nutzung elektronischer Geräte erleichtern.

Studien zum Medien- und Cyber-Paradigma haben den Framing-Effekt und den Trendeffekt als Instrumente des Medieneinflusses auf die Meinung der Bürger und den Einfluss digitaler sozialer Netzwerke auf die Medien festgestellt.

Der Framing-Effekt bezieht sich auf die Attribute, die Kommunikatoren, Reporter, Kolumnisten, Kommentatoren oder Journalisten mit wirtschaftlichen, sozialen und politischen Phänomenen und Akteuren in Verbindung bringen. Wenn also die öffentliche Sicherheit von den Medien als Synonym für den Verlust staatlicher Kontrolle dargestellt und verbreitet wird, führt dies beim Publikum zu einem Gefühl der Unsicherheit. Oder die Verbreitung von Morden, Entführungen, Raubüberfällen oder Erpressungen führt dazu, dass die öffentliche Meinung eine Politik akzeptiert, die Verbrechen bekämpft, anstatt sie zu verhindern. In diesem Sinne wird der private Sicherheitsdienst als zivile Alternative zur Ineffizienz oder Korruption des Staates gesehen. Folglich scheint die Umgestaltung des Staates und seines bürokratischen Systems eher auf die Legitimierung der Betreuung von Verbrechensopfern als auf die staatsbürgerliche und ethische Ausbildung, die Schaffung von sozialem Wohlergehen, Lebensqualität und Kompetenzen abzuzielen.

Der Trendeffekt beinhaltet das Auftauchen von Themen, die aufgrund der Anzahl ihrer Kommentare, ihrer Zustimmung oder Ablehnung die Aufmerksamkeit der Medien auf sich ziehen, und ihre Verbreitung, so dass der gleiche Prozess wie beim Framing-Effekt abläuft.

Der Trenneffekt in Bezug auf den Framing-Effekt zeichnet sich jedoch ab, da in den Studien nur die Folgen der Internet-Nutzbarkeit und der Browsing-Fähigkeiten berichtet werden, die die Unterschiede zwischen den Internetnutzern erklären.

Der Agenda-Effekt wird zwar untersucht, seit die Medien als Instrumente für die Verbreitung politischer Propaganda genutzt werden, aber eine Überprüfung einiger Studien aus den Jahren 2010 bis 2013 zeigt, dass Stereotypen durch die Intensivierung des Framings von Migranten (Rodríguez, 2010; Guardiola, Espinar und Hernández, 2010), Sicherheitsinstitutionen (Latorre, 2011), gefährdete, marginalisierte oder ausgeschlossene Gruppen (Kogh, 2012), irreguläre Siedlungen (Mao, Richter, Kovacs und Chaw, 2012), Fernsehzuschauer (Navarro, Clement und Fernández, 2012), Internetnutzer (Nisbet, Stoycheff und Pearce, 2012), staatliche Einrichtungen (Orozco und Franco, 2012), öffentliche Gesundheitszentren (Sánchez, 2012), lokale Entwicklungsagenten (Amujo,

Otubanjo und Adeyinka, 2013), Unternehmen für alkoholfreie Getränke oder Spirituosen (Carcelén, Esteba und Peyró, 2013) und wissenschaftliche und technologische Organisationen (Wasike, 2013).

Studien zum Agenda-Effekt gehen davon aus, dass die Medien durch die Zuordnung von Attributen zu bestimmten Akteuren, Akteuren oder Institutionen die Medienmacht demonstrieren, die über den Meinungen der Bürger schwebt. Daraus wird gefolgert, dass die Medienmacht, wenn sie von der Mehrheit gebilligt wird, auch Minderheiten beeinflusst, indem sie sie radikalisiert, oder dass sie Unternehmertum und Innovation in diesen aufgeklärten Sektoren des roten Kreises fördert.

Spezifikation des Modells der reflektierenden Variablen

Bei der Spezifikation werden beobachtbare Variablen in ein Modell aufgenommen, um daraus eine emergente Variable abzuleiten, die aufgrund ihres Erklärungsgrades einen Prozess ankündigt, der dem gesunden Menschenverstand verborgen bleibt. Es handelt sich um ein Modell, in dem theoretische, konzeptionelle und empirische Rahmen die Variablen und ihre Beziehungen identifizieren, um den Untersuchungsgegenstand zu erfassen und den Forschungsgegenstand abzuleiten.

Auf diese Weise wäre das Agenda-Setting ein latentes Phänomen, solange keine Meinungen über die in den Medien verbreiteten Themen abgeleitet werden. In dieser Phase werden die Diskussionsachsen von den Faktoren unterschieden, die ein Phänomen erklären. Dies ist der Fall beim Klimawandel, zu dem Informationen verbreitet wurden, die die Bürger als Treibhausgase, Zerstörung der Ozonschicht oder globale Erwärmung darstellen. Auf der Grundlage dieser Begriffe werden die öffentliche Meinungsbildung und die Bewertung der öffentlichen Politik festgelegt, aber nicht allgemein, sondern auf eine bestimmte Art und Weise, während andere Begriffe wie Kultur des Friedens, erlernte Hilflosigkeit, Ort der Kontrolle oder Lebensraum als Prinzipien angenommen werden, die beobachtbare Lebensstile leiten (Chavarría, 2013).

Die Verarbeitung von Informationen und deren Beobachtung in Kategorien oder Variablen beinhaltet die Diskurs- und Inhaltsanalyse. Die Betonung von Machtverhältnissen, die durch Sprache erzählt oder in Erzählungen ausgedrückt werden, ermöglicht es, Akteure, ihre Rollen und Positionen in Bezug auf ein sozial geteiltes und erfahrungsgemäß beobachtbares Phänomen zu identifizieren (Fondevilla und Quintana, 2013).

Daher liegt die Spezifikation des Modells in der Einbeziehung von Variablen wie Einstellungen, Überzeugungen, Wahrnehmungen, Werten, Normen, Absichten und Verhaltensweisen im Zusammenhang mit den Themen der öffentlichen Agenda.

Die Konstruktion einer Agenda durch Diskurse, Erzählungen, Geschichten, Erwartungen oder Informations- und Kommunikationsstile impliziert die Entstehung einer bürgerlichen Kultur, die auf die Befriedung von Gewalt ausgerichtet ist, die mit ihrer Entschuldigung koexistiert, den Konsum grüner Produkte angesichts des Kaufs von Produkten, die einen übermäßigen Verbrauch von Wasser oder Energie für den Boden bedeuten, die Einbeziehung von Sektoren und deren gleichzeitige Ausgrenzung oder Marginalisierung.

Diskussion

Im Rahmen der Einstellungstheorien bezieht sich die Einstellungsänderung auf Emotionen und Affekte, die sich aus individuellen Handlungen ergeben und für die sich Menschen verantwortlich fühlen. Sie bezieht sich auch auf den sozialen Einfluss, den Zugehörigkeits- oder Bezugsgruppen auf den Einzelnen ausüben. Oder die Rezeption überzeugender Botschaften, die auf die zentrale Argumentation abzielen, oder überzeugender Botschaften, die auf die periphere Emotionalität abzielen. Im Allgemeinen reagiert das Einstellungssystem empfindlich auf die Instabilität des Objekts und auf kognitive Veränderungen, die die Konsistenz, Stabilität, Vorhersagbarkeit, Kompetenz oder Moral des Individuums beeinträchtigen.

Die Änderung der Einstellung hängt mit dem Abschreckungsprinzip der Impfung zusammen. Vor dem Ansturm der persuasiven Botschaften werden Bedrohungswahrnehmung, Risiko und Unsicherheit induziert. Im Allgemeinen führt eine Überexposition gegenüber persuasiven Botschaften zu einer hohen Elaboration und damit zu Persuasion. Die massive Emission von persuasiven Botschaften, die Motivation und die daraus resultierenden Managementfähigkeiten können zu Hilflosigkeit führen. Das heißt, dass die Menschen angesichts der Informationswelle ihre Wahrnehmung von Kontrolle reduzieren und dazu neigen, zu glauben, dass die Ereignisse unermesslich, unvorhersehbar und unkontrollierbar sind. Oder der Einzelne bildet eine Identität aus, die darin besteht, sich mit einer In-Group in Bezug auf eine Out-Group zu identifizieren. Im Prozess der Hilflosigkeit konstruiert das Individuum die Veränderung der Einstellung und die damit verbundene Verstärkung der Hoffnungslosigkeit. Im Identitätsprozess ist es die Gruppe, die die Einstellungsänderung des Einzelnen beeinflusst. Hilflosigkeit ist ein Prozess der Selbstbestätigung oder selbsterfüllenden Prophezeiung. Im Gegensatz dazu ist die Identität eine konvergente Bestätigung von Gruppennormen.

Konsistente Einstellungsänderungen hängen mit ihrer multidimensionalen Struktur zusammen, die sich aus dem Druck der Mehrheit ergibt. Die Vielfalt der Dimensionen impliziert eine konsistente Konstruktion der Einstellungsänderung. Das heißt, die Einstellungen sind eine Funktion verinnerlichter Reaktionen auf konstante Situationen, die von den Massenmedien gestaltet werden.

Der soziale Einfluss der Bezugsgruppe bezieht sich auf Mehrheitsnormen und Minderheitsprinzipien, die auf Einstellungsänderungen ausgerichtet sind. Der Einfluss der Mehrheit fördert die individuelle Konformität und die Minderheitenprinzipien den Konflikt und die Einstellungsänderung. In jüngster Zeit hat sich gezeigt, dass der Minderheitenstil der dauerhafteste Faktor für sozialen Einfluss und Einstellungsänderungen ist. Das heißt, die Konsensbildung der Mehrheit scheint eine flüchtige Wirkung zu haben, während die Bildung von Dissens eine ständige Veränderung zu bewirken scheint.

Einstellungstheorien gehen davon aus, dass Individuen, Gruppen und Gesellschaften bewusst die Dispositionen bilden und spontan aktivieren, die ihre Absichten und Verhaltensweisen bestimmen. Es sind sogar diese Dispositionen, die Veränderungen im Verbrauch anzeigen.

Die Modelle, die in Bezug auf die Konstruktion der öffentlichen Agenda durch die Meinung der Bürger vorgestellt wurden, haben Einstellungen als Vermittler von bewusster oder automatischer, zentraler oder peripherer, diversifizierter oder selektiver Verarbeitung konzeptualisiert. In diesem Sinne wurde das Auftreten von Gruppennormen auf ein Minimum reduziert, während die Diskussion von Themen durch Heuristiken oder Emotionen ersetzt wurde. Die Ersetzung der bewussten Verarbeitung durch die spontane Verarbeitung hat die Aussendung von Nachrichten beeinflusst, deren Inhalt eher schematisch als diskursiv ist. Die Vorherrschaft der Bilder gegenüber dem logischen Denken erklärt die Akzeptanz der elektronischen Technologien und Geräte. In diesem Sinne ist der Aufbau der öffentlichen Agenda von der Wahrnehmung der Zugänglichkeit und Nützlichkeit durchdrungen. Die Bewertung der Vorteile einer Technologie, einschließlich der Diversifizierung von Informationen, erklärt die Ersetzung des öffentlichen Platzes oder der Agora durch digitale soziale Netzwerke.

Waren in der deliberativen Demokratie die Einstellungen, die Informationen verarbeiteten, ein Konglomerat aus Affekten, Absichten und Gründen, so betont die kybernetische Demokratie das Aufkommen von Nutzenerwartungen. Der Unterschied ist beträchtlich: Erstere beinhaltet eine expansive Kategorisierung, bei der explizite und implizite Einstellungen Teil eines Informationsnetzwerks sind. Im Gegensatz dazu handelt es sich bei der letzteren um einen automatischen, internen, nicht bewussten und somit unselektiven Prozess. Selbst eine halbautomatische Verarbeitung würde eine analoge Beliebigkeit beinhalten. Mit anderen Worten: Informationen werden auf der Grundlage von Bildern bewertet, ohne dass eine inhaltliche Analyse erfolgt. In den Demokratien der Zukunft geht es nach den oben skizzierten Einstellungsprozessen um zukünftige Handlungen, bei denen automatisch oder halbautomatisch verarbeitete Einstellungen durch Informationen beeinflusst werden, die in der Vergangenheit mit improvisiertem Verhalten verbunden waren.

Schlussfolgerung

Die vorliegende Überprüfung der Einstellungstheorien ergab, dass 1) sie bewusste, geplante und systematische Prozesse der Technologieübernahme auf der Grundlage der Informationsverarbeitung erklären. In solchen Prozessen tragen Einstellungen wesentlich zur Vorhersagekraft von Wahrnehmungen auf das Verhalten bei; 2) sie erklären die Auswirkungen von Wahrnehmungsfaktoren auf das Verhalten durch Einstellungen. Das heißt, dass Informationen aus dem Umfeld Erwartungen erzeugen, die durch die Kategorisierung dieser Informationen bestimmte Handlungen beeinflussen; und 3) sie erklären die Einbeziehung emotionaler Faktoren, die mit Wahrnehmungen und Einstellungen interagieren, um unerwartete Verhaltensweisen zu bestimmen. Dies ist der Fall, weil der Einzelne in eine Gruppendynamik und ein Organisationsklima eingetaucht ist, in dem menschliche Beziehungen die Entscheidungen über die Informationsnutzung beeinflussen.

Was die Einstellungsmodelle betrifft, so erklären sie 1) die Absichten zur Nutzung der Technologie auf der Grundlage der Wahrnehmung von Nützlichkeit und Benutzerfreundlichkeit. Sie erklären die Einbeziehung positiver psychologischer Faktoren wie Vertrauen, die im Vorfeld von Einstellungen ein günstiges Organisationsklima für Innovation oder Leistungseffizienz schaffen, und sie erklären die Konvergenz von bewusster, geplanter und systematischer Technologieakzeptanz mit einem positiven Kreislauf von Faktoren, die auf die Zufriedenheit oder das Glück der Organisation ausgerichtet sind.

Theorien, Modelle und Studien über die Einstellung zu Informationen erklären jedoch 1) nur die Abhängigkeitsbeziehungen zwischen "rationalen" oder "emotionalen" Variablen angesichts der verfügbaren und verarbeitbaren Informationen in einer Technologie, die das Individuum unweigerlich in eine Gruppendynamik der Produktivität, der Effizienz oder des Glücks einbezieht; 2) erklären das Auftreten von Individuen in Gruppen, aber nicht den Einfluss von Gruppen auf interne Prozesse, seien sie rational oder emotional. Das bedeutet, dass die Theorien und Modelle dazu übergehen, den umgekehrten Prozess zu erklären, bei dem die Gruppendynamik produktives, effizientes oder glückliches Verhalten des Einzelnen fördert. Vielleicht ist dies der Grund, warum die jüngsten Studien einen positiven psychologischen Faktor einbeziehen, der die Diskussion um die Akzeptanz von Technologie eröffnet und 3) einen positiven Kreislauf von Produktivität, Effizienz und Glück erklären, obwohl alternative Prozesse, bei denen Informationen nicht unbedingt durch Technologie verarbeitet werden, nicht diskutiert werden.

Referenzen

1. Ajzen, I., Joyce, N., Sheikh, S. und Cote, N. (2011). "Wissen und die Vorhersage von Verhalten: die Rolle der Informationsgenauigkeit in der Theorie des geplanten Verhaltens". *Grundlegende und angewandte Sozialpsychologie, 33*, 101-117.

2. Albacerrín, D. und Wyer, R. (2011). "Elaborative und nicht-elaborative Verarbeitung einer verhaltensbezogenen Kommunikation". *Personality and Social Psychology Bulletin, 27*, 691-705.

3. Albacerrín, D., Wallace, H. und Hart, W. (2012). "How judgments change following comparison of current and prior information". *Basic and Applied Social Psychology,* 34, 44-55.

4. Amujo, O., Otubango, O. und Adeyinka, B. (2013). "Business news configuration of stakeholders opinions and perceptions of corporate reputation of some business organizations". *International Journal of Management and Strategies,* 6, 1-27.

5. Carcelén, R., Esteba, P. und Peyró, L. (2013). "Tratamiento informative de las drogas en

medios de salud en España y su relación con la agenda científica". *Revista Iberoamericana para la Investigación y el Desarrollo Educativo,* 10, 1-35.

6. Chavarría, C. (2013). "Sozialstruktur und Ort der Kontrolle in als gewalttätig eingestuften Schulen in städtischen und ländlichen Gebieten. Evidencias de su relación como insumo para la promoción de la cultura de la paz". *Reflections, 92 (1),* 77-96.

7. Fondevilla, G. und Quintana, M. (2013). "Word game: presidential discourses on crime". *Sociological Studies, 31 (93),* 721-754.

8. Hughes, S. und Barnes, D. (2011). "The dominance of associative theorizing in implicit attitudes research: propositional and behavioral alternatives". *Psychological Research,* 6, 465-498.

9. Iconaru, C. (2013). "The moderating role of perceived self-efficacy in the context of online bullying adoption". *Broad Research in Accounting, Negotiation, and Distribution, 4,* 20-29.

10. Kogh, T. (2012). "Changing political attitudes towards media accountability in Sweden". *Central European Journal of Communication,* 2, 204-224.

11. Latorre, E. (2011). "Sichtbarmachung der Erinnerung an die Opfer von Gewalt im Departement Magdalena: Widerstandsfähigkeit zur Schaffung von Rechtswahrheit". *Prolegomenos, Derechos y Valores,* 27, 199-212.

12. Mao, Y., Richter, M., Burns, K. und Chaw, J. (2012). "Obdachlosenberichterstattung, soziale Realität und Medieneigentümerschaft: Vergleich einer nationalen Zeitung mit regionalen Zeitungen in Kanada". *Mass Communication & Journalism.*2, 1-7.

13. Navarro, Y., Climent, J. und Fernández, J. (2012). "Modelle des Konfliktmanagements in fiktionalen Fernsehserien". *Escritos de Psicología,* 5, 52-60.

14. Nisbet, E., Stoycheeff, E. und Pearce, K. (2012). "Internet use and democratic demands: a multinational, multilevel model of Internet use and citizen

attitudes about democracy". *Journal of Communication, 62,* 249-265.

15. Orozco, G. und Franco, D. (2012). "Las audiencias convergentes y su investigación: análisis de recepción transmedial de la serie El Equipo". *Derecho a Comunicar,* 5, 46-63.

16. Ozer, G. und Yilmaz, E. (2011). "Vergleich der Theorie des überlegten Handelns und der Theorie des geplanten Verhaltens: Eine Anwendung auf die Nutzung der Informationstechnologie durch Buchhalter". *African Journal of Business Management, 5,* 50-58.

17. Rodríguez, F. (2010). "Fremdenfeindlicher Diskurs und Agenda-Setting. Eine Fallstudie in der Presse auf den Kanarischen Inseln (Spanien)". *Revista Latina de Comunicación Social,* 65, 222-230.

18. Ruíz, C., Sanz, S. und Tavera, J. (2010). "Analyse der Determinanten für die Nutzung von SMS-Nachrichten zur Teilnahme an Fernsehsendungen". *Cuadernos de Gestión, 10,* 117-132.

19. Sánchez, S. (2012). "Analyse des politischen Diskurses von Kindern in öffentlichen Grundschulen in Guadalupe, Nuevo León". *Global Media Journal,* 17, 81-109.

20. Sommer, L. (2011). "Die Theorie des geplanten Verhaltens und die Auswirkungen von vergangenem Verhalten". *International Business & Economic Research Journal, 10,* 91-110.

21. Tavera, J., Sánchez, J. und Ballesteros, B. (2001). "Akzeptanz des elektronischen Handels in Kolumbien: Eine Studie für die Stadt Medellin". *Revista de la Facultad de Ciencias Económicas, 19,* 9-23.

22. Wasike, B. (2013). "Framing news in 140 characters: how social media editors frame the news and interact with audiences via twitter". *Global Media Journal,* 6, 5-23

Aufgrund der Tatsache, dass Migration ein Phänomen ist, das drei Räume umfasst: Zentralität, Trans-Peripherie und Peripherie als sozio-ökonomische, sozio-politische und psycho-soziale Determinanten. Ziel dieses Papiers ist es, ein Modell vorzuschlagen, um die Diskussion über die Etablierung der Migration als zentrales Thema in der trilateralen Agenda zu eröffnen. In diesem Sinne werden Theorien und Konzepte überprüft, um in einem Modell die Beziehungen zwischen migratorischer Identität und Indikatoren wie Depression, Aggression, Verletzung, Ungerechtigkeit, Angst, Gefahr, Verzweiflung, Panik, Rache und Diskriminierung zu spezifizieren. Schließlich wird darauf hingewiesen, dass die Bedeutung dieser Übung darin besteht, mindestens vier Logiken zu berücksichtigen: Anpassung, Assimilation, Kontingenz und Identität für die Analyse von Nachrichten und die Vorhersage von Konfliktszenarien zwischen Herrschenden und Beherrschten.

Einführung

Die Lenkungsfunktion des Staates im Bereich der öffentlichen Sicherheit beinhaltet die Umsetzung von Maßnahmen zur Identifizierung, zum Schutz und zur Abschiebung von Migranten. Wenn diese Lenkungsfunktion jedoch angesichts lokaler oder regionaler Kriminalität und politischer Korruption als unecht empfunden wird, entwickeln die Bürger ein Gefühl der Unsicherheit, das sich in Stereotypen über Migranten und die mit ihrer Durchreise durch Mexiko in die Vereinigten Staaten von Amerika verbundenen Risiken niederschlägt (Fuentes und Ortiz, 2012).

Die Wahrnehmung der Unsicherheit der Bürger ist das Ergebnis der Etablierung einer Agenda, in der Migration, Kriminalität und Gewalt zentrale Themen sind, die von den Medien verbreitet und von politischen Initiativen bewertet werden, um in die öffentliche Politik aufgenommen zu werden (Gavazzo, 2011).

Sobald die Wahrnehmung der Unsicherheit entstanden ist, bilden sich die Bürger eine Meinung über die Maßnahmen der Regierung zur Migration, obwohl die Medien die Unsicherheit mit der Migration in Verbindung bringen und die Behörden dafür verantwortlich machen; ihr Zweck ist vielmehr die Bildung einer soziopolitischen Identität (Izcarra, 2011).

Auf diese Weise werden Migrationsströme, sozio-politische Identität und Agenda-Setting von den Medien auf der Grundlage von vier Logiken verbreitet: Anpassung, Assimilation, Selektion und Identität.

Die Logik der Anpassung besagt, dass die wirtschaftliche Situation der Herkunftsländer im Vergleich zu den Arbeitsmöglichkeiten in den Aufnahmeländern die Abwanderung von Migranten fördert, warnt jedoch davor, dass die Zwischenländer die Migration in das Aufnahmeland zurückhalten oder filtern. In diesem Sinne haben Migranten, die bis zu ihrer Ankunft im Aufnahmeland unter verschiedenen Hindernissen gelitten haben, Fähigkeiten entwickelt, die es ihnen ermöglichten, angesichts von Risiken und Bedrohungen zu überleben, und nun werden ihnen dieselben Fähigkeiten den Zugang zum Arbeitsmarkt ermöglichen (Rodríguez, 2011).

Im Gegensatz dazu geht die Logik der Assimilation davon aus, dass Migranten ihre Bedürfnisse an die lokalen Möglichkeiten und Ressourcen anpassen, anstatt sich der Kultur anzupassen, denn wenn Migranten

Landwirte sind, sind ihre Chancen, in den Städten Arbeit zu finden, auf Dienstleistungen beschränkt. Assimilation ist also ein Prozess, bei dem Migranten Arbeitsnetzwerke bilden, die es ihnen ermöglichen, mehr als nur einen Job zu bekommen, aber es ihnen auch erleichtern, andere Jobs zu finden, wenn ihnen die Abschiebung droht, wenn sie nicht lange in demselben Job bleiben können (Anguiano, Cruz und García, 2013).

Während Anpassung und Assimilation die Arbeitsmarktintegration von Migranten mit niedrigem Bildungsniveau erklären, geht die Logik der Selektion davon aus, dass im Falle von Migranten mit hohem Bildungsniveau die Beschäftigungsmöglichkeiten das Ergebnis einer Migrationspolitik sind, die den Unternehmergeist fördert. Die Auswahl von Migranten antizipiert das Entstehen von unternehmerischen Netzwerken angesichts wirtschaftlicher, politischer oder sozialer Krisen (Bizer, Larsen und Petty, 2010).

Die Logik der Identität hingegen nutzt die Ansätze der Anpassung, Assimilation und Selektion, um die Wechselbeziehung zwischen Arbeitnehmern und Unternehmern zu erklären, um lokale Entwicklungsszenarien und die Auswirkungen der Unternehmensförderungspolitik zu ermitteln. Aus der Perspektive der Identität sind Unternehmer Angehörige von Wanderarbeitern, die die Berufsausbildung der zukünftigen Unternehmer finanziert haben (Fenoll, 2011).

Welche Dimensionen hat die Identität von Wanderarbeitnehmern und Unternehmern angesichts der Risiken, die mit ihrer Überfahrt, ihrem Aufenthalt und ihrer Rückkehr verbunden sind?

Ziel dieser Arbeit ist es, die Beziehungen zwischen den Indikatoren für die Identität von Migranten zu spezifizieren, um die Untersuchung dieses Phänomens vor dem Hintergrund des Verlusts der staatlichen Kontrolle über die öffentliche Sicherheit zu unterstützen. Ein solches Vorgehen wird die Diskussion über die Auswirkungen der Medien auf die Identität von Migranten und die Etablierung der Unsicherheit als zentrales Thema auf der Agenda von Arbeitnehmern und Unternehmern eröffnen (Humanes und Moreno, 2012).

Eine Dokumentationsstudie wurde unter Berücksichtigung der Schlüsselwörter Unsicherheit, Migration, Identität, Agenda und Framing in den indizierten Datenbanken von DIALNET, LATINDEX und REDALYC durchgeführt. Anschließend wurden die Informationen in inhaltsanalytischen Matrizen verarbeitet, wobei der Schwerpunkt auf den Indikatoren lag, die in der akademischen Agenda im Zusammenhang mit der Migration als Diskussionsthemen angesehen wurden. Schließlich wurde die Beziehung zwischen den Ergebnissen und dem Konstrukt in einem Logikmodell für die empirische Gegenüberstellung spezifiziert.

Theorie der Identität von Migranten

Die Zentrum-Peripherie-Theorie geht davon aus, dass die Finanzströme die Migrationsströme in der gleichen Weise beeinflussen, wie die Rücküberweisungen den Beschäftigungsmöglichkeiten vorausgehen, aber die Beweise deuten darauf hin, dass es Migrationsströme gibt, die eher einer Zentrum-Übergang-Peripherie-Logik folgen, bei der die Arbeitslosen in landwirtschaftliche Gebiete und Handelsstädte ziehen (García, 2008).

Allerdings scheinen eher ökologische und soziale Risiken wie Umweltkatastrophen infolge übermäßiger Kohlendioxidemissionen und Drogenhandel als Arbeitslosigkeit oder fehlende Beschäftigungsmöglichkeiten den Zustrom von Migranten aus Kuba, Jamaika, Haiti, der Dominikanischen Republik, Kolumbien und Mexiko in Bezug auf den wirtschaftlichen Wohlstand der Vereinigten Staaten zu beeinflussen, auch wenn dieser Zustrom in Zeiten wirtschaftlicher Krisen oder bewaffneter Konflikte abnimmt.

Betrachtet man nur die Migrationsströme, so kann man daraus schließen, dass im Falle Mexikos die Abwanderung von Migranten in die Vereinigten Staaten ihre Ursachen in der Arbeitslosigkeit aufgrund mangelnder Möglichkeiten, in Dürren und Überschwemmungen sowie in der Unsicherheit im Zusammenhang mit dem Drogenhandel hat, aber diese Logik der Anpassung der Arbeitsmigranten an den lokalen Markt erklärt nicht die Abwanderung mittelamerikanischer Talente an Universitäten und Unternehmen in den Vereinigten Staaten, wie es die Logik der Selektion nahe legt.

Die Logik der Anpassung scheint jedoch zu zeigen, dass die Unsicherheit die Hauptursache für die Ausbreitung der Kolumbianer nach Mexiko und in die Vereinigten Staaten ist, obwohl im Fall von Ecuador, Peru, Brasilien und Chile die Akkulturation, die mit der Arbeit in den Vereinigten Staaten verbunden ist, durch die Entwicklung ihrer Wirtschaft erklärt wird (Gu und Goldfarb, 2010).

Nur in den Fällen von Venezuela und Kolumbien warnt die Logik der Assimilation davor, dass die sozialen Konflikte ein Beweis für Migrationsströme aus diesen Ländern zu sein scheinen, die auf Zeiten des Wohlstands in den Vereinigten Staaten beschränkt sind.

Obwohl die Logik der Anpassung, Assimilation und Selektion die Migrationsströme in Bezug auf ein Finanzzentrum wie die Vereinigten Staaten beschrieben hat, würde die Logik der Identität nicht nur diese Beziehungen erklären, sondern auch ein Szenario des Konflikts zwischen der Peripherie und dem Zentrum aufgrund ihrer Passage durch die Trans-Peripherie vorwegnehmen. Mit anderen Worten: Mexiko ist ein Raum des Übergangs in die Vereinigten Staaten, der für die Migranten Risiken birgt, aber Mexiko würde sich auch als ein Raum der Menschenrechtsverletzungen erweisen, über die die Presse systematisch berichtet, um die Verantwortung den lokalen und föderalen Behörden zuzuschreiben. Mit anderen Worten, die Identität würde die Diskriminierung von Mittelamerikanern erklären, da die Printmedien keine Details darüber verlieren, aber dieselben Missbräuche und Schandtaten werden zum Nachteil der indigenen Gemeinschaften begangen, und die Presse systematisiert diese Fakten nicht. Dies bedeutet, dass es einen Zusammenhang zwischen der internationalen Meinung und der Verbreitung von Gewalt gegen Migranten in Mexiko gibt.

Kurz gesagt, die Logiken der Anpassung, der Assimilation und der Selektion bilden eine Logik der Identität, von der aus man die Erklärung vertiefen kann, um zukünftige Szenarien der Beziehung zwischen dem Finanzzentrum und der migrantischen Peripherie aufstellen zu können. Auf diese Weise hebt die Theorie Zentrum-Trans-Peripherie die Entstehung einer soziopolitischen Identität hervor, in der sich die Bürger angesichts des Verlusts der staatlichen Kontrolle und der Korruptionsfälle, die auf die Verabredung mit dem Verbrechen

zurückzuführen sind, entrüstet zurückziehen.

Da die Zentrum-Trans-Peripherie-Theorie die internationale Migration erklären und vorwegnehmen würde, greift die soziopolitische Theorie der Migration diese drei grundlegenden Achsen - Zentrum, Trans und Peripherie - wieder auf, um sie in den vier Logiken - Anpassung, Assimilation, Selektion und Identität - zu konzeptualisieren und so die Aufstellung von vier entsprechenden Agenden vorwegzunehmen.

Trotz der Tatsache, dass die Medien über eine nationale Verbreitung, Korrespondenten und Informationsnetzwerke mit anderen Medien verfügen, ist die Verbreitung der Migrationsidentität eher ein Produkt ihrer Beziehung zum Staat und den Bürgern (Mercado und Nava, 2013). Denn es sind die Medien, die das Migrationsphänomen konstruieren, um die Außenpolitik durch die Meinung der Bürger zu beeinflussen.

Während die Zentrum-Trans-Peripherie-Theorie die Bedeutung der Identität hervorhebt, argumentiert die soziopolitische Migrationstheorie, dass diese Identität nicht nur ein Produkt der Beziehungen zwischen Migranten aus

57

der Peripherie und Behörden aus der Trans-Peripherie oder dem Zentrum ist, sondern auch Teil des Einflusses der Medien auf diese Akteure ist (Campillo, 2012).

Die Logik der Assimilation, der Anpassung, der Selektion oder der Identität ist somit Teil eines Agenda-Setting-Prozesses, der in der Verbreitung von Problemen besteht, die auf staatliche Korruption, Nachlässigkeit oder Undurchsichtigkeit im Zusammenspiel mit der Kriminalität zurückzuführen sind.

Zusammenfassend lässt sich sagen, dass die soziopolitische Migrationstheorie die Migrationsströme auf der Grundlage der Beziehungen zwischen Gesellschaft und Staat erklärt, wobei die Machthaber die Medien als Überzeugungs- oder Abschreckungsinstrument nutzen, um ihre öffentliche Politik durch die Meinung der Bürger anzupassen. Im Gegensatz zur Zentrum-Trans-Peripherie-Theorie, bei der die wirtschaftlichen Ströme einen Einfluss auf die Migration haben, argumentiert der soziopolitische Ansatz jedoch, dass die Medien die öffentliche Sicherheit oder in ihrem Fall die Wahrnehmung von Unsicherheit konstruieren, die Migrationsströme fördern, Der

soziopolitische Ansatz argumentiert, dass die Medien die öffentliche Sicherheit konstruieren, oder in seinem Fall die Wahrnehmung von Unsicherheit, die Migrationsströme fördert, aber das soziopolitische Konzept erklärt nicht den Prozess, durch den die von den Medien verbreiteten Themen verbreitet und in die Meinung der Bürger umgesetzt werden.

Die Agenda-Setting-Theorie ergänzt die Annahmen der Zentrum-Trans-Peripherie-Theorie und der soziopolitischen Migrationstheorie, obwohl sie sich von beiden abgrenzt, indem sie postuliert, dass es die von den Medien verbreiteten Themen sind, die die Migrationsströme und die soziopolitische Identität beeinflussen (Orozco und Franco, 2012).

Wenn Migrationsströme das Ergebnis wirtschaftlicher Ströme sind, dann ist die Festlegung der diesem Phänomen innewohnenden Probleme das Ergebnis der Verbreitung von Informationen, die Meinungen, Einstellungen und Stereotypen hervorbringen, auf deren Grundlage die sozioökonomischen Beziehungen zwischen dem Zentrum und der Peripherie erklärt werden (Rodríguez, 2010).

Wenn die soziopolitische Identität ein Produkt der Wahrnehmung von Unsicherheit ist, die sich aus der falschen Verwaltung des Staates ergibt, dann erklären die mit diesem Phänomen verbundenen Probleme, wenn sie von den Medien aufgegriffen werden, die Zuschreibung der Verantwortung für Arbeitslosigkeit, Unterbeschäftigung und Arbeitsmigration an den Staat (Sánchez, 2012a).

Es ist offensichtlich, dass öffentliche Unsicherheit und Migrationsprozesse sowohl in wirtschaftlich entwickelten Ländern als auch in Schwellenländern zentrale Themen auf der nationalen und internationalen Agenda sind (García, 2006). Im Falle Mexikos bezieht sich die Unsicherheit in Bezug auf Mittelamerika und vor allem die Vereinigten Staaten von Amerika (USA) auf die Gewalt gegen mittelamerikanische und mexikanische Migranten auf ihrem Weg in die USA. Über diese Gewalt wurde in den internationalen und nicht in den nationalen Printmedien ausführlich berichtet.

Als zentrales Thema auf der wirtschaftlichen, politischen und sozialen Agenda sollte die Migrationsunsicherheit ein relevantes Thema in den Vorwahlen und im Wahlkampf sein, insbesondere im Präsidentschaftswahlkampf, in dem auch der Kongress der Union (500 Bundesabgeordnete und 128 Senatoren) zur Erneuerung ansteht. Es ist auffällig, dass im speziellen Fall Mexikos die Unsicherheit der Migranten schon vor den Vorwahlen ein zentrales Thema war. Die Ereignisse im Zusammenhang mit den Entführungen und Ermordungen mittelamerikanischer Migranten durch Drogenhändler brachten die Unsicherheit der Migration auf die öffentliche Tagesordnung. Mit anderen Worten: Die Medien berichteten fast täglich über die verschiedenen Gewalttaten und die Unsicherheit, die sich gegen eine beträchtliche Anzahl von Migranten (hauptsächlich Mittelamerikaner) richteten. Sobald jedoch die politischen Vorwahlen begannen, wurden die kritischen Fragen der zentralamerikanischen Migration auf ihrem Weg durch Mexiko in die USA nicht mehr thematisiert, und das ist mehr als offensichtlich.

Wenn sich die Wahlkampfvorbereitungen auf andere Themen als die Migrationsunsicherheit konzentrieren, wenn die Presseberichterstattung Nachrichten über die Risiken des Transits durch Mexiko in die Vereinigten Staaten ignoriert und ihre Nachrichten auf die Erklärungen der Vorwahlkandidaten, ihrer Werbeteams und natürlich der politischen Parteien konzentriert, dann haben wir es mit der Etablierung einer bekehrenden Agenda zu tun, bei der die Medien ihre Berichterstattung einseitig darauf ausrichten, ihr Publikum zu manipulieren, indem sie die Bedeutung der Migrationsunsicherheit verringern; In diesem Fall hätten wir es mit der Etablierung einer bekehrenden Agenda zu tun, bei der die Medien ihre Berichterstattung einseitig darauf ausrichten, ihr Publikum zu manipulieren, indem sie die Bedeutung der Migrationsunsicherheit herabsetzen.

Die Postulate der Agenda-Setting-Theorie ermöglichen es uns natürlich, den Prozess der Konstruktion der medialen, öffentlichen und vor allem politischen Agenda rund um Unsicherheit, Gewalt, Morde und Straflosigkeit zu erklären, den wir derzeit in Mexiko erleben (García, 2011). Die Theorie des Agenda-Settings (TEA) besagt, dass die Medien Gewaltthemen auf der Grundlage ihrer eigenen Interessen verbreiten und nicht auf der Grundlage der Entwicklung der Fälle von gewöhnlichen oder föderalen Verbrechen. Diese Prävalenz wirkt sich auf die Unsicherheitswahrnehmung des Publikums aus, und im Fall der Printmedien ist die Auswirkung der Diskurs über Gewalt und insbesondere über vorsätzliche Tötungen, den die Leser über diese Phänomene führen.

Die Agenda-Setting-Theorie wäre näher an der Analyse internationaler Nachrichten, die die Öffentlichkeit nicht direkt erfahren kann und daher stark von den Medien beeinflusst wird, da andere Informationsquellen, einschließlich des Internets, keine Inhalte bieten, die dem Verständnis der normalen Menschen nahe kommen, die eher auf der Grundlage von Bildern als auf der Grundlage eines strukturierten Diskurses oder logischer Überlegungen wissenschaftlicher Natur lernen. Indem sie eine Medienagenda konstruieren, konstruieren die Medien auch eine öffentliche und politische Agenda, die für den Staat wesentlich ist. Die Medien nutzen Bezugsrahmen, auf denen die öffentliche Meinung beruht, um ihre Agenda für die öffentliche Diskussion zu erstellen. Dabei handelt es sich um Attribute rund um ein Thema, die die Wahrnehmung, Auswahl und Rezeption von Informationen durch das Publikum steuern (Groshek, 2011). Beim Agenda-Setting handelt es sich um einen informativen Resonanzeffekt, bei dem die Medien Themen ausstrahlen, deren

Relevanz das Publikum anschließend verstärkt oder abschwächt, die es aber letztlich in seine Diskussionsagenda aufnimmt, nachdem die Medien für die Verbreitung der Nachrichten verantwortlich waren.

In diesem Sinne ist die Agenda eine Sammlung von Themen, die von Kommunikatoren, Politikern und dem Publikum geteilt werden. Studien zum Agenda-Setting konzentrieren sich auf den Prozess, durch den die Medien die Themen auswählen, die das Publikum als äußerst wichtig empfindet und anschließend auf der Grundlage der von den Medien verbreiteten Konzepte diskutiert (Wasike, 2013).

Die Medien wiederum geben den Themen, über die sie berichten, verschiedene Attribute, um deren Aufnahme in die öffentliche Agenda zu erleichtern. Durch Schlagzeilen und Überschriften verbreiten die Massenmedien Erwartungen bei ihren Zuschauern. Dies bestätigt die Hypothese, dass die Medien die Gesellschaft beeinflussen, indem sie Themen produzieren und sie auf die Tagesordnung der öffentlichen Diskussion setzen. Die Massenmedien bestimmen und diktieren die Themen, zu denen sich die Menschen äußern werden.

Die öffentliche Meinung bildet sich eine Meinung über die Bedeutung der in den Medien dargestellten Themen. In der Folge kommentieren die Menschen die Themen auch mit den Worten, die Medienschaffende in Fernsehen, Radio, Printmedien und Internet verwenden (Sanchez, 2012b).

Agenda Setting und Meinungsbildung rund um die von den Medien ausgewählten und von der öffentlichen Meinung akzeptierten Themen sind öffentliche Themen von größtmöglichem Interesse und Bedeutung. Es handelt sich um einen Medieneffekt, der die öffentliche Meinung durch die Erwartungen und Absichten, eine öffentliche Diskussion innerhalb der Referenz- oder Mitgliedergruppe zu führen, formt. Kurz gesagt, die Festlegung der öffentlichen Agenda wird durch kontextbezogene Strategien wie Erwartungen, Berichterstattung, Zeit und Raum konstruiert, die alle mit verschiedenen Arten von Nachrichten verbunden sind. Hier liegt also die Macht der Medien, die ein bestimmtes Thema in den Vordergrund stellen können, ohne ein Risiko eingehen zu müssen.

Die Agenda-Setting-Theorie erklärt repräsentative und emotionale Prozesse.

Sowohl Symbole als auch Bilder sind, so die Theorie, das Ergebnis eines improvisierten und heuristischen Prozesses, in dem Wahrnehmungen, Überzeugungen, Einstellungen, Entscheidungen und Verhaltensweisen durch die Mediatisierung eines Ereignisses bestimmt werden. Die Theorie besagt, dass die Massenmedien, oder wie sie auch genannt werden: *die Massenmedien*, von einer Marktlogik geleitet werden und von der Minimierung der Kosten, um logischerweise den Gewinn zu maximieren; sie neigen Informationen und verwandeln sie in Nachrichten. Sie reduzieren Fakten auf einfache Berichte, Spots, Interviews, Kolumnen, Meinungen oder sogar *Slogans*.

Die Auswirkungen der Kontextualisierung, Rahmung und Verstärkung von Nachrichten auf die öffentliche Meinung werden durch die Informationsverzerrung der Medien begünstigt. Bei der Auswahl von Nachrichten werden die Darstellung und Verarbeitung von Informationen tendenziell durch Emotionen objektiviert. Sobald eine Nachricht kontextualisiert und gerahmt ist, beginnt ein Überzeugungsprozess, der durch die Notwendigkeit gekennzeichnet ist, die Details der Nachricht zu hören; die Wählerschaft hat den Inhalt solcher Nachrichten objektiviert und naturalisiert, um ihre Bedeutung in einer repräsentativen Verankerung zu sichern. Die Objektivierung bezieht sich auf die Übersetzung der Nachrichten in Bilder, und die Naturalisierung bezieht sich auf ihre Akzeptanz und Annahme als eine Realität außerhalb der individuellen Kontrolle (García, 2011).

Die Medien werden als Wegweiser für Werte, Diskurse, Entscheidungen und Verhaltensweisen der Bürgerinnen und Bürger dargestellt. Gestern definierten einseitige Botschaften die Bedeutung einer politischen Darstellung, heute sind mediatisierte Symbole Affekte oder Emotionen und leiten als solche Erwartungen an die Informationsverarbeitung ein. Genau das ist die Grundlage der Mediatisierung: Als persuasive Symbole bestimmen die einseitigen Botschaften ihre Rezeption. Die Rahmung eines Ereignisses in einer Nachricht beeinflusst die affektive Darstellung von Bildern. Es handelt sich um eine Objektivierung und Naturalisierung von Symbolen, die der Öffentlichkeit durch intensive Verbreitung bekannt sind. Da Symbole inkommensurabel sind, sind auch die Reaktionen unvorhersehbar (Chihú, 2011).

Obwohl die Theorie keinen Mediatisierungszyklus vorschlägt, in dem explizit gemacht wird, wie die Medien ihre informative Voreingenommenheit verstärken oder verringern, ist es möglich, einen solchen für den Fall der Migrationsunsicherheit zu konstruieren, wenn wir davon ausgehen, dass die Theorie die Einbürgerung von Bildern in die Berichterstattung über die Fakten erklärt. Der Zyklus würde zehn verschiedene Phasen umfassen, die angesichts des Phänomens der Migrationsunsicherheit auftreten und in denen sich die informative Voreingenommenheit der Massenmedien verorten lässt (Izquierdo, 2012).

Zusammenfassend lässt sich sagen, dass es mindestens drei Dimensionen gibt, in denen die Verbindung von Unsicherheit und Migration erklärt werden kann:

- In erster Linie bestimmen die im Zentrum (USA) konzentrierten und in der Transperipherie (Mexiko) verbreiteten Finanzströme die Migrantenströme aus der Peripherie (Mittel- und Südamerika), obwohl die Transperipherie (Mexiko) mehr Migranten in das Zentrum

exportiert, und zwar nicht nur aus wirtschaftlichen Gründen, sondern auch wegen der in den Medien verbreiteten Unsicherheitswahrnehmung, die auf den Verlust der staatlichen Kontrolle zurückzuführen ist. Folglich:

- Zweitens impliziert das asymmetrische Verhältnis zwischen Gesellschaft und Staat die Reproduktion sozialer Herrschaft durch Überzeugungsinstrumente wie die Medien und nicht durch Zwangsinstrumente wie die Armee oder die Polizei. Die Migration ist also mit der politischen Führung verbunden, die, wenn sie als falsch wahrgenommen wird, Schutzlosigkeit gegenüber der Bedrohung durch Kriminalität und Unregierbarkeit hervorruft, oder aber Empörung über Korruptionsfälle hervorruft. Folglich:

- Drittens beeinflusst die Migration von der Peripherie (Mexiko) ins Zentrum (USA), wenn sie von den Medien verbreitet wird, die Wirtschafts- und Arbeitsförderungspolitik durch die Meinung der Bürger und die Bewertung von Beschäftigungs-, Arbeitslosen- oder Unterbeschäftigungsprogramme n.

Stand des Wissens

Studien zum Agenda-Setting führen den Verlust der staatlichen Kontrolle auf die Verschlechterung des sozialen Wohlergehens zurück. Das Agenda-Setting im Zusammenhang mit Migrationsströmen und soziopolitischer Identität umfasst Themen wie Arbeitslosigkeit (Alaminos et al., 2010), Unsicherheit, Menschenhandel (Campillo, 2012), Diskriminierung (Carcelen et al., 2013), Anpassung (Cristini et al., 2013), Assimilation, Selektivität (Groshek, 2011) und Identität (Guardiola et al., 2010).

Medienstudien haben die Auswahl, Fragmentierung und Voreingenommenheit der journalistischen Arbeit mit gleichzeitigen Umfragestudien aufgezeigt, bei denen die Wahrnehmungen der Befragten eine Erweiterung der Medienagenda sind (Izquierdo, 2012).

Rezeptions- und Wahrnehmungsexperimente bestätigen nicht nur die Informationsverzerrung, sondern auch ihre Fähigkeit, die öffentliche Meinung zu beeinflussen. Die Theorie bezieht sich jedoch nur auf die Informationsverzerrung, ohne einen bestimmten Zeitpunkt und Raum für ihre empirische Überprüfung zu nennen. In der Tat besteht die Tendenz, die Medienverzerrung und den Einfluss auf die Wahrnehmung der Menschen gleichzeitig über einen bestimmten Zeitraum zu messen (Latorre, 2011).

Es ist jedoch nicht möglich, zwei Sachverhalte gleichzeitig zu diagnostizieren und daraus zu schließen, dass es einen direkten und signifikanten Zusammenhang zwischen ihnen gibt. Wenn man von der Prämisse ausgeht, dass ein Ereignis gleichzeitig mehr als einmal beobachtet werden kann, dann müsste man denken, dass die Wahrnehmung dann, und nur dann, von den Medien beeinflusst wird, wobei man vergisst, dass sie durch das Ereignis selbst, durch andere damit verbundene Ereignisse, durch direkte und indirekte Erfahrungen und sogar durch andere Nachrichten beeinflusst werden kann (Flores und Mendieta 2012).

Die politische Betonung von Themen, die die Agenda-Setting-Hypothese bestätigten. Sie reduzieren das Publikum auf bloße Zuschauer, die nicht in der Lage sind, Informationen auszuwählen und ihre eigene Agenda für die Diskussion zu erstellen. Paradoxerweise wird die Forschung über die psychologischen Auswirkungen der Medien auf die öffentliche Meinung dargestellt. Schließlich ist die Agenda ein soziales, oft widersprüchliches Problem, über das die Medien berichten, indem sie die Aufmerksamkeit der Öffentlichkeit auf bestimmte Objekte oder Themen in der politischen und sozialen Szene lenken, denen die Öffentlichkeit vertraut und denen sie je nach dem Grad der Medienrelevanz Bedeutung beimisst (Chihú, 2011).

Im Rahmen einer Bestandsaufnahme wurden acht Faktoren untersucht, die mit der Aufstellung der Migrationsagenda im Zusammenhang mit der Gefahr, die von einem Gendarmenstaat ausgeht, der nicht in der Lage ist, seine Bürger zu schützen, zusammenhängen. In diesem Kontext verbreiteten die Medien Informationen, die dem Staat die Verantwortung für Arbeitslosigkeit, Migration und Gewalt zuschrieben, aber ihr Ziel beschränkte sich darauf, die öffentliche Politik zu bestimmen, indem sie die Bürger davon überzeugten oder davon abhielten, sich dem Regime zu widersetzen oder sich ihm

anzuschließen, je nach den Interessen der Medien (Guardiola, Espinar und Hernández, 2010).

Der Kenntnisstand erklärt jedoch nicht den Prozess, durch den die in- oder ausländischen Medien ihren Wettbewerb um das Publikum außer Acht lassen, um ihre Batterien auf die Bildung einer für ihre Interessen günstigen Meinung und die daraus folgende Gesetzgebung für Initiativen zu ihren Gunsten zu konzentrieren. Selbst zwischen dem Begriff des Agenda-Setting und der sozio-politischen Identität scheinen die Migrationsströme das Produkt einer staatlichen Inszenierung in den Medien zu sein, ohne die Beteiligung der Bürger in Bezug auf die Rechte von Migranten und Einheimischen, ihre Formen des Zusammenlebens sowie Vereinbarungen und Konsens zu berücksichtigen.

Spezifikation des Modells der beobachtbaren Variablen

Die zehn Phasen, aus denen sich der Mediatisierungsindex für Migrationsunsicherheit zusammensetzt, sind im Folgenden aufgeführt: Depression, Aggression, Beleidigung, Ungerechtigkeit, Ungerechtigkeit, Angst, Gefahr, Verzweiflung, Panik, Rache und Diskriminierung.

Jedes dieser Elemente deutet auf eine Gewaltspirale hin, auf der die Medien ihre Schlagzeilen und Nachrichteninhalte aufbauen. Im Falle der Presse wäre der Mediatisierungszyklus eine Reihe von Kriterien, nach denen jede Nachricht gewichtet und interpretiert werden kann. In dem Maße, in dem sich die Gewaltspirale fortsetzt, nimmt auch die Bewertung zu. Das Publikum, im Falle der Presse die Leser, naturalisiert die Vorurteile der Nachrichten anhand der Fotos, die die Nachrichten illustrieren. Eine solche Naturalisierung würde als "Gewaltspirale" bezeichnet werden. Das bedeutet, dass die Informationen aus dem Umfeld die Wahrnehmung des Publikums durchdringen und sich in Kategorisierungen niederschlagen. In diesem Sinne werden die zehn Dimensionen der Spirale im Folgenden näher beschrieben:

Ein Übergriff ist definiert als eine vorsätzliche, böswillige und auch vorteilhafte Handlung einer Person oder Gruppe, die in der Presse als kriminell dargestellt wird, gegenüber einer Person oder Gruppe mit Migrationshintergrund, die als Opfer betrachtet wird.

Verleumdung hingegen ist eine Straftat, die von einer der Parteien in einem Interessenkonflikt gefördert und von der Presse als direkte und indirekte Anschuldigung einer Person oder Gruppe gegenüber einer anderen Person oder Gruppe dargestellt wird.

Ungerechtigkeit bezieht sich auf die voreingenommene Wahrnehmung der Verfolgung und Verurteilung von geschädigten Migranten in Bezug auf diejenigen, die sie beleidigen und deren Ergebnisse nach Ansicht der Journalisten nicht zu ihren Gunsten ausfallen.

Angst bezieht sich auf einen emotionalen Zustand geringer Selbstkontrolle, der von Journalisten und Reportern als psychologische Ursache für die Begehung einer Straftat und als psychologische Folge von Migranten, die Opfer einer Straftat wurden, genannt wird.

Die Gefahr umfasst die Wahrnehmung und das Gefühl der Ohnmacht von Migranten gegenüber kriminellen Handlungen, die von der Presse als Raum, Prozess, Person oder Gruppe bezeichnet werden.

Verzweiflung wird als Gemütszustand vermittelt, in dem Migrantenopfer der Presse ihre Emotionen mitteilen, sei es auf der Suche nach einem entführten geliebten Menschen, bei der Wiederbeschaffung von gestohlenem Eigentum oder bei der Wiederbelebung einer ermordeten Person.

Panik ist eine Emotion, die in der Presse als extrem bezeichnet wird, um das Überleben von Migranten zu beschreiben, die potenzielle Opfer von Straftaten sind.

Depression bezeichnet einen emotionalen Zustand, in dem Opfer oder potenzielle Opfer mit Migrationshintergrund Zuflucht suchen, um mit den Verbrechen fertig zu werden, die sie erlitten haben und mit denen sie in Zukunft rechnen müssen, wie sie selbst in der Presse berichten.

Rache ist ein Gefühl, das die Presse als Anreiz für den Migranten identifiziert, ein Verbrechen zu begehen, sei es gegen Entführer, Mörder, Diebe, Betrüger, Schwindler oder Erpresser.

Diskriminierung bezieht sich auf Diskurse und Handlungen, die von der Presse als Ursachen und Auswirkungen von Unsicherheit in einem begrenzten Raum und Zeitrahmen kodifiziert werden, an dessen Ende die Presse eine Spirale der Gewalt erwartet.

Zusammenfassend beschreiben die genannten Dimensionen den Inhalt der Presse in Bezug auf die Unsicherheit der Migration, erklären jedoch die soziopolitische Identität der Migrationsströme, die sich aus dem Verhältnis zwischen Herrschern und Beherrschten unter der Dominanz der Zentralität gegenüber der Peripherie ergibt. Darüber hinaus würde das Modell die Entstehung von zehn Faktoren im Hinblick auf die Aufstellung einer Agenda vorwegnehmen, die in der Lage ist, die öffentliche Meinung zu beeinflussen.

Diskussion

In Bezug auf die Studie des Agenda-Setting auf einem Universitätscampus wurde unter Ausnutzung der Konjunktur der mexikanischen Strukturreformen nach einer Logik der Wahrhaftigkeit durchgeführt, dieses Papier hat ein Modell für die Untersuchung von zehn Dimensionen im Zusammenhang mit der migrantischen Identität von der lokalen Presse in den Wahlen 2012 etabliert vorgeschlagen.

Die Studie von García (2013) fand jedoch Themen im Zusammenhang mit Gewalt und Kriminalität in der Berichterstattung der Printmedien während der Bundestagswahlen 2012.

Angesichts der Tatsache, dass Migration ein zentrales Thema auf der Agenda ist, wird in diesem Beitrag die soziopolitische Identität als eine Determinante der Wahrnehmung von Unsicherheit betrachtet.

In diesem Zusammenhang argumentiert García (2011), dass es einen bedeutenden Zusammenhang zwischen der Wahrnehmung von Unsicherheit und gesellschaftspolitischer Propaganda gibt, da die Medien ein Machtinstrument der demokratischen politischen Klasse sind, die regiert, indem sie Dissidenz verhindert und Sympathisanten kooptiert. In diesem Sinne manifestiert sich dieser politische Einfluss auf die Lebensweise der Bürger in den Gefühlen des Misstrauens gegenüber den Behörden.

García (2009) weist jedoch darauf hin, dass die Untersuchung der Wahrnehmung von Unsicherheit nicht nur die soziopolitische Identität offenbart, sondern auch die Verbreitung von Stereotypen zur Beeinflussung der Bürgermeinung oder die Bildung von Einstellungen gegenüber den Regierenden als Vorläufer der Wahlpräferenzen, obwohl García (2007) argumentiert, dass diese Wahrnehmung von Unsicherheit eher von Unterschieden zwischen den Bürgern als von Ähnlichkeiten mit der Regierung herrührt.

Es wird empfohlen, Studien über die Auswirkungen der wahrgenommenen Unsicherheit auf die Bildung einer ungünstigen Haltung gegenüber Regierungsmaßnahmen und die Wahlpräferenzen in Bezug auf die Migrationspolitik durchzuführen.

Schlussfolgerung

Der Beitrag dieses Papiers zum Wissensstand liegt in dem vorgeschlagenen Modell, obwohl es aus dem Beitrag der im Wissensstand diskutierten Studien entwickelt werden kann, scheint die migratorische Identität eher sozioökonomischen und soziopolitischen Faktoren zu gehorchen als psychosozialen. In diesem Sinne wurden in diesem Papier drei Dimensionen unterschieden: Migrationsströme, sozio-politische Identität und Agenda-Setting, um Forschungsarbeiten zur Antizipation von Konfliktszenarien zwischen den beteiligten Akteuren zu entwickeln.

Referenzen

1. Ajzen, I. (2011). "Arbeitszufriedenheit, Anstrengung und Leistung: eine Perspektive des überlegten

Handelns". *Contemporary Economics*. 5, 32-43

2. Albarracin, D. und Wyer, R. (2011). "Elaborative und nicht-elaborative Verarbeitung einer verhaltensbezogenen Kommunikation". *Personality and Social Psychology Bulletin.* 27, 691-705

3. Anguiano, M., Cruz, R. und García, R. (2013). "International return migration. Trayectorias y reinserción laboral de migrantes veracruzanos". *Papeles de Población, 19,* 115-147.

4. Bizer, G., Larsen, J. und Petty, R. (2010). "Exploring the valence framing effect: negative framing enhances attitude strength". *Politische Psychologie.* 32, 59-80

5. Campillo, C. (2012). "La gestión estratégica de la información municipal. Analyse der Themen, ihrer Behandlung und ihrer Unterbrechung in der Stadtverwaltung von Elche (1995-2007)". *Zeitschrift für Kommunikationsstrategie, Trends und Innovation.* 3, 149170

6. Cerviño, B. (2013). "Die Nutzung sozialer Netzwerke als Informationsquelle für Journalisten". Dissertation. Fakultät für Kommunikationswissenschaften . Autonome Universität von Barcelona.

7. Chihú, A. (2011). *El framing del spot político*, Mexiko, UAM-Porrúa.

8. Fenoll, V. (2011). "Aktive und passive Nutzer. Die Interaktivität des Publikums in digitalen Medien". *Social Science Journal.* 51, 1-26

9. Flores, L. und Mendieta, A. (2012). "La percepción de la nota roja periodística en primera plana, un estudio de caso". *Journal of Communication.* 14, 1-13

10. Fuentes, G. und Ortiz, L. (2012). "El migrante centroamericano de paso por México, una revisión a su condición social desde la perspectiva de los derechos humanos." *Convergencia, 58,* 157-182.

11. García, C. (2006). "Eine Modellierung der Variablen, die die Auswirkungen terroristischer Ereignisse auf das menschliche Verhalten erklären". *Entelequia, 1,* 141-150

12. García, C. (2007). "La percepción de inseguridad social

en la Ciudad de México". *Revista Científica de Psicología, 7,* 52-68.

13. García, C. (2008). "La dinámica psicosocial de las comunidades migratorias" (Die psychosoziale Dynamik von Migrantengemeinschaften). *Enfoques, 1 (2),* 137-152.

14. García, C. (2009). "Struktur der Wahrnehmung von öffentlicher Unsicherheit". *Revista de Psicología Política, 7 (20),* 73-85.

15. García, C. (2011). "Ein systemischer Ansatz für die politische Realität". *Enfoques, 23 (1),* 63-78.

16. García, C. (2013). "La inseguridad migratoria en los medios impresos de la Ciudad de México". *Reflexiones, 92 (1),* 159-173.

17. García, J. (2011). "Framing, Konflikte und Agenda-Effekte". *Zer Journal.* 31, 167-181

18. Gavazzo, N. (2011). "Aktionen und Reaktionen: Formen der Diskriminierung gegenüber bolivianischen Migranten in Buenos Aires". *Revista de Ciencias Sociales, 24,* 50-83.

19. Groshek, J. (2011). "Medien, Instabilität, Demokratie: Untersuchung der kausalen Granger-Beziehungen in 122 Ländern von 1943-2003". *Journal of Communication.* 61, 1161-1182

20. Gu, M. und Goldfarb, B. (2010). "Affect and the framing effect witting individuals over time: risk taking in a dynamic investment simulation". *Academic of Management Journal.* 53, 411-431

21. Humanes, M. und Moreno, M. (2012). "El efecto agenda sobre los temas de campaña en las elecciones generales de 2008". *Zeitschrift für Kommunikationsstrategie, Trends und Innovation.* 3, 191-207

22. Izcarra, S. (2011). "Migrationsnetzwerke versus Arbeitsnachfrage: die Elemente, die Migrationsprozesse formen". *Convergencia, 57,* 39-59.

23. Izquierdo, L. (2012). "La uniformidad temática en las secciones de internacional de los diarios madrileños frente a las secciones locales". *Communication Papers, media Literacy & Gender Studies.* 1, 97-104

24. Latorre, E. (2011). "Sichtbarmachung der Erinnerung an die Opfer von Gewalt im Departement Magdalena: Widerstandsfähigkeit zur Schaffung von Rechtswahrheit". *Prolegomenos, Derechos y Valores, 27,* 199-212.

25. Mao, Y., Richter, M., Burns, K. und Chaw, J. (2012). "Obdachlosenberichterstattung, soziale Realität und Medieneigentümerschaft: Vergleich einer nationalen Zeitung mit regionalen Zeitungen in Kanada". *Mass Communication & Journalism.* 2, 1-7.

26. Mercado, P., Nava, R., (2013). "Calidad de vida y expectativas de migración en jóvenes de zonas rurales del Estado de México". *Population and Health in Mesoamerica.* 10, 1-20

27. Orozco, G. und Franco, D. (2012). "Las audiencias convergentes y su investigación: análisis de recepción transmedial de la serie El Equipo". *Derecho a Comunicar, 5,* 46-63.

28. Rodríguez, F. (2010). "Fremdenfeindlicher Diskurs und Agenda-Setting. Eine Fallstudie in der Presse auf den Kanarischen Inseln (Spanien)". *Revista Latina de Comunicación Social, 65,* 222-230.

29. Rodríguez, I. (2011). "Soziale Bewegungen als Akteursnetzwerke: Perspektiven für einen symmetrischen Ansatz für den Umweltprotest in Doñana". *Convergencia, 56,* 13-35

30. Sánchez, S. (2012a). "Analyse des politischen Diskurses von Kindern in öffentlichen Grundschulen in Guadalupe, Nuevo León". *Global Media Journal, 17,* 81-109.

31. Sánchez, S. (2012b). "Die gesellschaftliche Darstellung seltener Krankheiten in der spanischen Presse". *Revista de Ciencias Sociales, 54,* 1-31.

32. Sommer, L. (2011). "The Theory of Planned Behavior and the impact of past behavior". *International Business & Economics Research Journal.* 10, 91-110

33. Von Krogh, T. (2012). "Changing political attitudes towards media accountability in Sweden". *Central European Journal of Communication, 2,* 204-224.

34. Wasike, B. (2013). "Framing news in 140 characters: how social media editors frame the news and interact with audiences via twitter". *Global Media Journal, 6,* 5-23

KAPITEL 4

Die öffentliche Sicherheit setzt die Verwaltung des Staates voraus, aber die Wahrnehmung von Unsicherheit impliziert den Verlust dieser staatlichen Funktion. Ziel dieser Arbeit ist es daher, die sozio-politischen Dimensionen für die Analyse der öffentlichen und privaten Sicherheit zu ermitteln. In diesem Sinne ermöglichte eine Überprüfung der Agenda-Setting-Theorie und des Wissensstandes, ein Modell für die Untersuchung des Selbstmanagements in der privaten Sicherheit und der Konstruktion einer auf den sozialen Frieden ausgerichteten Bürgeridentität vorzuschlagen. Studien über Informations- und Kommunikationstechnologien zeigen jedoch, dass das Internet, vor allem die sozialen Netzwerke, die Themen bestimmen, die in den anderen herkömmlichen Medien verbreitet werden. Mit anderen Worten: Fernsehen, Radio und Presse verbreiten die Themen, die aufgeklärte Bürger auf Facebook, Twitter und Google+ konstruieren, aber es sind dieselben Medien, die durch die Verbreitung von Inhalten, die sich an der Verantwortung des Staates orientieren, einen Einfluss auf diese Internetnutzer haben.

Einführung

Agenda-Setting ist ein gesellschaftspolitisches Phänomen, das Staat, Medien und Gesellschaft in einem Konglomerat von Technologien und Themen verbindet, die die öffentliche Diskussion und Beratung von Vorschlägen als Indikatoren für Bürgerbeteiligung, öffentliche Politik und das Recht auf Information fördern oder hemmen. In diesem Sinne ist eine gesellschaftspolitische Agenda das Ergebnis von Begegnungen und Meinungsverschiedenheiten zwischen Akteuren und öffentlichen Meinungsnetzwerken. In diesem Beitrag werden die jüngsten Studien zur gesellschaftspolitischen Agenda vorgestellt und ihre Auswirkungen auf die Bürgerbeteiligung durch Bürgerbeobachtungsstellen, Wissensnetzwerke und Diskussionsgruppen erörtert. Auf diese Weise können wir die Auswirkungen der Informationsverbreitung auf öffentliche Meinungsbildung und die Governance-Entscheidungen erkennen, wobei der Schwerpunkt auf dem Fehlen von Informationsunternehmertum liegt, dem Hauptsymptom der heutigen Demokratie (Concimance, 2013).

73

Agenda-Setting wird als ein Phänomen verstanden, bei dem die Gesellschaft und der Staat im Hinblick auf die öffentliche Meinung, die in sozialen Netzwerken geäußert wird, und die Themen, die in den Medien verbreitet werden, miteinander verbunden sind. In diesem Sinne erhält die Konstruktion einer öffentlichen Agenda eine gesellschaftspolitische Dimension, da die Medien Informationen über den Staat als Thema der Bürgerdebatte verbreiten (Fondevilla und Quintana, 2013).

Der Einfluss der Medien auf die öffentliche Politik liegt jedoch in der Eingrenzung der Diskussionsthemen. Auf diese Weise wird die öffentliche Meinungsbildung durch die Assoziation von Attributen mit Themen bestimmt. Die Medien werden als Instrument des Agenda-Settings betrachtet, aber die Verbreitung von Bildern und nicht von Diskursen hat einen großen Einfluss auf das Publikum, und auf der Grundlage ihrer Meinung machen die Machthaber ihre öffentliche Politik (Jiménez, 2012).

Bei der Aufstellung einer gesellschaftspolitischen Agenda sind jedoch zumindest der Staat, die Medien, Dissidentengruppen und die öffentliche Meinung beteiligt. Dies liegt daran, dass die Festlegung gesellschaftspolitischer

Themen das Ergebnis sozialer Repräsentationen ist, die einst Überzeugungen und Wahrnehmungen waren, die nach einem ausreichenden Zeitraum zu Gruppenwerten und -normen wurden. Anschließend wurden soziale Repräsentationen als ererbte Dispositionen angenommen, die durch die Interaktion mit anderen Gruppen erworben wurden, und schließlich beeinflusste die Bildung von Einstellungen zu den diskutierten Themen Entscheidungen und Handlungen in Übereinstimmung mit den Freiheiten, Möglichkeiten, Kapazitäten und Verantwortlichkeiten, die der Kontext ihnen erlaubte (Chavarría, 2013).

Das Agenda-Setting ist jedoch kein linearer Prozess, bei dem Informationen unbedingt verarbeitet werden müssen. Vielmehr umfasst es Dimensionen für die Analyse, die da wären:

1. Wirtschaftskrisen, Verlangsamung und Rezession in Produktion und Konsum sowie Verknappung der natürlichen Ressourcen und Auftreten krimineller Gruppen.

2. Regierungssysteme und Staatsformen, die die Beziehungen zu Anhängern,

Sympathisanten, Dissidenten oder Gegnern bestimmen.

3. Fehlen oder Vorhandensein von Dissidentengruppen und Parteien, die um die politische Macht kämpfen.

4. Politische, parteipolitische oder sektorale Ideologie und ihre Verbreitung in Diskussionsforen.

5. Rechtlicher Rahmen für die Verbreitung von Informationen durch die Medien.

6. Zugang zu Informations- und Kommunikationstechnologien, insbesondere zum Internet und seinen virtuellen Foren.

7. Organisation der Zivilgesellschaft in Bürgerbeobachtungsstellen und gefährdete, marginalisierte oder ausgegrenzte Gruppen in den Medien, Informationstechnologien, sozialen Netzwerken oder Diskussionsforen.

8. Bildung der öffentlichen Meinung auf der Grundlage der dargestellten Faktoren und deren Einfluss auf Regierungsentscheidungen durch Medien und Technologien.

9. Synthese der Bürgermeinung in Symbolen und Bedeutungen, die an die Regierungsentscheidungen angepasst sind. Verbreitung von Informationen zu Themen, die auf der Tagesordnung der Bürger stehen. Medien, politische und nationale.

10. Entstehen eines Unternehmergeistes bei den sozialen Akteuren und Netzwerken. Oder die Dauerhaftigkeit von Konformität und Gehorsam, die verhindert, dass sie durch Innovation und alternative Vorschläge für die öffentliche Politik ersetzt wird.

Eine Agenda, die keine unternehmerisch denkenden Menschen hervorbringt, ist jedoch dazu verdammt, durch eine andere ersetzt zu werden, da Innovation für den Staat von grundlegender Bedeutung ist, um mit der Gesellschaft in Beziehung zu treten (Añanos, 2012).

Welche Faktoren beeinflussen die Bildung von Gruppen, die nicht zur Tagesordnung übergehen?

Studien zum Agenda-Setting warnen davor, dass das Fehlen von Dissens ein autoritäres System impliziert, von dem aus die Medien kontrolliert werden und, sofern sie als Machtinstrumente eingesetzt werden, die öffentliche Meinung im Einklang mit der öffentlichen Politik produzieren (Van Bamereld, Rodríguez und Robles, 2012).

Das Verhältnis zwischen Gesellschaft und Staat ist in einem autoritären politischen System in seinem Recht auf Information eingeschränkt, und das Fehlen von Beratungen über öffentliche Themen führt zur Bildung einer öffentlichen Meinung, die nicht nur durch die Themen der Information, sondern auch durch den eingeschränkten Zugang zu Kritik, Debatten, Studien und Berichten über die Fakten begrenzt ist (Noblega, 2012).

Die Argumentation dieses Papiers befasst sich also mit der Diskussion über das gesellschaftspolitische Agenda-Setting. Das Fehlen von Unternehmergeist wird als Folge des Agenda-Settings in den heutigen Demokratien angesprochen. Das Fehlen dieses Unternehmergeistes offenbart ein autoritäres System, in dem die Medien von der Meinungsbildung der Bürger distanziert sind und sich vielmehr an den Entscheidungen der Regierung orientieren.

Diese Analyse wird ein Licht auf autoritäre politische Systeme werfen, die die öffentliche Agenda durch die Medien und das Fehlen einer kritischen und

deliberativen öffentlichen Meinung bestimmen.

Es wurde eine Dokumentationsstudie mit Quellen durchgeführt, die in indexierten Datenbanken von REDALYC, DIALNET und LATINDEX im Zeitraum von 2010 bis 2014 unter Berücksichtigung der Schlüsselwörter Sicherheit, Internet, Agenda, Identität und Netzwerke gesucht wurden. Anschließend wurden die Informationen in Inhaltsanalysematrizen verarbeitet, um die Achsen und Diskussionsthemen der akademischen Agenda zu ermitteln. Schließlich wurde das Modell auf der Grundlage seiner logischen Beziehung zu den im Wissensstand angegebenen Variablen spezifiziert.

Sicherheitsfragen

Sicherheitsfragen sind mit Faktoren wie Bevölkerung, Pflege, Justiz und Beschäftigung verknüpft.

Die Stadtbevölkerung ist im Gegensatz zur Landbevölkerung Straftaten ausgesetzt, die zu einem Gefühl der Unsicherheit führen, was die Umwandlung der öffentlichen Sicherheit in ein Gefühl der Unsicherheit belegt.

Was das Alter betrifft, so ist der Großteil der Bevölkerung zwischen 15 und 64 Jahren alt, was einer höheren Kriminalitätsprävalenz in städtischen Gebieten als in ländlichen Gebieten entspricht. In stadtnahen Gebieten werden hauptsächlich lokale Straftaten begangen, während in den städtischen Zentren eher Straftaten auf Bundesebene begangen werden.

In diesem Sinne deutet die soziale Gerechtigkeit darauf hin, dass der Raub das Hauptproblem in der lokalen Gerichtsbarkeit im Vergleich zur föderalen Gerichtsbarkeit ist. Vergleicht man die Anzeigen mit den eingereichten Fällen, Amparos und Verfahren, so ist der Unterschied erheblich.

Neben der sozialen Gerechtigkeit scheinen auch die Beschäftigungssituation und die soziale Sicherheit den öffentlichen Frieden zu beeinträchtigen und die Wahrnehmung von Unsicherheit und sozialer Gewalt zu verschärfen.

Zusammenfassend lässt sich sagen, dass Fragen der öffentlichen Sicherheit Faktoren darstellen, die mit der Kriminalität und der Risikowahrnehmung in Verbindung stehen, dass aber die Medien ein weiterer Faktor sind, der diejenigen

Einrichtungen beeinflussen könnte, die eine niedrige Kriminalitätsrate, aber ein hohes Sicherheitsempfinden haben, oder eine hohe Kriminalitätsrate, aber ein niedriges Sicherheitsempfinden.

Theorie der Unsicherheitswahrnehmung

Der Einfluss der Medien auf die Meinungen der Bürger und ihre Wahrnehmung von Unsicherheit in Bezug auf Kriminalität und Gewalt wurde mit Hilfe der Agenda Setting Theory untersucht.

AST nimmt die Ersetzung privater Sicherheit durch öffentliche Sicherheit im Kontext des Verlusts staatlicher Kontrolle und der Umwandlung ziviler, auf den öffentlichen Frieden ausgerichteter Werte durch die von den Medien geförderte Entschuldigung von Verbrechen vorweg (Pando, Aranda und Olivares, 2012).

Das Verhältnis zwischen Gesellschaft und Staat, das von den Medien bestimmt wird, beinhaltet Asymmetrien, die sich in dem Maße verstärken, wie die Korruption der Behörden im Fernsehen, im Radio und in der Presse verbreitet wird (Bizer, Larsen und Petty, 2010).

In diesem Sinne argumentiert AST, dass die Medienagenda gesellschaftspolitisch voreingenommen ist, da sie das wirtschaftspolitische Handeln der Regierung verherrlicht, aber politische Strategien zur öffentlichen Sicherheit verunglimpft (Humanes und Moreno, 2012; Groshek, 2011). Auf diese Weise beeinflusst die sogenannte Medienagenda die zivile Agenda, um die politische Agenda zu bestimmen und die öffentliche Agenda festzulegen.

Die Medien sind jedoch von ihrem Publikum abhängig, und daher bestimmen die neuen Informations- und Kommunikationstechnologien (IKT) wie das Internet und die sozialen Netzwerke die Themen der Medienverbreitung und diese wiederum die Achsen der zivilen Diskussion (Wirth, Matthes, Schemer, Wettstein, Friemel, Hânggli und Siegert, 2010).

Es handelt sich um einen doppelten Einfluss, bei dem Themen durch ihren Inhalt als Elemente der Überprüfbarkeit oder der Nachprüfbarkeit gerahmt werden. Ein wenig gebildetes Publikum neigt zu Bildern, während ein aufgeklärtes Publikum eher Diskursen zugeneigt ist.

Die Verarbeitung von Bildinformationen entspricht einem peripheren Informationspfad, während die Diskursverarbeitung einem inhaltszentrierten Pfad nahekommt (Flores und Mendieta, 2012; García, 2011).

Kurz gesagt, AST erklärt die öffentliche Meinungsbildung auf der Grundlage von zwei Logiken, nach denen ihr Inhalt eine Wirkung auf den roten Kreis oder auf andere Zielgruppen hat. Was die öffentliche Sicherheit betrifft, so steht die Entschuldigung für Verbrechen der Wahrhaftigkeit der Bilder nahe, die den Kontrollverlust und die Wahrnehmung von Unsicherheit zeigen. Im Gegensatz dazu steht der öffentliche Frieden den Rechtfertigungsdiskursen von Sektoren der Zivilgesellschaft nahe, die Dialog, Diskussion und Vereinbarungen fordern; eine Überprüfung der Literatur zeigt jedoch, dass sich die Meinung der Bürger so diversifiziert hat, dass sie nun die Medien beeinflusst und die Bürgerbeteiligung fördert.

Stand des Wissens

Der Wissensstand zeigt acht Analyseachsen auf, um die herum die soziopolitische Rahmung die Konstruktion einer Identität impliziert, die weit entfernt ist von öffentlichem Frieden, Dialog, Debatte und Konsens

78

zwischen Machthabern und Beherrschten.

Agenda-Setting ist ein komplexes Phänomen, da es nicht nur aus der Verzerrung der aus den Ereignissen abgeleiteten Informationen besteht, sondern auch die Unsichtbarmachung der Akteure impliziert, wie Latorre (2011) in seiner Untersuchung über die Opfer von Gewalt und die Medien, die über diese Ereignisse berichteten, feststellte. Mit der Verschärfung der Umweltprobleme reduzierten Presse, Radio und Fernsehen die Ereignisse nicht nur auf ein Minimum an Ausdruck, sondern vermieden auch die Beteiligung der Gemeinschaft, ihre Gefühle, Bräuche und Rituale, die sich aus der kollektiven Trauer und der Bedrohung des öffentlichen Friedens ergaben. Die Medien wirkten sich im Wesentlichen auf das kollektive Gedächtnis der Generationen aus, die den gegen die Menschlichkeit gerichteten Taten an ihrer Gemeinschaft folgten. Das gemeinsame Gedächtnis wurde durch die Medien bis zu einem gewissen Grad verzerrt, was die umliegenden Gemeinschaften dazu veranlasste, Stereotypen über die betreffende Gemeinschaft zu konstruieren. So wurden die Opfer der Unsicherheit nicht mehr als gewalttätig stigmatisiert, weil ihre Angehörigen in kriminelle Gruppen verwickelt waren, sondern weil um sie herum Mythen, Legenden und Überzeugungen über die Unsicherheit ihrer Bewohner und Besucher konstruiert wurden. Daher war das Gespräch mit den Opfern an sich eine Intervention, um die Erinnerungen, Traumata und Spannungen zu lösen, die den Ort in seiner Trauer und seinem Leid über die Morde, Entführungen, Ermordungen und Erpressungen durch das organisierte Verbrechen begleitet haben. Die Sensibilisierung der Öffentlichkeit war daher die richtige Strategie, um die verlorene Würde und das verlorene Vertrauen der Familien der Opfer wiederherzustellen und ihre Rechtfertigung gegenüber den Generationen, die den Gewalttaten folgten, zu erleichtern. Dies bedeutete, den lokalen Behörden ihre Legitimität zurückzugeben, da sie als Hauptverursacher von Gewalt und Unsicherheit angesehen wurden (Rozo, 2014).

Die Intervention impliziert jedoch nicht nur die Infragestellung der Medien, sondern auch ihre Umwandlung in Übermittler von Gewalt, da die Angehörigen der Opfer in ihren Erzählungen auf die Berichte und journalistischen Artikel hinwiesen, die ihre Integrität und Würde verletzten. Auf diese Weise beinhaltete der Aufbau des öffentlichen Friedens auch die Rekonstruktion des kollektiven Gedächtnisses mit einem Schwerpunkt auf den Akteuren der Tragödie, die der Ort erlebt hat. Mit anderen Worten, die Themen Gewalt und Unsicherheit wurden nicht nur von den Medien eingeführt, sondern auch affektiviert, was die Bürger dazu veranlasste, die Themen kollateral und peripher in einer Weise zu verarbeiten, die es ihnen nicht ermöglichte, die Ereignisse zu rationalisieren, sondern vielmehr Gefühle des Misstrauens gegenüber ihren Behörden, Nachbarn und sogar Familienmitgliedern hervorrief (Zambrano und Meneses, 2014).

In der Studie von García (2012) wurde die Verfügbarkeit von Wasser in einem Ort in Mexiko-Stadt von der lokalen, nationalen und internationalen Presse verzerrt dargestellt und erreichte bei den Bewohnern ein alarmierendes Niveau. Die Knappheitssituation in den Städten trug zusammen mit den geografischen Bedingungen und dem soziopolitischen Kontext der Abgrenzung dazu bei, dass eine öffentliche Wasseragenda entstand. Dies führte zu einem sparsamen Lebensstil, den die Gemeinden von Iztapalapa seit Generationen pflegen.

Die offiziellen Zahlen zeigten jedoch, dass die Wasserverfügbarkeit gefährdet war, standen jedoch im Gegensatz zu den Berichten über eine humanitäre Krise in einigen Zeitungen während der Kommunalwahlen. Dies war möglich, weil in den Berichten und Meinungsspalten von extremer Knappheit, sozialer Unzufriedenheit, Bürgermobilisierung, kollektiven Demonstrationen, Kundgebungen und Protesten von Einwohnern gegen ihre Behörden sowie von der Entführung von Wasserleitungen und dem Boykott von Wassereinrichtungen berichtet wurde. Die Diskrepanz zwischen den Fakten und den in der Presse verbreiteten Informationen führte zu der Annahme, dass das Agenda-Setting zum Thema Wasserknappheit zu einer Verbreitung der Wasserknappheit in den Gemeinden führen würde. In der Tat gingen die Einwohner bald von verbalen Protesten und Demonstrationen zu Konfrontationen mit den Sicherheitskräften über. Die Situation verschärfte sich noch, nachdem die lokalen Behörden eine Erhöhung der Wassergebühren angekündigt hatten. Die Bürger, die sich der Knappheit und des Mangels bewusst waren, radikalisierten ihre Positionen und führten eine Reihe von kollektiven Demonstrationen durch, die zum Erlass der Gebühren und in einigen Vierteln sogar zu teilweisen oder vollständigen Subventionen führten.

In Iztapalapa wurden nicht nur Knappheit, Mangel, Rechte und kostenlose Trinkwasserversorgung als Diskussionspunkte festgelegt, sondern auch die Tarifpolitik verstärkte ihre Wirkung bis hin zu einem sozialen Konflikt, der zur Entlassung von Beamten und zur Inhaftierung einiger Nutzer führte. Mit anderen Worten: Die lokale Agenda wurde durch die Macht der Medien in einem solchen Ausmaß gestört, dass sich die Meinung der Bürger in zivilen Ungehorsam verwandelte, der das Vertrauen in die Behörden schwinden ließ. Dies ist das soziopolitische Framing, das darin besteht, den Staat für die Umsetzung der Sparpolitik angesichts der Wasser- und Stromversorgungskrise verantwortlich zu machen. Die Verbindung von Tariferhöhungen und unregelmäßiger Wasserversorgung mit dem Ermessen der Behörden oder Subventionen für produktive Sektoren verschärfte die lokalen Konflikte.

Beide Studien, diejenige über die von den Bürgern wahrgenommene Unsicherheit und diejenige über die Wasserknappheit und den Wassermangel bei den Anwohnern, deuten darauf hin, dass Agenda-Setting nur eine Zwischenphase zwischen erworbener Hilflosigkeit und organisiertem zivilen Ungehorsam ist. Denn das Agenda-Setting ist ein Phänomen, das von den Medien bei der Information der Öffentlichkeit nicht einkalkuliert wird, da es aufgrund von Konflikten mit der Polizei oder der Armee zum Verlust von Menschenleben führen könnte.

Darüber hinaus hat das Aufkommen sozialer Netzwerke im Internet die Mechanismen zur Festlegung der Tagesordnung verdrängt und sie in ein Phänomen verwandelt, das von diskursiven Eliten gesteuert wird.

Die Arbeit von Cerviño (2013) zeigt, dass die in sozialen Netzwerken diskutierten Themen einen Einfluss auf die berufliche Praxis von Kommunikatoren, Reportern, Kolumnisten und Journalisten im Allgemeinen haben. Da die Debatten in den Chat-Kanälen zunehmen, wirken sie sich auf die Themen aus, die in Magazinen und Zeitungen mit nationaler Auflage veröffentlicht werden.

Ereignisse, die sich auf lokaler Ebene ereignen, erregen, wenn sie in sozialen Netzwerken kommentiert werden, die

Aufmerksamkeit globaler Fernsehsender und der Presse, so dass Sonderberichte über die Ereignisse erstellt werden, die kurzfristig zu einer nationalen Nachricht werden. Dies ist ein Phänomen des sozialen Einflusses, das vor dem Aufkommen der sozialen Netzwerke nur durch Gerüchte oder Führung verbreitet wurde und nun über Chat-Kanäle und Meinungsnetzwerke im Internet verbreitet wird.

Heutzutage entspricht die so genannte journalistische Agenda nicht mehr den Fakten, die an sich ausreichten, um das Publikum zu überzeugen oder abzuschrecken, sondern die sozialen Netzwerke haben eine grundlegende Bedeutung für die Festlegung der lokalen und globalen Agenda erlangt.

Der Unterschied zum Kontext der 1970er Jahre, als Theoretiker des Agenda-Setting argumentierten, dass die Medien den Ton für die Debatte der Bürger über Themen vorgeben, scheint sich nun umzukehren, da es die sozialen Netzwerke sind, die die Agenda durch offene Debatten über Themen, die mit ihrem persönlichen Alltag und dem sozialen Kontext, in dem sie auftreten, zusammenhängen, konstruieren.

In der Tat hat sich das Agenda-Setting von einem unidirektionalen zu einem bidirektionalen Prozess gewandelt und wird sich voraussichtlich in Richtung multidirektionaler Dimensionen bewegen, anhand derer sich erklären lässt, wer welche Art von Akteuren im gesellschaftspolitischen Prozess von Themen beeinflusst, die von gesellschaftlichem Interesse sind, aber eine individualisierte Erwartung haben, die sich in den von den Nutzern sozialer Netzwerke geäußerten Meinungen beobachten lässt. Auch die Äußerungen in den sozialen Netzwerken sind vielfältiger Natur, aber im Wesentlichen handelt es sich um Bilder, in denen Emotionen, Gefühle und Neigungen zum Ausdruck kommen, und nicht um Überlegungen zu den Themen, die sich dort von selbst etabliert haben.

In einem Kontext, in dem Nutzer Zugang zu Informationen haben, die in sozialen Netzwerken geteilt werden, kann man davon ausgehen, dass diese die Ausbildung von Journalisten beeinflussen und dass sich diese Beziehung in der beruflichen Praxis fortsetzen wird. Die Stichprobe von vier europäischen Zeitungen und ihre entsprechende Themenverteilung wird mit Zitaten aus sozialen Netzwerken und Daten in Verbindung gebracht, die den Einfluss von Twitter und Facebook nicht nur auf die persönliche Agenda oder die journalistische Agenda, sondern auch auf die lokale Agenda zeigen.

Obwohl ein hoher Prozentsatz der Nachrichten in die Kategorie der diffusen Meinung fällt, ist die Wirkung sozialer Netzwerke größer, wenn eine lokale, nationale oder globale Persönlichkeit einen Kommentar abgibt und ihre Kontakte die Information unter ihren anderen Anhängern verbreiten. Es handelt sich um ein typisches Phänomen der digitalen Zeit, in der Fakten an sich an Relevanz verlieren, die jedoch zunimmt, wenn ein berühmter Nutzer sein tägliches Leben beschreibt.

Der Einfluss der Medien auf die öffentliche Meinung bleibt jedoch bestehen, da das Fernsehen sein Publikum auf eine ausgrenzende Art und Weise erreicht, die nicht nur ein verzerrtes Bild der Realität verbreitet, sondern auch eine ungünstige Einstellung gegenüber gefährdeten, marginalisierten oder ausgegrenzten Gruppen hervorruft.

Die Studie von Guardiola, Espinar und Hernández (2010) zeigt, wie nationale Fernsehsender während eines bestimmten Sendezeitraums dazu neigen, eine öffentliche Agenda mit für Migrantengemeinschaften ungünstigen Themen zu erstellen. Dabei handelt es sich um Nachrichten, die Stereotypen über Kriminalität, Drogenhandel und Gewalt konstruieren, die von Migrantengruppen zum Nachteil der einheimischen Bevölkerung ausgehen.

In den Nachrichtensendungen des Fernsehens geht es eher um soziale Segregation als um Multikulturalismus, bei dem öffentlicher Frieden, Solidarität und Toleranz die Banner der sozialen Eingliederung in wirtschaftlich entwickelten, aber sozial exklusiven Nationen sind.

Die Art und Weise, wie die Medien Ereignisse im Zusammenhang mit Entführung, Erpressung, Mord, Raub oder anderen Straftaten darstellen, hängt von den Begriffen und Bezeichnungen ab, die die Journalisten in den Nachrichten verwenden. So sind Schlagzeilen wie "Die chinesische Mafia" oder "Prozess gegen Latinos" zu beobachten. Diese Formen der Kriminalitätsberichterstattung erzeugen beim Publikum Wahrnehmungsvorurteile, die dazu führen, dass es jede Gewalttat mit den Rassengruppen der Latinos, Afrikaner oder Chinesen in Verbindung bringt.

Die Fernsehsender senden auch subtile Botschaften, in denen Phänomene wie Armut, Diskriminierung, Prostitution oder Drogenhandel mit Migrantengruppen in Verbindung gebracht und mit den Randvierteln der Städte identifiziert werden. Mit anderen Worten: Das Agenda-Setting ist nicht nur ein intermediärer Prozess, der die Hegemonie oder die Krise sozialer Sektoren im Hinblick auf die öffentliche Diskussion von Themen offenbart, sondern auch eine von den Medien konstruierte Rechtfertigung der wirtschaftlichen und sozialen Unterschiede zwischen den Gruppen, die das Mosaik einer Nation bilden.

Als Instrument der sozialen Segregation scheint sich das Fernsehen gegen Multikulturalismus, kulturelle Vielfalt, Sitten und Gebräuche zu wenden, unabhängig von der wirtschaftlichen, politischen und sozialen Dynamik der Aufnahmeländer von Migranten. Im Gegensatz dazu wird die Ausstrahlung von Kriminalitätsnachrichten mit dem Schwerpunkt auf der Beteiligung oder Verwicklung von Migranten nicht nur nicht gutgeheißen, sondern von den Kommunikatoren auch direkt als verantwortlich für Wirtschaftskrisen, öffentliche Unsicherheit und den Verlust des öffentlichen Friedens und des Arbeitskomforts bezeichnet.

In Bezug auf die Beschäftigung teilt die politische Klasse die Schuld mit den Migrantengruppen, da die Medien es sich zur Aufgabe gemacht haben, den Mangel an Arbeitsplätzen nicht nur auf die mangelnde Kompetenz der lokalen oder föderalen Behörden zurückzuführen, sondern die Migranten als zusätzliche Ursache für die Unregierbarkeit in Bezug auf die Arbeitslosigkeit zu betrachten.

Zu ähnlichen Ergebnissen kam Rodríguez (2010) in seiner Studie über das Agenda-Setting in der Presse, das auf der Konstruktion von fremdenfeindlichen Diskursen und Stereotypen gegenüber der Arbeit von Migranten und der Lohnregularisierung beruht.

Die Beziehungen zwischen der politischen Klasse, die die Regularisierungsinitiative ergreift, den Medien, die Fremdenfeindlichkeit gegenüber Migrantengruppen fördern, und den Bürgern als öffentliche Meinung beschränken sich auf Fragen, die für die Reaktivierung der Wirtschaft durch die Regularisierung von Arbeitsmigranten von größter Bedeutung sind.

In einem Kontext, in dem die Wirtschaftskrise ihren Tribut von denjenigen zu fordern scheint, die nicht bereit sind, unter erbärmlichen Bedingungen zu arbeiten, haben sich Migrantengruppen verpflichtet, auch unter Bedingungen zu arbeiten, die ihre Unversehrtheit oder Würde gefährden. Angesichts der Investitionen in Hotels, die die Wiederbelebung der Tourismuswirtschaft ankurbeln, schlug die lokale Regierung eine Initiative zur Legalisierung der Arbeitsverhältnisse von Bauarbeitern vor, bei denen es sich zumeist um Migranten handelt. Die lokale Presse nutzte die Situation jedoch, um fremdenfeindliche Gruppen zu unterstützen, die die Wirtschaftskrise auf die Arbeitsplätze von Migranten zurückführen.

Der Höhepunkt der Voreingenommenheit der Presse war die Berichterstattung über eine lokale Demonstration, die die Zeitungen als nationale Demonstration gegen die Legalisierung von Arbeitsmigranten auszugeben versuchten. Die Zeitungen sprachen sich nicht nur offen gegen die Initiative aus, sondern berichteten auch über einen nationalen Notstand, als die Migranten in der Ortschaft ankamen.

Der einflussreichsten Lokalzeitung gelang es, das Thema Migration als ein soziales Phänomen mit ungünstigen Folgen für die Einwohner zu positionieren. Dies hatte unmittelbare Auswirkungen auf die Wahlpräferenzen bei den bevorstehenden Wahlen. Die Beziehung zwischen der Presse, den Behörden und den Bürgern wurde durch die Etablierung der Migration als Thema von globaler Bedeutung, das sich auf das touristische Image einer Gemeinde auswirkt, gestört.

Das Phänomen des Agenda-Setting zeigt, welche Auswirkungen die wirtschaftliche und politische Situation auf die Diskussionsthemen der Bürger und deren Verbreitung in den lokalen Medien haben kann. Die Absichten der lokalen Behörden in Bezug auf die Pressepläne wurden jedoch auf eine Art und Weise konterkariert, die sich in Situationen der Wirtschafts-, Arbeits- und Lohnkrise auf die Bürger in Form von Devisenzuflüssen auswirkte.

Agenda-Setting beschränkt sich also nicht nur auf die Wirkung der Medien auf die öffentliche Meinung oder den Einfluss sozialer Netzwerke auf die Medienverbreitung, sondern ist in erster Linie ein Indikator für die Diskrepanzen zwischen sozialen Gruppen. Die Agenda ist ein Identitätsinstrument, wenn eine Gruppe beschließt, andere im Namen der Verwurzelung, der Tradition oder des Brauchs auszugrenzen, um so Anspruch auf die verfügbaren Ressourcen in einem multikulturellen Raum zu erheben.

Die Entwicklung von Wissenschaft und Technologie wird, ausgehend vom Identitätsansatz in Bezug auf das Agenda-Setting, durch die Unterschiede zwischen den Gruppen vorangetrieben, um nicht nur Diskussionsthemen zu schaffen, sondern auch ein Informationsgefälle zwischen denjenigen, die Zugang zu wissenschaftlichen und technologischen Entwicklungen haben, und denjenigen, die sich nicht einmal die Kosten für ein elektronisches Gerät leisten können, mit dem sie die aktuellsten und spezialisiertesten Informationen erhalten oder verbreiten können.

Die Forschung von Wasike (2013) ist bahnbrechend in Bezug auf die digitale Kluft und ihre Folgen für das öffentliche Agenda-Setting. Die von ihm nachgewiesene Hypothese betrifft den Einfluss von Twitter-Nutzern auf Fernsehkommunikatoren. In seinem Beobachtungsprotokoll fand er einen großen prozentualen Unterschied zwischen dem Thema "Wissenschaft und Technologie" bei Nutzern und Kommunikatoren im Vergleich zu anderen Themen aus den Bereichen Wirtschaft, Sicherheit, Sport,

Nachhaltigkeit oder Unterhaltung. Das Framing der Kommunikatoren bei der Verbreitung von wissenschaftlichen und technologischen Themen überwiegt gegenüber den anderen Themen, die die Aufmerksamkeit des Publikums auf sich ziehen.

Die Twitter-Debatten erstreckten sich sogar auf andere Bereiche wie Zeitungen und Fernsehsendungen, in denen die auf Twitter formulierten Sätze zitiert wurden. Es handelt sich um eine Modalität des Agenda-Setting, die den Meinungsaustausch zwischen Führern und Anhängern beinhaltet. Bei dieser neuen Art der Gestaltung der öffentlichen Agenda erlangen Technologien und elektronische Geräte eine größere soziale Relevanz als Übermittler von Informationen, die nicht mit den Fakten übereinstimmen, sondern vielmehr Ausdruck der Internetnutzer sind.

Während gestern der Einfluss und die Erwartungen, die die Ereignisse beim Publikum auslösten, die Tagesordnung bestimmten, sind es heute die Reden, die Phrasen und vor allem die sozialen Akteure, die durch ihre abweichende oder kritische Haltung zu den Themen, die sich in den sozialen Netzwerken ausbreiten, Kontroversen auslösen.

86

Auch wenn der Inhalt vielleicht nicht vollständig aufgenommen wird, scheinen die Themen von größerer Bedeutung zu sein, da sie die Identifizierung einer Person in Bezug auf eine Gruppe ermöglichen, und nicht ihr Wissensstand, ihre Zugehörigkeit zu sozialen Gruppen macht die Teilnahme der Nutzer relevant.

In Bezug auf Wissenschaft und Technologie als Diskussionsthemen ist es wichtig zu wissen, dass das Publikum keine Fachleute sind, sondern das Thema in die Medien einbringen, um es auf die zivile, politische, wirtschaftliche und öffentliche Tagesordnung zu setzen.

Dies ist der Fall bei der Studie von Amujo, Otubanjo & Adeyinka (2013), die die Auswirkungen des Agenda-Settings auf Investitionsentscheidungen in Gemeinden aufzeigte, die in den Medien beworben wurden.

Mit der Ausstrahlung von Fernsehberichten über die Orte, ihre Investitionsvorteile und die Finanzlage der Gebietskörperschaften stiegen die Erwartungen an den Kauf oder Verkauf von Produkten und Dienstleistungen. Dies bedeutete, dass Informationen über Geschäftsmöglichkeiten und die Offenheit der Behörden für externes Kapital die Tagesordnung bestimmten.

Die Bürger und Investoren vor Ort unterstützten ihrerseits die Förderung des Ortes, da dies größere Möglichkeiten für Geschäfte, Partnerschaften und Finanzierungsstrategien seitens ihrer lokalen und föderalen Behörden mit sich brachte.

Auf diese Weise bietet das Agenda-Setting auch die Möglichkeit, die Auswirkungen des lokalen oder regionalen Images auf den Eintritt von ausländischem, transnationalem oder globalem Kapital in Gemeinschaftsorganisationen oder Familienunternehmen zu messen. Mit anderen Worten: Die Einbeziehung von Investitionsthemen hat ein Klima des Vertrauens und des Engagements seitens der beteiligten Akteure geschaffen.

Die Etablierung der Gesundheitsagenda scheint jedoch Probleme der öffentlichen Gesundheit in der Wahrnehmung der am meisten gefährdeten Bevölkerungsgruppen zu verhindern. Dies ist der Fall in der Arbeit von Carcelén, Esteba & Peyró (2013), in der sie feststellten, dass die Medien nicht nur zu einer geringen Verbreitung von Drogen und Drogenhandel beigetragen haben, sondern auch Informationen zur Legitimierung der Freigabe des Marihuana- oder Cannabiskonsums verbreitet haben. Stattdessen stellten die Medien die Legalität von Alkohol oder Tabak in Frage.

Beim Vergleich der Medienagenda mit der wissenschaftlichen Agenda war der Unterschied signifikant, da erstere Themen im Zusammenhang mit Drogenkonsum und -missbrauch verbreitete, während letztere sich darauf beschränkte, die Nachteile des Drogenkonsums für die persönliche und kollektive Gesundheit darzustellen.

Während sich in der ersten Gruppe die Einstellung zur Legalisierung von Drogen herausbildete, entwickelte sich in der zweiten Gruppe die Einstellung zur Drogenkontrolle, trotz der therapeutischen Zwecke von Drogen.

Die Beziehung zwischen Einstellungen, öffentlicher Meinung und Agenda-Setting scheint mehr Sinn zu ergeben, wenn man bedenkt, dass Meinungen Kategorien bilden, die auf den in den Medien verbreiteten Themen basieren. In diesem Sinne ist die Arbeit von Von Kogh (2012) besonders relevant, da sie die Analyse der Medien als einen zentralen Faktor in der Beziehung zwischen Gesellschaft und Staat vorschlägt.

Wenn es ein Spannungsverhältnis zwischen den Regierenden und den Bürgern gibt, wird sich die Meinungsbildung der Bürger auf die Bewertung der öffentlichen Politik auswirken. Die gesellschaftspolitischen Spannungen zwischen Konservatismus und Liberalismus nehmen zu, wenn die Berichterstattung über Ereignisse, die mit beiden Ideologien in Zusammenhang stehen, zur Hauptsendezeit verlängert wird. Sogar die Bildung von Regierungsnetzwerken wurde von den Themen beeinflusst, die im Fernsehen, im Radio und in der Presse gesendet wurden.

Das Agenda-Setting trägt nicht nur zur Bildung von Bürgernetzwerken in Bezug auf lokale Regierungsentscheidungen bei, sondern zeigt auch den Grad der Mitverantwortung zwischen Bürgern und Behörden in Bezug auf Wirtschafts-, Umwelt- oder Sicherheitsfragen.

Bei jedem der angesprochenen Themen wird bei der Aufstellung der Agenda vor neuen Formen der Regierung und der Bürgerbeteiligung gewarnt, die im Rahmen der Informationstechnologien von grundlegender Bedeutung sind, da sie politische Entscheidungen näher an kollektive Aktionen heranführen.

Die Steuerung der Ressourcen geht über den Einfluss einer sozialen Gruppe oder eines Sektors auf die Medien oder der Medien auf die Zivilgesellschaft hinaus. Governance ist eine eigene gesellschaftspolitische Agenda, die das Aufkommen orthodoxer oder radikaler Gruppen verhindert, die den öffentlichen Frieden, das ökologische Gleichgewicht oder die wirtschaftliche Stabilität bedrohen.

Es handelt sich um ein sozio-politisches System, in dem die Konstruktion einer öffentlichen Agenda das wichtigste Symptom seiner Entstehung ist. Das heißt, die Themen, die in den Medien verbreitet werden, sind das Ergebnis der sozialen Repräsentationen, die in den zentralen Kern der Diskussionsgruppen eingebettet sind. Diese Themen sind nicht nur präsent und werden diskutiert, sondern sie sind auch in das kollektive Gedächtnis eingegangen.

Die Studie von Sánchez (2012a) veranschaulicht den Prozess des kollektiven Gedächtnisses in Bezug auf gesundheitsbezogene Themen, wobei der Schwerpunkt jedoch auf lokalen Darstellungen liegt. Im Falle der Presse folgte die Verbreitung von Nachrichten über Krankheiten einem Muster gemeinsamer Erwartungen der Leser.

Dieser Befund ist von besonderer Bedeutung, wenn man bedenkt, dass sowohl Gesundheit als auch Trauer in den Städten individuelle, im Umland jedoch kollektive Erscheinungsformen sind. Dieser Unterschied zwischen dem Zentrum und der Peripherie in Bezug auf die soziale Repräsentation eines Themas eröffnet die Diskussion über das Verhältnis zwischen kollektivistischen Gruppen und individualistischen Gruppen. Mit anderen Worten: Das Agenda-Setting geht von der Tatsache aus, dass es Gruppen gibt, die dazu neigen, gemeinsame Werte, Gebräuche und Sitten zu bewahren, und Gruppen, die sich auf die Liberalisierung von Normen, die Flexibilität sozialer Strukturen und das Aufkommen sexueller Vielfalt und Geschlechtsidentität zubewegen.

In einer anderen Studie stellte Sánchez (2012b) fest, dass soziopolitische Strukturen von Kindern in einer Weise verarbeitet werden, in der abweichendes Denken auf ein Maß an Kritik, Nonkonformität, Empörung, Ungehorsam und Dissidenz gegenüber den regierenden Behörden hindeutet. Die Betonung des Paternalismus als zentrales Problem in der Beziehung zwischen Gesellschaft und Staat deutet darauf hin, dass die gesellschaftlichen

Darstellungen der Politik in der Populärkultur verwurzelt sind.

Darüber hinaus findet das Agenda-Setting nicht nur in Mehrheits-, Minderheits- oder Erwachsenengruppen statt, sondern findet auch eine gewisse Resonanz in Kindersphären. Themen, die in der bürgerlichen Sphäre von zentraler Bedeutung sind, werden in der Sphäre der Kinder reproduziert und sozialisiert. Daraus folgt, dass Agenda-Setting ein globales und generationenübergreifendes Phänomen ist, das sich mehr oder weniger stark auf alle Bereiche auswirkt, aber keiner ist untätig gegenüber politischen Entscheidungen, Regierungsmaßnahmen oder öffentlichen Maßnahmen, die die Bürger durch öffentliche Dienstleistungen dazu zwingen, in ständigem Kontakt mit ihren Behörden zu stehen.

Auf diese Weise sind Themen wie Misstrauen, Korruption, Undurchsichtigkeit, Nachlässigkeit oder Vetternwirtschaft in den sozialen Darstellungen von Grundschulkindern präsent, die nicht nur deren Auswirkungen auf ihr tägliches Leben diskutieren, sondern auch abweichende Positionen einnehmen, die es ihnen ermöglichen, Vorschläge für ziviles Verhalten in Abwesenheit staatlicher Aufmerksamkeit zu konstruieren.

Orozco und Franco (2012) führten eine Begleitstudie zum Agendasetting durch, bei der es um die Förderung einer öffentlichen Sicherheitseinrichtung durch eine Fernsehserie ging, die beim Publikum gut ankam, aber stark in Frage gestellt wurde, weil sie vom Staat finanziert wurde.

Die Ausstrahlung der Serie hatte direkte und unmittelbare Auswirkungen, da die Rezipienten ihre Unterstützung für den Inhalt der Serie zum Ausdruck brachten und so die sozialen Darstellungen der öffentlichen Sicherheit, die sich durch die Ausstrahlung in den Medien in ein Gefühl der Unsicherheit verwandelten, belegten.

Die öffentliche Agenda und ihr Konstruktionsprozess implizieren die Bildung von Wahrnehmungen, die die Bürger als Reaktion auf die Entscheidungen ihrer Machthaber zum Ausdruck bringen, aber die Etablierung der Agenda kreuzt die Fernsehinhalte, die ihre Rezeption beschleunigen, oder offenbart die sozialen Darstellungen über die politische Klasse, die die Bürger äußern, nachdem ein Ereignis ihren Komfort oder ihre Lebensqualität bedroht.

Nisbet, Stoycheff und Pearce (2012) fanden heraus, dass Informations- und Kommunikationstechnologien (IKT) in Gemeinden, in denen deliberative Demokratie praktiziert wird, die Beteiligung an der demokratischen Governance erleichtern. Mit der zunehmenden Verfügbarkeit des Internets stiegen die Forderungen der Bürger nach demokratischer Governance.

Die Ergebnisse deuten darauf hin, dass es einen Zusammenhang zwischen der Etablierung von Themen, die auf die Forderung der Bürger nach Demokratie anspielen, und der Verfügbarkeit des Internets als Arena für zivile Forderungen an ihre Behörden gibt.

In vernetzten politischen Systemen ist der Einsatz von Technologien nicht nur für die freie Meinungsäußerung von grundlegender Bedeutung, sondern spielt auch eine wichtige Rolle bei der Festlegung von Themen, die z. B. einen politischen Wahlkampf bestimmen. Das heißt, die Regierungssysteme fördern den Einsatz von Technologien bei Wahlen, da die Kandidaten ihr Image auf der Grundlage der in sozialen Netzwerken erzeugten öffentlichen Meinung aufbauen.

Das Agenda-Setting in den sozialen Medien unterliegt also den Freiheiten des Gemeinwesens, aber es ist die Art der Technologie selbst, die die Produktion von Botschaften bestimmt, die sich auf die Wählerschaft im Wettbewerb und bei den Wahlen auswirken werden. Das bedeutet, dass einige Formen von Staats- und Regierungssystemen anfälliger für Bürgerbeteiligung durch öffentliche Meinungsbildung in sozialen Medien sind.

Es scheint, dass demokratische Systeme im Gegensatz zu totalitären oder autoritären Systemen die öffentliche Meinungsäußerung und die Unterstützung durch die Wähler erleichtern, weil die Technologien die wichtigsten Kommunikationsmittel in der Gesellschaft und im Staat sind. In politischen Systemen, in denen die Medien unter dem Joch des Regimes stehen, verschwinden der Wahlkampf, der Parteienwettbewerb und unabhängige Vorschläge der Bürger. Im Gegensatz dazu ist in präsidialistischen demokratischen Systemen das Image des Kandidaten von grundlegender Bedeutung, um das Gleichgewicht der Kräfte zugunsten der Exekutive zu verschieben.

So wird in parlamentarischen demokratischen Systemen der Wahlwettbewerb durch die Beziehung zwischen dem Premierminister und dem Abgeordnetenhaus gehemmt. Dies ist in präsidialen Systemen nicht der Fall, wo Vetorecht und Initiative von grundlegender Bedeutung sind, um eine politische Agenda im Verhältnis zur Medienagenda und der Agenda der Bürger zu erstellen.

Es handelt sich um ein konsensorientiertes, präsidentialistisches politisches System, in dem die Entscheidungen von der Exekutive getroffen werden, aber die Konstruktion und Diskussion von Themen in der Gesellschaft durch die Medien und die neuen Informationstechnologien erzeugt wird.

Hinzu kommt, dass die vernetzte Regierung oder das Regieren im Präsidialsystem eine Mitverantwortung zwischen dem Staat und den Bürgern impliziert, so dass eine gemeinsame Agenda für alle wirtschaftlichen, politischen und sozialen Akteure angestrebt wird. Im Gegensatz dazu sind parlamentarische Systeme durch die Parteizensur des Premierministers gekennzeichnet und behindern somit die

Erstellung einer von der Exekutive regulierten politischen Agenda.

In beiden Systemen, dem parlamentarischen und dem präsidialen, sind die Medien von grundlegender Bedeutung; das Internet und seine sozialen Netzwerke bedeuten daher das Aufkommen neuer politischer Systeme, in denen die diskursive und nicht die deliberative Beteiligung der Bürgerinnen und Bürger im Vordergrund stehen wird.

In Zukunft werden die Kandidaten für öffentliche Ämter ihre Vorschläge in spezialisierten Foren ausarbeiten, die sich nicht mehr mit den zentralen Themen der öffentlichen Agenda befassen, sondern auf Image, Kommunikation, Framing, Erwartungen, Publikum, Affektivität und Emotionalität spezialisiert sind und sich auf die Überzeugung der Wählerschaft beschränken, nicht mehr auf ihre Erklärung des Zustands der Nation, sondern auf die Abschreckung von Unsicherheit, Arbeitslosigkeit oder Klimawandel.

Wenn politische Regime das Agenda-Setting durch die Regulierung oder Deregulierung von Technologien und die Bürgerbeteiligung beeinflussen, sollte es erhebliche Unterschiede zwischen den Geschlechtern,

Generationen, Sektoren, Schichten oder sozialen Gruppen geben.

Die Studie von Navarro, Climent & Fernández (2012) bestätigte die Altershypothese in Bezug auf fiktive Fernsehfiguren. Das fiktionale Modell wurde bei Jugendlichen stärker mit fiktionalen Figuren in Verbindung gebracht als bei Erwachsenen.

Die Konfliktbewältigungsstile hingen signifikant mit dem Alter zusammen. Integration (F = 8,96 p < 0,000), Vermeidung (F = 22,38 p < 0,000), Dominanz (F = 41,85 p < 0,000), Unterwürfigkeit (F = 5,25 p < 0,005) und Kompromiss (F = 13,53 p < 0,000) hatten eine unterschiedliche und signifikante Wirkung auf Jugendliche, junge Erwachsene und ältere Erwachsene.

Der Sheffé-Test bestätigte, dass sich Jugendliche von älteren Erwachsenen in Bezug auf Integration, Vermeidung, Dominanz und Engagement unterscheiden. Andererseits unterscheiden sich Jugendliche von älteren Erwachsenen nur in Bezug auf Integration, Vermeidung und Dominanz. Erwachsene unterscheiden sich von Jugendlichen nur in Bezug auf Vermeidung und Dominanz.

Bei den Spielfilmgenres wurden Unterschiede in Bezug auf Vermeidung (F = 84,99 p < 0,000) und Dominanz (F = 74,54 p < 0,000) festgestellt. Das heißt, es wurden Unterschiede zwischen Drama, Komödie und Krimi in Bezug auf beide Konfliktstile gefunden.

So wirkten sich Konfliktstile und Genres der Fernsehfiktion auf die Differenzierung von älteren Erwachsenen, Erwachsenen, jungen Erwachsenen und Jugendlichen aus. Da es keine signifikanten Unterschiede zwischen den Geschlechtern gab, kann davon ausgegangen werden, dass die Etablierung einer Agenda, die sich an themenorientierter Fiktion orientiert, das Alter der Zuschauer beeinflusst, solange die Genres und Stile des Konflikts in den Medien verbreitet werden.

Warum die öffentliche Sicherheit zu einem Gefühl der Unsicherheit wird. Es scheint, dass das Agenda-Setting bei Jugendlichen einen größeren Einfluss auf fiktionale Fernsehsendungen hat als bei älteren Erwachsenen. In diesem Prozess sind Drama und Komödie differenzierende Faktoren in Bezug auf die Konfliktvermeidung oder die Auferlegung eines Kriteriums zur Konfliktlösung.

Die Ergebnisse bestätigen die Annahmen der Kommandogesellschaft und der Elaborationswahrscheinlichkeit, dass Medienbilder affektive und emotionale Prozesse aktivieren, die ein bewusstes, geplantes und systematisches Verhalten in einer Situation verhindern.

Wenn der Aufbau einer öffentlichen Agenda im heutigen Kontext auf Informations- und Kommunikationstechnologien beruht, dann ist die Verbreitung von Bildern und nicht von Argumenten das Rohmaterial von Demokratie, Governance und anderen politischen Systemen.

Mao, Richter, Kovacs und Chaw (2012) schlagen jedoch vor, dass die Konstruktion der öffentlichen Agenda, d. h. das öffentliche Bewusstsein für den Verlust von Wohnraum aufgrund des Klimawandels, eher von der Politik als von den Medien oder der öffentlichen Meinung geprägt wird.

Eine Folge der Erklärungen des kanadischen Premierministers wurde mit der Verbreitung von Fällen von Obdachlosigkeit im Bundesstaat Alberta in den Zeitungen Calgary Herald und Edmonton Journal verknüpft. Die Tendenz der Nachrichten zu den Themen Wohnen, Unterstützung der Gemeinschaft, Interessenvertretung, Profiling, Wirtschaft, Migration und Gesundheit hat sich in den letzten zehn Jahren der Studie verstärkt.

Unerwarteterweise wurde in beiden Zeitungen im Vorfeld der Landtagswahlen wesentlich häufiger über die Situation von sozial Schwachen, Ausgegrenzten oder von der Versorgung mit Wohnraum und anderen öffentlichen Dienstleistungen Ausgeschlossenen berichtet.

Die Nebenaspekte der Obdachlosigkeit, die es ermöglichten, eine sozialpolitische Agenda zu erstellen, zeigen, dass das Publikum trotz des Zugangs zu Medien und Informationstechnologien den Absprachen zwischen der politischen Sphäre und den Presseunternehmern ausgesetzt ist.

Kurz gesagt, die Konstruktion einer öffentlichen Agenda findet in jedem Bereich statt, sei es in der Zivilgesellschaft, in den Medien oder in der Politik, und wird schließlich durch die Medien oder die Informationstechnologien gestärkt. Ein Überblick über die Forschung (Carreón, 2014) und García (2012) zeigt jedoch, dass die im politischen Bereich getroffenen Entscheidungen Auswirkungen auf die Freiheiten, Möglichkeiten, Kapazitäten und

Verantwortlichkeiten der Zivilgesellschaft haben. Der Zugang zum Internet und seinen sozialen Netzwerken hat die Bürgerinnen und Bürger in eine öffentliche Meinung verwandelt, die auf die Rezeption von Bildern und damit auf die Verarbeitung von Emotionen spezialisiert ist.

In diesem Sinne ist die Unregierbarkeit das Ergebnis der Medienkritik an der Strategie des Regimes zur Verbrechensbekämpfung. Was die Wahrnehmung der Unsicherheit der Bürger betrifft, so wirken sich Überschwemmungen und Dürren auf die Lebensqualität und das Wohlergehen der Nutzer kommunaler Dienstleistungen aus, aber die Situation, in der die am meisten gefährdeten, marginalisierten oder ausgegrenzten Sektoren leben, wird von den Medien verbreitet oder in den sozialen Netzwerken mit dem Ziel kommentiert, das politische System in Frage zu stellen. Die Debatte und die Vorschläge, die aus den Diskussionsforen hervorgehen sollten, sind nicht das Ziel der Cyber-Communities oder der Nutzer von Fernsehen, Radio oder Presse.

In diesem Sinne ist das Problem und der Untersuchungsgegenstand nicht mehr das Agenda-Setting an sich, sondern vielmehr die Streuung der Medien, der zivilen und politischen Akteure angesichts von Fragen der Sicherheit, der Nachhaltigkeit oder der Beschäftigung.

Zusammenfassend lässt sich sagen, dass der Wissensstand eine Vielzahl von Fragen im Zusammenhang mit acht Dimensionen der öffentlichen Sicherheit und des sozialen Friedens aufzeigt, die Organisation der Bürger zur Selbstverwaltung der Sicherheit jedoch als ein Symptom für die falsche Verwaltung des Staates angesehen wird.

Spezifikation des Modells der beobachtbaren Variablen

Im Gegensatz zu Studien über die öffentliche Sicherheit und den sozialen Frieden kann die Untersuchung der soziopolitischen Rahmenbedingungen anhand von acht Analysedimensionen durchgeführt werden, anhand derer die Selbstverwaltung und die Vorherrschaft der privaten Sicherheit gegenüber den öffentlichen Sicherheitssystemen antizipiert werden können.

Im Mittelpunkt des Vorschlags steht die Analyse der Auswirkungen der Medien auf die Meinung der Bürger in Bezug auf die öffentliche Sicherheit und das Gefühl der Unsicherheit, jedoch in einem konstruktiveren Sinne der Identität und der Organisation der Selbstverwaltung.

Kollektives Empowerment wäre daher ein Indikator für jene soziopolitischen Rahmenbedingungen, in denen Medien wie das öffentliche Fernsehen und der Rundfunk Beiträge der Bürger und technologische Innovationen verbreiten, die die Überwachung und Betreuung von gefährdeten, marginalisierten oder ausgegrenzten Sektoren ermöglichen.

Empowerment und Selbstmanagement wären miteinander verknüpft, wenn man davon ausgeht, dass das Eintreten für nicht anerkannte Sektoren ein Bestandteil des Konsenses und des kollektiven Handelns ist, auch wenn die Prävention von den Behörden gesteuert wird, z. B. wenn Migrantengemeinschaften das Land in Gruppen durchqueren, um sich selbst zu versorgen.

Es sind dieselben Migranten, die beschließen, keine Anzeige zu erstatten, um Repressalien der Behörden zu vermeiden, die sie erpressen oder entführen, aber die lokalen Gemeinschaften, die sie mit Nahrung und Kleidung unterstützen, haben die Bedingungen, unter denen sie reisen, angeprangert und indirekt die nationale Migrationspolitik bewertet.

Diese einheimischen Gemeinschaften, die mehr Kontakt zu Migranten haben, haben jedoch keinen Dialog, geschweige denn eine Debatte eröffnet, sondern haben Migrantengruppen auf ihrer Reise unterstützt und die Migrationspolitik ungewollt missbilligt.

Aus diesem Grund stellt die Partnerschaft zwischen einheimischen Gemeinschaften und Migranten die Verantwortung des Staates in Frage und vertritt die Auffassung, dass die Selbstverwaltung der richtige Weg für die Untersuchung, Analyse, Intervention und Bewertung der Migrationspolitik ist.

Diskussion

Im Fall der öffentlichen Sicherheit, die für die Zwecke dieser Studie sozial als Wahrnehmung von Unsicherheit dargestellt wird. Die Kontroverse zwischen lokalen Behörden und fremdenfeindlichen Organisationen zeigte die Tendenz der Presse, Migranten zu legalisieren, damit sie in ausländischen Investitionsprojekten arbeiten können. Die Reaktivierung der Wirtschaft in einem Krisenkontext bedeutet, dass der Staat die Migration nicht hemmt, sondern ihre Eingliederung in risikoreichere Arbeitsplätze fördert.

Die öffentliche Politik als Instrument der politischen Macht wird über die Kommunikationskanäle verbreitet, um im einen Fall in Frage gestellt und im anderen Fall akzeptiert zu werden. Mit anderen Worten: Wirtschaftliche Fragen scheinen Vorrang vor lokalen Interessen zu haben, die im Falle der akademischen und studentischen Gemeinschaften so in ihren Vertretungsbereich eindringen, dass die Frage der Privatisierung wichtiger ist als Sicherheit oder Umweltschutz.

Gerade in der Studie zur Aufstellung einer Wasseragenda führten die Behörden Tarife und Tandems ein, um die politische Beteiligung der Nutzer der öffentlichen Dienstleistung zu fördern. Abgesehen von der Knappheitssituation in einigen Colonias entwickelten die Anwohner einen sparsamen Lebensstil, der die Tandeos und sogar die Tariferhöhungen ergänzte.

Was die Einführung virtueller sozialer Netze und Diskussionsforen über das Internet betrifft, so wird in den Arbeiten, die dem Stand des Wissens entsprechen, die Rolle der Informationstechnologien im Gegensatz zu den Funktionen der Medien hervorgehoben.

Es handelt sich um einen Prozess, bei dem die Bildung von indikativen Dispositionen des Informationskonsums vom zentralen Kern der sozialen Repräsentationen in die diskursive Peripherie der Gruppen verlagert wird, die die Themen der Diskussion vorantreiben.

Die Gestaltung diskursiver Räume geht davon aus, dass die am tiefsten verwurzelten sozialen Repräsentationen der politischen Klasse zu Wahrnehmungen, Überzeugungen und Werten geworden sind, die die Verbreitung von Wissen in Form von Bildern statt von Argumenten ermöglichen.

In dieser Phase wird der Aufbau einer Agenda komplizierter, da Bilder Gefühle und Emotionen transportieren, die das Publikum davon abhalten können, Informationen zu konsumieren, oder ihre Positionen und Forderungen nach Informationen radikalisieren können.

Wenn jedoch die Medien und die Informationstechnologien die Informationen so weit diversifiziert haben, dass der Zeitungsleser seine Aufmerksamkeit auf Fotos richtet, der Fernsehkonsument sein Interesse auf fiktive Charaktere lenkt, der Radiohörer die Phrasen der Sprecher betont oder der Twitter- und Facebook-Nutzer die Stimmungen seiner Kontakte kommentiert, dann ist die Etablierung einer Agenda in ihre Endphase eingetreten.

Durch das Fehlen von Diskussionen und das Aufkommen von Gruppencodes wurden die Tagesordnungspunkte aufgelöst und in träges Material für Beratungen verwandelt. Dies ist die letzte Phase des Agenda-Settings, die durch das Fehlen von Analyse, Kritik und Synthese von Informationen gekennzeichnet ist.

Einige Prozesse, die die Konstruktion von Themen beeinflussen, sind jedoch noch nicht abgeschlossen. Dies ist der Fall bei Identität, Einfluss oder Hilflosigkeit als Nebeneffekte der Kategorisierung von Bildern, Wörtern, Phrasen und Diskursen um etablierte Themen.

Identität ist als Phänomen und Prozess von Gruppen untersucht worden, die ein Zugehörigkeitsgefühl, einen Lebensstil und die Nutzung von Ressourcen teilen. Die Bildung des symbolischen Kapitals wird durch Entscheidungen beeinflusst, die eine Gruppe gegenüber einer anderen bevorzugen. Die Erörterung von Fragen wird durch die Wahl von Maßnahmen bestimmt, die in die Zuständigkeit einer Gruppe fallen. Sogar die Verwendung von Geräten hängt von der Gruppenzugehörigkeit ab.

Im Falle der sozialen Beeinflussung werden auch Mehrheitsgruppen von Minderheitengruppen zur Überzeugung herangezogen. Die Entscheidungen der Mehrheit sind auch für die Verhaltensweisen der Minderheiten von Bedeutung. Das Agenda-Setting ist in der Tat ein Phänomen des Einflusses der Minderheit auf die Mehrheit. Die Macht von Minderheitenentscheidungen erstreckt sich also über die sozialen Strukturen, ihre informatorischen Konturen und sozialen Repräsentationen.

Schließlich ist Hilflosigkeit das wichtigste Ergebnis der kritischen Situationen, denen die Gruppen ausgesetzt sind. Hoffnungslosigkeit ist ein Produkt des Agenda-Settings für Dissidenten oder alternative Gruppen zu den Themen, die in den Medien dominieren. Die Intensivierung der offiziellen Informationen fördert Gefühle der Hilflosigkeit in den Gruppen, die gegen das Regime sind.

In Zukunft wird es beim Agenda-Setting nicht mehr um Themen, Akteure oder Technologien gehen, sondern um das Verhältnis von Bildern und Alltagserfahrungen. Je näher Symbole und Erinnerungen beieinander liegen, desto größer ist die persönliche Befriedigung und gleichzeitig der gesellschaftliche Rückzug, auch wenn diese Erfahrung durch gemeinsame Technologien gelebt wird.

Die Beziehung zwischen Herrschern und Nutzern wird sich aus Technologien entwickeln, die in der Lage sind, Initiativen und Gesetze in Echtzeit zu bearbeiten, wenn die Nutzer ihre Wahl- oder sonstigen Präferenzen angeben.

Politische Systeme werden als Folge kollektiver Entscheidungen wahrgenommen, die dank der hologrammatischen Umsetzung von Abstimmungen, Demonstrationen, Volksabstimmungen oder öffentlicher Kontrolle in Sekundenschnelle getroffen werden können.

Wirtschaftliche, politische, umweltpolitische oder soziale Reformen werden als Themen etabliert, die der persönlichen Bequemlichkeit zum Nachteil des Kollektivs dienen, insbesondere derjenigen Bereiche, die anfällig sind, an den Rand gedrängt oder von den Informationsnetzen ausgeschlossen werden.

Eine Agenda ist das Ergebnis der Beziehung zwischen dem Staat und den Bürgern in einem Kontext, in dem die Medien und die Informationstechnologien die Realität in Bilder statt in Argumente verwandeln.

Die Erstellung einer Agenda erfordert die Beteiligung von Akteuren, die sich in Netzwerken organisieren und technologische Hilfsmittel nutzen, um zu kommentieren, zu diskutieren, zu analysieren, zu kritisieren und alternative Inhalte zu denen vorzuschlagen, die von Gruppen oder Eliten an der Macht ausgegeben werden.

Das Agenda-Setting ist das Endergebnis der Verbreitung von Themen in der öffentlichen Meinung, die zuvor in den Medien verbreitet und in den Informationstechnologien kommentiert wurden.

Eine gesellschaftspolitische Agenda ist ein Konglomerat von Diskursen, Themen und Technologien, die darauf abzielen, die öffentliche Meinung in politische Sympathisanten, Anhänger, Aktivisten oder Dissidenten zu verwandeln, die die verfügbaren Räume nutzen, um ihre Unterstützung für ein politisches System, ein Regierungsregime, eine Staatsform, eine politische Klasse, eine parteipolitische Option oder eine öffentliche Politik als Lösung für soziale Probleme zum

Ausdruck zu bringen, die häufig durch die Verteilung gemeinsamer Ressourcen gelöst werden müssen.

Die Konstruktion einer soziopolitischen Agenda impliziert die Verarbeitung von Symbolen, die vom kollektiven Gedächtnis ausgehen und durch soziale Repräsentationen, Einstellungen zu politischen Systemen und Machtbereichen gehen.

Die Festlegung der gesellschaftspolitischen Agenda setzt das Auftreten von Akteuren voraus, die sich als Regimekritiker erweisen und die von den Machtgruppen zur Debatte gestellten Themen in Frage stellen. Dieser Prozess wird jedoch absolut, wenn es keine Kritik und keinen Ausdruck von Dissens gibt. In diesem Sinne hemmen eher die Informationstechnologien als die Medien die Innovation und fördern Konformität und Gehorsam.

Schlussfolgerung

In diesem Papier wurden acht Dimensionen für die Untersuchung der öffentlichen Sicherheit und ihres Transformationsprozesses in Wahrnehmungen von Unsicherheit, Risiko, Ungerechtigkeit und Ungewissheit im Zusammenhang mit staatlicher Verwaltung, Selbstverwaltung der Sicherheit durch die Bürger und öffentlicher Friedensförderung modelliert.

Im Bereich der privaten Sicherheit werden die IKT jedoch intensiv genutzt. Empirische Studien stehen hier noch am Anfang und haben lediglich gezeigt, wie soziale Netzwerke die Verbreitung von Informationen in herkömmlichen Medien wie Fernsehen, Radio und Presse beeinflussen.

Aus diesem Grund würde eine Überprüfung der Studien über IKT und öffentliche Sicherheit die Diskussion über die Privatsphäre der Bürger eröffnen, die ebenso wie die staatliche Kontrolle für den Aufbau eines öffentlichen Friedens und einer soziopolitischen Identität, die offen für Dialog, Debatte und Konsens ist, unerlässlich ist.

Referenzen

1. Amujo, O., Otubango, O. und Adeyinka, B. (2013). "Business news configuration of stakeholder's opinions and perceptions of corporate reputation of some business organizations". *International*

Journal of Management and Strategies, 6, 1-27.

2. Añanos, F. (2012). "Gewalt und Ausgrenzung in der Gefängnisumgebung. Ein sozialpädagogischer Ansatz für den Frieden." *Convergencia, 59,* 13-41.

3. Bizer, G., Larsen, J. und Petty, R. (2010). "Exploring the valence framing effect: negative framing enhances attitude strength". *Politische Psychologie.* 32, 59-80

4. Carcelén, R., Esteba, P. und Peyró, L. (2013). "Informative Behandlung von Drogen in Gesundheitsmedien in Spanien und ihre Beziehung zur wissenschaftlichen Agenda". *Revista Iberoamericana para la Investigación y el Desarrollo Educativo,* 10, 1-35.

5. Carreón, J. (2014). "Inhaltsanalyse von Pressemitteilungen über kommunale Wasserlecks". *Sustentabilidades, 10,* 34-59.

6. Chavarría, C. (2013). "Sozialstruktur und Kontrollüberzeugung in Schulen, die als gewalttätig eingestuft werden, in städtischen und ländlichen Gebieten. Nachweis

ihrer Beziehung als Beitrag zur Förderung einer Kultur des Friedens". *Reflections, 92 (1),* 77-96.

7. Concimance, A. (2013). "Memoria y violencia política en Colombia. Die sozialen und politischen Spuren der Rekonstruktionsprozesse des historischen Gedächtnisses in diesem Land." *Eleuthera, 9 (2),* 13-38.

8. Flores, L. und Mendieta, A. (2012). "La percepción de la nota roja periodística en primera plana, un estudio de caso". *Journal of Communication.* 14, 1-13

9. Fondevilla, G. und Quintana, M. (2013). "Word game: presidential discourses on crime". *Sociological Studies, 31 (93),* 721-754.

10. García, C. (2012). "La cobertura de la prensa en torno a denuncias, abastecimientos y emplazamientos ante una escasez de agua en Iztapalapa, México". *Gesellschaft heute,* 22, 93-113

11. García, J. (2011). "Framing, Konflikte und Agenda-Effekte". *Zer Journal.* 31, 167-181

12. Groshek, J. (2011). "Medien, Instabilität, Demokratie:

Untersuchung der kausalen Granger-Beziehungen in 122 Ländern von 1943-2003". *Journal of Communication.* 61, 1161-1182

13. Guardiola, A., Espinar, E. und Hernández, I. (2010). "Los inmigrantes como amenaza en la televisión española". *Convergencia,* 53, 59-58

14. Humanes, M. und Moreno, M. (2012). "El efecto agenda sobre los temas de campaña en las elecciones generales de 2008". *Zeitschrift für Kommunikationsstrategie, Trends und Innovation.* 3, 191-207

15. Jiménez, F. (2012). "Wissen, um Gewalt zu verstehen: Ursprung, Ursache und Realität". *Convergencia, 58,* 13-52.

16. Latorre, E. (2011). "Sichtbarmachung der Erinnerung an die Opfer von Gewalt im Departement Magdalena: Resilienz zur Schaffung von Rechtswahrheit". *Prolegómenos, Derechos y Valores,* 27, 199-212.

17. Mao, Y., Richter, M., Kovacs, K. und Chaw, J. (2012). "Obdachlosenberichterstattung, soziale Realität und

Medieneigentum: Vergleich einer nationalen Zeitung mit einer regionalen Zeitung in Kanada". *Massenkommunikation & Journalismus,* 1, 2-7.

18. Navarro, Y., Climent, J. und Fernández, J. (2012). "Modelle des Konfliktmanagements in fiktionalen Fernsehserien". *Escritos de Psicología, 5,* 52-60.

19. Nisbet, E., Stoycheeff, E. und Pearce, K. (2012). "Internet use and democratic demands: a multinational, multilevel model of Internet use and citizen attitudes about democracy". *Journal of Communication,* 62, 249-265.

20. Noblega, M. (2012). "Merkmale von Aggressoren bei Gewalt in Paarbeziehungen". *Liberabit, 18 (1),* 59-68.

21. Orozco, G. und Franco, D. (2012). "Las audiencias convergentes y su investigación: análisis de recepción transmedial de la serie El Equipo". *Derecho a Comunicar,* 5, 46-63.

22. Pando, M., Aranda, C. und Olivares, D. (2012). "Confirmatory Factor Analysis of the Inventory of Violence and Mobbing at Work (IVAT-

PANDO)". *Liberabit, 18 (1),* 27-36.

23. Perdomo, S. (2014). "Alkohol und Gewalt in der Ehe: Bindungsstil in Abhängigkeit vom gemeinsamen Auftreten bei Paaren". *Cuadernos Hispanoamericanos de Psicología, 13 (2),* 41-56.

24. Rodríguez, F. (2010). "Fremdenfeindlicher Diskurs und Agenda-Setting. Eine Fallstudie in der Presse auf den Kanarischen Inseln (Spanien)". *Revista Latina de Comunicación Social,* 65, 222-230.

25. Rozo, M. (2014). "Misshandlung bei Kindern mit Dow-Syndrom: Risiko- und Schutzfaktoren". *Cuadernos Hispanoamericanos de Psicología, 13 (2),* 57-74.

26. Sánchez, S. (2012a). "Analyse des politischen Diskurses von Kindern in öffentlichen Grundschulen in Guadalupe, Nuevo León". *Global Media Journal,* 17, 81-109.

27. Sánchez, S. (2012b). "Die gesellschaftliche Darstellung seltener Krankheiten in der spanischen Presse". *Revista de CienciasSociales,* 54, 1-31.

28. Van Bamereld, H., Rodríguez, B. und Robles, E. (2012). "Die Wahrnehmung der Elternschaft bei Vätern, Müttern und heranwachsenden Kindern, die derselben Kernfamilie angehören". *Liberabit, 18 (1),* 75-82.

29. Von Kogh, T. (2012). "Changing political attitudes towards media accountability in Sweden". *Central European Journal of Communication,* 2, 204-224.

30. Wasike, B. (2013). "Framing news in 140 characters: how social media editors frame the news and interact with audiences via twitter". *Global Media Journal,* 6, 5-23

31. Wirth, W., Matthes, J., Schemer, C., Wettstein, M., Friemel, T., Hânggli, R. und Siegert, G. (2010). "Agenda-Building und Agenda-Setting in Referendumskampagnen: Untersuchung des Argumentationsflusses zwischen Wahlkämpfern, Medien und Öffentlichkeit". *Journalism & Mass Media Communication.* 87, 328-345

32. Zambrano, S. und Meneses, A. (2014). "Psychometrische Bewertung der Verhaltenscheckliste von Achenbach und Edelback bei

Vorschulkindern im Alter von 4,0 bis 5,5 Jahren mit niedrigem sozioökonomischem Status".

Cuadernos Hispanoamericanos de Psicología, 13 (2), 5-24.

KAPITEL 5

Die Erziehung zu einer Kultur des Friedens und des sozialen Unternehmertums konzentriert sich auf die berufliche Ausbildung von Talenten, die aufgrund ihres Grades an Assimilation, Anpassung, Identität und Selektivität dazu aufgerufen sind, die Ordnung, Sicherheit und Befriedung der Gesellschaft wiederherzustellen, um Verbrechen zu verhindern, Korruption zu bekämpfen und das Vertrauen der Bürger in die Behörden zu stärken. In diesem Sinne sind diejenigen, die regieren, und diejenigen, die regiert werden, für den Aufbau eines Bildungssystems verantwortlich, das nicht nur Wissen und Fähigkeiten vermittelt, sondern auch bürgerliche Werte und Tugenden fördert. Der öffentliche Frieden ist das Ergebnis dieses Prozesses, der mit dem Unternehmergeist der Schüler und der Entwicklung ihrer Fähigkeiten beginnt. Es handelt sich um eine friedensstiftende Kultur, die sich durch ein hohes Maß an Zusammenarbeit, Solidarität, Engagement, Loyalität, Zufriedenheit und Innovation auszeichnet.

Einführung

Das Unternehmertum setzt Repräsentationen, Habitus, Felder und Kapitalien rund um Produktion, Marketing und Unternehmensausbildung voraus. In gewissem Sinne erklären Objektivierung und Verankerung, wesentliche Prozesse sozialer Repräsentationen, die Umwandlung von Wissen und Know-how in gesunden Menschenverstand, genauer gesagt, in Heuristiken, aus denen die Logik von Angebot und Nachfrage in Gefühle oder Affekte über den Einsatz von Zeit und Geld für die Kaffeeproduktion übergeht (Guzmán und Carcamo, 2014).

Das Wissen wird jedoch nicht nur durch unternehmerische Kräfte verändert, sondern auch an die Dynamik des lokalen Ökotourismus angepasst. In diesem Sinne ist der Diskurs neben anderen Elementen das Mittel, um Vorurteile gegenüber dem Kaffeeanbau aufzubauen (Verduzco, 2014).

So wird der Kaffeeanbau durch soziale Repräsentationen in einen diskursiven Habitus umgewandelt, von dem aus lokale Konventionen in Bezug auf globale Konventionen aufrechterhalten werden, da Kleinstunternehmen, die mit transnationalen Unternehmen verbunden sind, Organisationsformen und Diskurse annehmen, um den Unternehmergeist bei den Bewohnern der "magischen Städte" zu fördern, wie im Fall der Region Huasteca in Xilitla, San Luis Potosí, Mexiko.

Es handelt sich um einen Prozess, bei dem Symbole, Bedeutungen und Sinneseindrücke in Bilder eingeordnet werden, die sich auf die persönliche Interpretation und das Handeln auswirken, auch wenn ein solcher Prozess an mit dem Kaffee verbundene Gruppen und Organisationen weitergegeben wird. Dies ermöglicht die soziale Abgrenzung eines unternehmerischen Sektors in Anspielung auf die Gemeinschaft, aber auch in Bezug auf die anderen Bauerngruppen in der Region Huasteca.

Auf der diskursiven Ebene ist es nicht nur möglich, Symbole oder Bedeutungen in ihren zeitlichen oder räumlichen Bereichen zu differenzieren, sondern auch die Vielfalt der Erwartungen zu antizipieren, die entstehen, nachdem eine unternehmerische Aktivität zu einem Markenzeichen einer Gemeinschaft geworden ist, und zwar in klaren Anspielungen auf Industrie, Handel, Tourismus oder Armut, Marginalisierung, Verwundbarkeit oder Ausgrenzung (Nazar, 2012). Solche Dimensionen werden zu Neigung oder Abneigung gegenüber der Zukunft verdichtet, denn während soziale Repräsentationen eine Verbindung zur Vergangenheit und zur Zukunft herstellen, erzeugen sie Risikoprädispositionen, um die herum eine Aussaat und Ernte geplant wird. Mit anderen Worten: Die Repräsentation des Kaffeeanbaus scheint Präferenzen, Handlungen, Gefühle oder Gedanken zu umschreiben, die Diskurse darstellen, die Erwartungsfelder abgrenzen und Beziehungen der Zusammenarbeit und des Vertrauens schaffen.

Welche Repräsentationen, Habitus, Felder und Kapitalien rund um den Kaffeeanbau verwirklichen welche Möglichkeiten, Fähigkeiten und Verantwortlichkeiten in welchen Kontexten der Migration oder des Unternehmertums in Xilitla?

Diese Frage umfasst fünf theoretische Rahmen, die die Verflechtung des Kaffeeanbaus in den Diskursen von Produzenten und Händlern erklären. Die Theorie der sozialen Repräsentation als Prozess der Kommunikation von Innovationen im Kaffeeanbau unterwandert die von den Kleinstunternehmern konstruierten Symbole und Bedeutungen. Sobald diese in Bilder und Worte eingeflossen sind, werden sie nun als Repertoire an Wissen über den Kaffeeanbau oder die Ernte abgerufen.

Wenn eine Repräsentation den Kaffeeanbau mit anderen persönlichen oder gemeinschaftlichen Anliegen verbindet, dann impliziert sie Dispositionen, die die Objektivierung oder Verankerung von Informationen über Anbau, Ernte, Klima, Schädlinge, Preise und Angebote erleichtern. Wenn solche Dispositionen von Generation zu Generation weitergegeben wurden, dann würde eine Längsschnittstudie die Repräsentationen, die Objektivierung und die Verankerung sowie den ererbten oder erworbenen Habitus über einen relativ langen Übergangszeitraum hinweg untersuchen, in dem die Gemeinschaft von Migranten zu Kleinstunternehmern wurde.

So konzentriert die Theorie des diskursiven Habitus die Erklärungsbemühungen auf jene Symbole, aus denen Symbole abgeleitet, gruppiert und neu bezeichnet werden können, während sie gleichzeitig eine Art des Denkens, Handelns und Fühlens belegen, die Xilitla von anderen ursprünglichen oder magischen Völkern, die sich dem Kaffeeanbau widmen, unterscheiden würde.

Und warum ist eine solche methodische konzeptionelle Reise notwendig, wenn jede Region, jeder Ort oder jede Einheit anders ist als andere?

Für die Zwecke dieser Studie ist die Differenzierung von Gemeinschaften das erste Bindeglied, um auf den Prozess zu schließen, durch den sich eine Gruppe von Migranten in Kleinstunternehmer verwandelt hat (León, Sotelo und Zepeda, 2013). In diesem Sinne argumentiert die Theorie der Machtfelder, dass die Konflikte, die sich aus der asymmetrischen Verteilung der Inputs für den Kaffeeanbau ergeben, die treibende Kraft hinter den Veränderungen sind, die in der Kaffeeproduktion und -vermarktung in der Mikroregion stattfinden.

Dieser Wandel scheint jedoch eher diskursiv zu sein, denn während die Migranten aus Xilitla zurückkehren, übernehmen Gruppen von Händlern die Aufgabe, neue Projekte und Geschäftspläne zu verwirklichen, die die Verbreitung der Stadt als Ort des Tourismus und der Erholung und nicht als Ort der Produktion und des Verkaufs von Kaffee beinhalten. Auf der Ebene der Symbole ist es notwendig, die diskursiven Beziehungen zwischen denjenigen, die Arbeitsplätze schaffen, und denjenigen, die sie durch die Verbreitung gemeinschaftlicher Innovationen wie Ökotourismus, biologische Produktion, Kunsthandwerk und typische Lebensmittel diversifizieren, zu verstehen.

Ein solcher Prozess der Diversifizierung und Verflechtung des Kaffeeanbaus beruht auf der Bildung von kollaborativen Netzwerken, die nicht mehr nur diskursiv sind. Es handelt sich um Vertrauensprozesse, in denen die Zusammenarbeit zwischen den Kaffeebauernfamilien es ermöglicht, sie als soziales Kapital zu analysieren, in dem Wissen nicht mehr eine Frage des Managements, sondern der Repräsentation, des Habitus und der Ermächtigung ist.

Auf diese Weise wird angenommen, dass Xilitla ein wirtschaftlich wohlhabendes Gebilde ist, weil es in Diskursen über Unternehmertum, Handel und Fortschritt verankert ist. Das heißt, dass die Gemeinde zumindest keine Symptome diskursiver oder wirtschaftlicher Verarmung mehr aufweist. Die Menschen, die in dieser Mikroregion leben, übernehmen Verantwortung für ihr eigenes Schicksal und handeln dementsprechend, indem sie Handlungen ausführen, die durch die soziale Differenzierung als Migrant, Händler, Kaffeebauer oder Kleinstunternehmer motiviert sind.

Der Prozess wäre jedoch unvollständig, wenn wir nicht die Möglichkeiten anerkennen würden, die sich aus den Fähigkeiten und der Verantwortung der Einwohner von Xilitla gegenüber ihren zukünftigen Generationen und anderen Netzwerken des sozialen Kapitals ergeben, die den Fortschritt der Gemeinschaft oder zumindest die Entfernung von der Armut begünstigen. Die Theorie der wirtschaftlichen Fähigkeiten geht davon aus, dass der Einzelne im Einklang mit der Wahlfreiheit für die Gestaltung des sozialen Gefüges in den Bereichen Beschäftigung, Gesundheit und Bildung ein Akteur des Wissens und des Managements ist, dessen Fähigkeiten es ihm ermöglichen, seine Verantwortung gegenüber den Gruppen, in die er eingebettet ist, weiterzugeben.

Genau an diesem Punkt werden Symbole und Bedeutungen in Bezug auf den Kaffeeanbau mit Szenarien der Zusammenarbeit und des Wissenstransfers verknüpft, die den Händlern den Zugang zu einem lokalen Markt ermöglichen. Hier scheint das Wissen zu entstehen, das die

Differenzierung des Kaffeeanbaus in Pflanzung, Ernte, Veredelung, Verpackung, Logistik, Vertrieb, Zubereitung und Verkauf ermöglicht. Die neuen Generationen von Kaffeebauern haben das Wissen nicht nur objektiviert oder verankert, sondern auch als Teil ihres Lebensstils und ihrer diskursiven Modi übernommen.

Auf Umweltprobleme wie Dürren oder Überschwemmungen reagieren die Netzwerke des sozialen Kapitals in Xilitla, indem sie den Anbau in verschiedenen Phasen organisieren, die jedoch auf die Erreichung von Zielen beschränkt sind, die den Produktionszyklus garantieren. Darüber hinaus wird der Produktionsprozess durch die Verwaltung und Förderung des Kaffeeanbaus in anderen Orten der Region und darüber hinaus als touristische Einheit ergänzt. Dies ist der Schlüssel zu wirtschaftlichem Erfolg und Wohlstand in Xilitla, wo die Geldüberweisungen ein wesentlicher Bestandteil der wirtschaftlichen Dynamik bleiben, aber es ist das symbolische Kapital, das die sozialen, politischen und wirtschaftlichen Beziehungen antreibt. Die Kultur des Unternehmertums in Xilitla untergräbt die Armut und schafft Anreize für unternehmerische und arbeitsbezogene

Fähigkeiten, um die mit dem Kaffeeanbau verbundenen Repräsentationen, Habitus, Felder und Kapitalien zu stabilisieren.

Es wurde eine Dokumentationsstudie durchgeführt, indem Artikel mit ISBN-Registrierung in den Datenbanken DIALNET, LATINDEX und REDALYC unter Berücksichtigung der Schlüsselwörter Migration, Unternehmertum, Ausbildung, Chancen und Kapazitäten ausgewählt wurden. Anschließend wurden die Informationen in Datenanalysematrizen verarbeitet, um die Diskussionsachsen und zentralen Themen der akademischen Agenda im Zeitraum von 2010 bis 2014 zu ermitteln. Schließlich wurden die Inhalte der im Wissensstand berichteten Erkenntnisse analysiert und in einem Modell nach ihrem logischen Zusammenhang spezifiziert.

Theorie der Berufsbildung

Repräsentationen sind diskursive Innovationen, durch die wissenschaftliches Wissen im gesunden Menschenverstand und im sozialen Denken verbreitet wird, obwohl dies nicht nur für die Wissenschaft, die Kunst oder die Kultur im Allgemeinen gilt, da die zu entdeckenden oder zu erfindenden Symbole auch dazu neigen, sich in

Interpretationen der Realität und in diskursive Bedeutungen zu verwandeln (Caykoylu, Egri, Havlovic & Bradley, 2011). Da soziale Repräsentationen kommunikativ sind, bewegen sie sich jedoch weg von der individuellen Kognition und hin zu asymmetrischen Gruppenbeziehungen. Sobald wissenschaftliche Informationen verfügbar sind, sind die Gruppen für die Sozialisierung ihrer Inhalte verantwortlich. Dies erfordert eine Differenzierung zwischen Gruppen, um die Konflikte zu etablieren, die sie dazu veranlassen, Veränderungen zu antizipieren. Die Gruppen werden in Minderheiten und Mehrheiten unterteilt, die sich auf die sie umgebenden Informationen stützen, die es ihnen ermöglichen, Verhaltensmuster darzustellen, um eine Identität zu konstruieren (Fuentes und Sánchez, 2010). In einem solchen Szenario trägt die Wahrnehmung von Gerechtigkeit zur Legitimierung von Entscheidungen bei. Die Weitergabe von öffentlichen Informationen wird jedoch zu ihrer Aufnahme in das Repertoire des persönlichen Wissens (Figeiredo, Grau, Gil & García, 2012). Dies ist so, weil Informationen ein Mittel zur Verbreitung asymmetrischer Beziehungen zwischen Gruppen und Individuen sind, aber die Annahme, dass die Gruppendynamik ebenso wie die individuelle Dynamik in ein Objekt der Repräsentation eingebettet ist, das, wenn es nicht sozial ist, kulturell oder zumindest kontextuell ist, impliziert eine Reduzierung von Symbolen auf Erwartungen, Fähigkeiten oder Einstellungen (Mendoza, Orgambídez & Carrasco, 2010).

Vielmehr handelt es sich bei sozialen Repräsentationen um beobachtbare Interpretationen, was jedoch nicht bedeutet, dass diese Symptome von Wahrnehmungen, Überzeugungen, Motiven oder Wissen sein können, da es sich um Konventionen oder Diskrepanzen handelt, die jedoch keine Indikatoren für individuelle Prozesse sein können (Gargallo, 2010).

Aus diesem Grund erleichtern und hemmen soziale Repräsentationen die Aufnahme von Symbolen in das individuelle kulturelle Repertoire, vor allem aber in die Bilder, die wir teilen oder von denen wir abraten wollen. Es handelt sich um einen zentralen figurativen Kern und eine periphere Reihe konkreter Handlungen, in denen ideologische Komponenten von einer entstehenden Peripherie gemeinsamer und konventioneller Symbole umhüllt werden (Morales, Ariza & Muñiz, 2012).

Der Prozess des Übergangs vom Abstrakten zum Konkreten wird als Objektivierung bezeichnet, und die Symbole, die in das diskursive Repertoire aufgenommen werden, werden als Verankerung bezeichnet. Da es sich bei der Repräsentation jedoch um eine Organisation der von einer Gruppe geteilten Symbole handelt, beschränkt die Objektivierung solche Symbole auf Wörter, die eine Bedeutung haben, die der Erfahrung und dem Lebensstil der Gruppe, die sie übernimmt, näher kommt, oder sie ordnet solchen Wissensbehauptungen Bilder zu, Die Objektivierung beschränkt solche Symbole auf Wörter, die eine Bedeutung haben, die näher an der Erfahrung und dem Lebensstil der Gruppe liegt, die sie übernimmt, oder ordnet solchen Wissensbehauptungen Bilder zu, obwohl sie letztendlich als Wahrnehmungssignale, Einstellungsmerkmale oder Symptome von Dispositionen aufgenommen werden (Galindo und Echavarría, 2011).

Im Falle der Verankerung handelt es sich um einen komplementären Prozess der Aufnahme von Symbolen in das Wahrnehmungs- oder Einstellungsarchiv des Individuums, aber die Verankerung beinhaltet eine Verteidigung durch dieselben Symbole, die in der Vergangenheit aufgenommen wurden und die nun um die Kontrolle der persönlichen Entscheidungen und Handlungen konkurrieren (Gaxiola, Frías, Hurtado, Salcido & Figueroa, 2011). In diesem Sinne werden Konkretheit, Regulierung und Verteidigung als grundlegende Elemente sozialer Repräsentationen konstituiert, die zwar im menschlichen Geist vorkommen, in Wirklichkeit aber Konventionen sind, um nicht zu sagen Konstruktionen der Realität, die, wenn sie von einer Gruppe geteilt werden, nicht nur die Menschen, sondern auch ihre Umgebung organisieren. Das heißt, soziale Repräsentationen sind Organisationen der Realität, die sich auf das Individuum und die Gruppe auswirken, aber es ist eine soziale Arbeit, von der wir, weil sie unsichtbar ist, denken, dass sie in Bilder umgewandelt wird, aber es genügt, den Kontext zu ändern, um die Vielfalt der Repräsentationen zu erkennen.

In einem Kontext, in dem sich Symbole an gesellschaftlichen Repräsentationen und Bedeutungen an deren Objektivierungs- und Verankerungsprozessen orientieren, orientieren sich die Bedeutungen oder Richtungen von Symbolen und Bedeutungen an der Verteidigung von

Repräsentationen, die angesichts von Konflikten und Veränderungen Auswirkungen auf ihre Zentralität haben, die Bedeutungen oder Richtungen von Symbolen und Bedeutungen orientieren sich an der Verteidigung der Repräsentationen, die angesichts von Konflikten und Veränderungen Auswirkungen auf ihre Zentralität haben, weil die Peripherie so abrupt ist, dass sie eine Wechselbeziehung mit der Zentralität offenbart, und dies führt zu der Annahme, dass soziale Repräsentationen eigentlich Interpretationen sind und nicht Kommunikation, Kognition oder Überzeugung, sie sind Informationen, die verzerrt werden können, um Verwendungen und Gewohnheiten zu transformieren (Vargas & Arenas, 2012). Arenas, 2012).

Im Falle der Migration und des Unternehmertums scheint sich ihre soziale Repräsentation auf eine kurzfristige Dynamik zu beschränken, da es die Kosten und der Nutzen sind, die die Zentralität der sozialen Repräsentation am meisten verändern. Mit anderen Worten: Wenn es um Darlehen, Kredite, Finanzierungen, Investitionen und andere wirtschaftliche Unterstützung geht, sind Migranten, Händler und Kaffeebauern gezwungen,

ihre Entscheidungen nicht mehr nach ihrem gesunden Menschenverstand zu treffen, sondern nach dem Gleichgewicht zwischen ihren Einnahmen und Ausgaben (Vargas & Mota, 2013).

Nach dem derzeitigen Wissensstand sind Migration und Unternehmertum psychologische und soziale Prozesse, die durch soziale Repräsentation, Organisationsklima, Vertrauen (Velasco, Spencer & Navarra, 2011), Führung (Anwar & Norulkamar, 2012), Engagement (Danes & Juyoung, 2013), Kapital, Habitus und Zufriedenheit erklärt werden.

Ausgehend von der Fragestellung ist es möglich, ein Reflexionsmodell zu entwerfen, das die zentralen und peripheren sozialen Repräsentationen rund um den Kaffeeanbau in Xilitla, San Luis Potosí, Mexiko, veranschaulicht.

Vielmehr erklären soziale Repräsentationen nur die Kontexte von Migration und Unternehmertum, klären aber nicht deren Dauerhaftigkeit. Mit anderen Worten: Warum Mexiko ein Land ist, das Migranten ausweist, und warum es nun zu einem Land der Unternehmer wird, sind Fragen, die nur durch die Theorie des diskursiven Habitus erklärt werden können.

Das Konzept des Habitus bezieht sich auf eine Reihe von Dispositionen, die, wenn man sie auf soziale Repräsentationen beziehen will, im Kern oder im Zentrum eines Kontextes verankert sind (Bourdieu, 2011). Als ein System von Dispositionen werden sie durch Assoziationen zwischen Personen, Verhaltensweisen, Gefühlen, Möglichkeiten, Fähigkeiten, Verantwortlichkeiten oder Freiheiten angezeigt (Capdevielle, 2011). Ihre psychologischen Symptome sind jedoch nur ein Teil der soziologischen Dimensionen, anhand derer man Unterschiede zwischen Gruppen, Gemeinschaften, Gesellschaften, Kulturen oder Generationen feststellen kann (García, 2011). Es geht um Beziehungen zwischen Strukturen, Überzeugungen, Normen und Werten, die sich in Organisationen oder Institutionen befinden können, aber nicht ausschließlich auf solche Kontexte beschränkt sind, was die Möglichkeit eröffnet, dass Habitus selbst Kontexte von Szenarien sind (Vega, Madrazo & García, 2011). In diesem Prozess ist der diskursive Habitus mit Praktiken verknüpft, die die Unterschiede zwischen den Individuen verstärken, da sie im gleichen Kontext handeln können, aber die Bedeutung oder Resignation von Räumen, Objekten oder Personen

unterschiedlich ist. Dies liegt daran, dass der Habitus das Produkt von Asymmetrien, Diskrepanzen, Kontroversen, Meinungsverschiedenheiten oder Spannungen ist, die von kurzer Dauer sein können, auch wenn sie sich je nach Ausmaß des Konflikts und vor allem des Einflusses des Kontexts verlängern können (Castro & Martins, 2010). Sicher ist, dass ein Kontext Handlungen, Gefühle, Wahrnehmungen und Gedanken nachhaltiger beeinflusst, weil er in die Struktur der diskursiven Fähigkeiten eindringt und durch seine Naturalisierung, die dem Diskurs der sozialen Repräsentationen folgt, nicht mehr nur an der Peripherie liegt, sondern in den zentralen Kern aufgenommen wurde. Mit anderen Worten: Der Habitus ist das Ergebnis des Eindringens des Kontexts in das kulturelle Repertoire des Einzelnen, und durch das Eindringen in die Verteidigungskonzepte ist er mit den Kernelementen vertraut geworden (Castro, 2011).

Joignant (2012) erkennt an, dass der Habitus im Wesentlichen eine Folge des Kontexts in Form eines Schemas und einer Organisation von Symbolen ist. Diese Dualität ermöglicht es, die Komplexität des Kontextes besser zu erkennen, da der Habitus dessen

113

Indikator ist. Es handelt sich um einen Kontext in Bezug auf das menschliche Leben, kurz gesagt um Strukturen, die in den ersten Lebensjahren ererbt und gelernt werden. Ein solcher Prozess offenbart eine sozio-historische Dimension des Habitus und damit eine weitere sozio-politische Dimension, die aus der Sozialisierung von Schemata und der Strukturierung von Dispositionen besteht, als ob es sich um einen dialektischen Prozess handeln würde, was aber nicht der Fall ist, da es sich vielmehr um den Einfluss des Kontexts auf persönliche Schemata handelt (Robles & Leso, 2012).

Wie soziale Repräsentationen, die sich gegen das Auftauchen anderer Symbole verteidigen, zögert der Habitus nicht, dem Einfluss anderer Habitus entgegenzuwirken, indem er die zu befolgenden Handlungen je nach den abzuschreckenden Kontexten festlegt, da neue Ereignisse eine Vielfalt von Reaktionen implizieren würden, aber diese Ressourcen sind eher homogen, dank der Tatsache, dass jede Person ein System von Symbolen, Bedeutungen und Sinnen inkorporiert hat, die sie von anderen Menschen oder von sich selbst unter ähnlichen oder diametral unterschiedlichen Umständen unterscheiden (Basta, Cavalleri, Fink, López, Maiola, Stancanelli & Vdovsov, 2012; Basta, Cavalleri, Fink, López, Maiola, Stancanelli & Vdovsov, 2012). Vdovsov, 2012).

Kurz gesagt, der Habitus stammt aus der Vergangenheit, die in der Kindheit angesiedelt ist, aber er beinhaltet auch, da er erworben und nicht nur vererbt wird, emergente Dispositionen, die das Eindringen des Kontextes in die Struktur der Dispositionen anzeigen (Martínez, 2013).

Im Fall von Migration und Unternehmertum erklärt der Habitus den Prozess, durch den eine Gesellschaft von Vertreibern zu Händlern wird (Chinchilla & Cruz, 2010). Dies geht natürlich über den Einfluss des Kontexts auf Gemeinschaften oder Einzelpersonen hinaus; es betrifft auch die Auswirkungen öffentlicher Maßnahmen im Zusammenhang mit dem Tourismus, da die Huasteca-Gemeinschaft von Xilitla ihr Einkommen aus der Förderung ihres Ökotourismusraums, ihrer Berg- und Waldgebiete sowie ihrer Kaffeeanbaukulturen und -bräuche bezieht. So erklärt der Habitus der Vergangenheit der Gemeinde die Migration, da die Bewohner von Xilitla in ihrem Bestreben, ein Erbe aufzubauen, Arbeit außerhalb ihres Gebiets suchen mussten. Sobald ein Erbe aufgebaut war, kehrten die ehemaligen Migranten in ihre Gemeinde zurück, um die im Ausland erworbenen Diskurse zu etablieren, was als ein Prozess des Unternehmertums bezeichnet werden kann, wenn man davon ausgeht, dass zu diesem Zweck ein Klima des Vertrauens, des Engagements und der Zufriedenheit geschaffen wurde. Mit anderen Worten: Die neuen Unternehmergenerationen sind das Ergebnis einer Generation, die einen Migrationshabitus geerbt und/oder in einen unternehmerischen Habitus umgewandelt hat, aber ein solcher Prozess muss in einem Kontext stattgefunden haben, in dem die Wirtschaftsförderungspolitik strategisch auf den Tourismus und seine Derivate ausgerichtet war. Damit ist die sozio-historische Prämisse des Habitus erfüllt, wonach eine Konjunktion das Ergebnis einer Struktur ist, die zwar nicht vollständig beeinflusst, aber in ihren Grundfesten verändert wurde, da die Gemeinde Xilitla nun unternehmerisch tätig ist. Die Erneuerung der Straßen, die Umgestaltung der Gebäude, die Verlagerung des Mülls, die Finanzierung des Handels und die Investitionen in die Hotel-, Restaurant- und Straßeninfrastruktur deuten darauf hin, dass die Gemeinde auf den Tourismus

als Alternative für Fortschritt und Wohlstand setzt, aber es gibt auch einen Kaffeeanbau, dem es gelungen ist, sich in den Migrantenhabitus und in die neue unternehmerische Dynamik einzufügen, da er andere Arbeiter aus den umliegenden Städten beschäftigt und mit anderen Gruppen von Kaffeebauern in der Region Huasteca Handel treibt.

Es stimmt zwar, dass der Migranten- und der Unternehmerhabitus Diskurse sind, die sich auf die Suche nach Möglichkeiten, Fähigkeiten und Verantwortlichkeiten beziehen, aber es ist auffällig, dass im Fall des Migrantenhabitus die Emotionen gegenüber den Handlungen oder Überlegungen, die dem Unternehmerhabitus entsprechen, überwiegen (Vargas, 2011). Mit anderen Worten, der Unterschied zwischen dem einen und dem anderen Habitus liegt darin, dass die wirtschaftliche Situation die Realisierung von Innovationen und migrationsorientierten Aktionen verhindert hat, während in der aktuellen Situation die Mindestfaktoren für die Realisierung von Projekten, die vom Staat über das Ministerium für Tourismus und Arbeit finanziert, aber von der Gemeinschaft akzeptiert und entwickelt werden, kombiniert zu sein scheinen (Vargas, 2013).

115

Gleichzeitig mit der Herausbildung eines unternehmerischen Habitus wurden jedoch auch Ressourcen umverteilt, vor allem Diskurse und ihre symbolischen Güter, die zu Machtszenarien führten, ohne die die Unterschiede zwischen Tagelöhnern und Kaffeebauern, Behörden und Bürgern, Politikern und Händlern nicht zu erklären wären.

Ein Machtfeld ist das Äquivalent eines elektromagnetischen Feldes, da es einen Raum bezeichnet, der durch interne Kräfte in Bezug auf externe Kräfte aufgebaut wird (Berdecia, González & Carrasquillo, 2012). Ein Machtfeld ist jedoch eher symbolisch als physisch oder magnetisch, funktioniert aber auf ähnliche Weise, da es Insider anzieht und Außenseiter ausschließt (Díaz, 2013). Ein Machtfeld spiegelt jedoch nur asymmetrische Beziehungen über symbolische Güter oder Kapitalien wider, die Gruppen angesichts von Konflikten strukturieren, die sie von anderen Gemeinschaften unterscheiden (Joignant, 2012). Auf diese Weise sind Machtfelder mit Repräsentationen und Habitus verbunden, indem sie die Verankerung und Verteidigung von Symbolen umschreiben, aber im Gegensatz zu diesen spiegeln Machtfelder Asymmetrien wider und werden daher als Ursache von Repräsentationen und Habitus angenommen.

Mehr als die Vergesellschaftung von Unterschieden sind Machtfelder die Wechselbeziehung von Ressourcen oder Kapitalien, die die Macht einer Gruppe über andere, die in ihren Gewohnheiten oder Repräsentationen ähnlich sind, definieren (Fortich und Moreno, 2012). Wenn ein Machtfeld Symbole ausstrahlt, die von Individuen neu signifiziert werden, handelt es sich in diesem Sinne um Sphären, in denen die Verteidigung von Repräsentationen und Habitus gegenüber der Produktion von Symbolen überwiegt. Rivas (2012) schlägt vor, dass solche Szenarien der symbolischen Verteidigung die professionelle Aktivität einer Gruppe anzeigen. Es handelt sich um einen bewussten Raum, in dem die Produktion von Symbolen auf die Verteidigung dieses Territoriums und nicht auf seine Neusignifizierung oder Veränderung beschränkt ist.

Im Fall der Migration wird durch den Diskurs über die Überfahrt, den Aufenthalt oder die Rückkehr ein Machtfeld geschaffen. Mit anderen Worten: Migranten konstruieren Symbole, um ihren Lebensstil als Migranten zu verteidigen, im Gegensatz zu denen, die mit vollen individuellen

Rechten und Garantien bleiben. Allerdings konstruieren Migranten ein Machtfeld nicht, um ihre Art des Zusammenlebens zu bewahren, sondern um sich vor anderen Diskursen zu schützen, die die Aufgabe ihrer Wurzeln und die Verringerung der Rücküberweisungen für ihre Familien implizieren (Giddens, 2011). Aus diesem Grund übersteigt die Höhe der Rücküberweisungen andere Einkommensquellen wie den Tourismus, aber die Migration scheint auch durch die Netzwerke von Kapital oder symbolischen Gütern aufrecht erhalten zu werden, die die Migranten selbst mitnehmen, wenn sie von ihren Erfahrungen berichten. Im Gegensatz dazu scheint das Unternehmertum durch verschiedene Machtbereiche geprägt zu sein (Lanier, 2012). Zumindest konstruieren Kaffeebauern, Zwischenhändler und Verkäufer Diskurse auf der Grundlage der Verteilung ihrer Interaktionsräume. Denkt man an Kaffeebauern, die ihre Handlungen und Diskurse auf den Anbau und die Ernte beschränken, sind sie natürlich im Nachteil gegenüber denjenigen, die ihre finanziellen, logistischen oder produktiven Ressourcen verwalten.

Ein Machtfeld ist jedoch symbolisch, und als solches werden auch die Konflikte und Veränderungen, die in ihm stattfinden, als symbolisch verstanden. Deshalb beziehen sich die Symbole der Macht, um die es angesichts von Dürren und Überschwemmungen geht, auf Prognosen und Strategien im Zusammenhang mit Technologien und Wissensmanagement. Mit anderen Worten: Wer Zugang zu Fachinformationen hat, hat die Kontrolle über das symbolische Feld der Macht.

Einige Rituale, die mit der Reise, dem Aufenthalt und der Rückkehr verbunden sind, können als Indikatoren für das Machtfeld der Migration betrachtet werden. Im umgekehrten Fall würden sich die Indikatoren des Unternehmertums als Machtfeld in bewusstem oder heuristischem, geplantem oder improvisiertem, systematischem oder automatischem Wissen und Know-how konkretisieren. Mit anderen Worten: Während Migranten Zuneigung und Emotionen als Szenarien der Beeinflussung nutzen, berufen sich Händler auf administratives oder juristisches Wissen, um sich von anderen Wirtschaftsgruppen, mit denen sie konkurrieren, abzugrenzen (Sánchez, 2012).

Genau hier hat die Xilitla-Gemeinschaft in Bezug auf andere Nachbargemeinden Diskurse konstruiert, die auf die Schaffung von Möglichkeiten und Kapazitäten für ein sozial und ökologisch verantwortliches Wachstum anspielen. Dies impliziert Elemente, die mit ihren symbolischen Vermögenswerten oder Kapitalien zusammenhängen.

Das Konzept des Kapitals ist gleichbedeutend mit Vermögenswerten oder Ressourcen, die dazu dienen, ein Individuum gegenüber einem anderen in Bezug auf Freiheiten und Wahlmöglichkeiten zu stärken (Castel & Freundlich, 2010). Der Begriff ist jedoch unbeständig, da er wirtschaftliche, kulturelle, natürliche oder soziale Indikatoren impliziert. Dennoch scheint die Literatur über Humankapital darin übereinzustimmen, dass es um Werte, Fähigkeiten und Kenntnisse geht, die durch eine Berufsausbildung erworben werden (Coronel, 2010).

Selbst Lob ist Teil des Humankapitals, da die Motivation von Talenten ein grundlegender Aspekt für ein Klima des Vertrauens, des Engagements und der Zufriedenheit ist (González & Pérez, 2012). In diesem Sinne ist das Humankapital diskursiv, obwohl es einen symbolischen Inhalt hat, wirkt es auf besondere Weise durch Motivation und Führung (González, Sánchez & López, 2011). Im Prinzip bedeutet Humankapital Lebensunterhalt, aber auch die Konsolidierung eines Systems von Symbolen, die zugunsten einer Repräsentation, eines Habitus oder eines Machtbereichs wirken (Guillén, Lleó & Perles, 2011). Das Humankapital ist in der Tat ein Instrument der Objektivierung, der Verankerung, der Vererbung, des Erwerbs und der Konstruktion von Symbolszenarien, die denjenigen, die sie nutzen, Macht verleihen (Joignant, 2012).

Das Humankapital ist jedoch ein zerbrechliches Instrument, da es zusammenbrechen kann, wenn eine Lücke des Misstrauens oder des mangelnden Engagements entsteht (Manning, 2010). Oder es ist ein Mittel der Manipulation, das darin besteht, Erwartungen zu materialisieren oder kollaborative Netzwerke zu konsolidieren, aus denen Repräsentationen, Habitus und Felder als Diskurse um Macht gewoben werden (Sen, 2011). Genauso wie der finanzielle Kredit als Vertrauensbeweis und Sicherheit für Geschäftsbeziehungen fungiert, drückt der einer Gruppe oder einem Individuum gewährte Kredit von

Wissen, Werten und Fähigkeiten das Vertrauen aus, dass diese Person in der Lage ist, ein Bedürfnis zu befriedigen, ein Problem zu lösen oder einfach die symbolische Kluft zwischen Gruppen zu vergrößern (Sobrados & Fernández, 2010). Mit anderen Worten: Es handelt sich um menschliche Talente, die zu Meinungsführern und Mobilisierern für wirtschaftliche, politische, soziale oder kulturelle Interessen werden können.

Im Falle der Migration ist das Humankapital ein Faktor für die Abwanderung von Talenten nicht nur wegen ihrer Kenntnisse oder Fähigkeiten, sondern auch wegen ihrer Werte der Ehrlichkeit, wie im Falle von Tagelöhnern oder Pflegekräften, die auf dem Markt als Beispiele für Engagement und Anstrengung angesehen werden. Im Falle von Organisationen sind die Werte Loyalität und Engagement Voraussetzungen für die Qualität und die Wettbewerbsfähigkeit kleiner und mittlerer Unternehmen angesichts des Vordringens transnationaler Unternehmen in die Gemeinschaft.

Beide Dimensionen des Humankapitals, die der Migration und die des Unternehmertums, scheinen nahe beieinander zu liegen, denn beide haben Werte gemeinsam, die die Migranten

und Unternehmer von Xilitla einzigartig machen im Vergleich zu anderen Gemeinden, die ihre jungen Leute gehen sahen, aber nicht sahen, wie sie zurückkehrten, oder die beobachteten, wie die Gewinne ihrer Unternehmer nicht in ihre Gemeinden reinvestiert wurden und sie schließlich ohne natürliche Ressourcen oder Infrastruktur für den Tourismus verlassen wurden, da ihre Migranten nicht zurückkehrten und von ursprünglichen Städten zu Geisterstädten wurden, ohne magische Städte gewesen zu sein.

Dieser Unterschied erklärt sich durch die Schaffung von Möglichkeiten nicht nur für die Beschäftigung, sondern auch für das Leben und die persönliche Entwicklung, die Fähigkeiten und Verantwortung mit sich bringt.

Eine Fähigkeit ist das Ergebnis von Freiheiten und Chancen und gleichzeitig die Ursache für die Entstehung von sozialer und ökologischer Verantwortung (Arnau & Montané, 2010). In diesem Sinne geht die Theorie der wirtschaftlichen Fähigkeiten davon aus, dass die Wahlfreiheit, die durch liberale oder neoliberale öffentliche Politiken verbreitet wird, der günstige Kontext für das Entstehen von Chancen ist, die den Einzelnen dazu zwingen, sein

Wissen zu perfektionieren oder zu spezialisieren und seine Fähigkeiten an die Anforderungen des Marktes anzupassen (Cuesta, 2012). Dies setzt voraus, dass man die Probleme antizipieren und verstehen kann. Vor allem angesichts von Krisen ist die Auswahl der anpassungsfähigsten Elemente notwendig, um die Herausforderungen unerwarteter Veränderungen zu bewältigen, ohne dass es zu Konflikten oder Differenzen zwischen den am Wettbewerb um Ressourcen beteiligten Parteien kommt (Borjas, 2010). Im Falle von Gruppen und ihrer internen differenziellen Dynamik sind Fähigkeiten eine Quelle der Stabilität, da die Vielfalt der Möglichkeiten innovative Ideen hervorbringt, aus denen die Gruppe die optimalste auswählt (Long, 2013).

Angesichts der Herausforderungen des Umfelds versuchen Gruppen um jeden Preis, ihre Defizite durch eine kontinuierliche Verbesserung der Fähigkeiten durch Training oder Coaching zu überwinden, aber da es sich um einen externen Prozess handelt, verändert er die Dynamik der Gruppe auf die eine oder andere Weise (Sen, 2011). Je mehr diese Reaktion auf die interne Kontingenz von unterschiedlichen Kenntnissen und Fähigkeiten ausgeht,

desto wahrscheinlicher ist es, dass sie im ständigen Wettbewerb zum Nutzen der Gruppe bleiben (Genesí, Romero & Tinedo, 2011). Auf diese Weise erwirbt eine Gruppe Wettbewerbsvorteile gegenüber einer anderen, die in Bezug auf Repräsentation, Habitus, Feld oder Kapital ähnlich ist, sich aber in Bezug auf Freiheiten, Möglichkeiten, Fähigkeiten und Verantwortlichkeiten unterscheidet (Henao & Londoño, 2012).

Wirtschaftliche Fähigkeiten erklären Gruppenunterschiede innerhalb einer Gemeinschaft und den Wettbewerb um ihre Ressourcen, seien es finanzielle oder natürliche (Ríos, Téllez, & Ferrer, 2010). Im Falle der Migration und des Unternehmertums sind die Fähigkeiten das Ergebnis einer Reihe öffentlicher Maßnahmen im Zusammenhang mit der Vertreibung billiger Arbeitskräfte und der Förderung des Unternehmertums zur Entwicklung des Tourismus in großem Maßstab.

Es lässt sich beobachten, dass die wirtschaftlichen Kapazitäten der Migranten einer Reihe von Absichten und Handlungen gehorchen, die angesichts der Durchführung von Produktions-, Vertriebs- und Logistikprozessen in einem Kontext der

Flexibilität gefährdet sind. Beide Dimensionen werden durch den Staat und seine Wirtschaftsförderungspolitik auf Kosten des Abbaus von Arbeitsrechten dereguliert. Die finanzielle Unterstützung ist jedoch eine Mindestplanung der Organisationen, sofern sie mit den Zielen der öffentlichen Programme für Unternehmer, Kleinstunternehmer oder Händler im Kaffeesektor übereinstimmen. Im Gegensatz dazu setzt die Migration ohne staatliche Unterstützung risikoreiche Verhaltensweisen voraus, die eine größere Wahrscheinlichkeit für improvisierte Migrationspraktiken, Arbeitseinsätze, Unterstützungsnetzwerke oder größere Möglichkeiten für Betrug, Erpressung oder Warendiebstahl mit sich bringen. In diesem Sinne bezeichnen Kapazitäten einen Risikohabitus und Darstellungen von Unsicherheit im Fall von Migration und Mikrofinanzhabitus sowie Darstellungen von Flexibilität oder Allianzen zwischen KMU und transnationalen Unternehmen im Fall von Unternehmertum.

In der Synthese scheinen beide Dimensionen, Migration und Unternehmertum, unterschiedlich zu sein, aber sie sind vielmehr Teil desselben Prozesses, der von der Ausgrenzung zur Eingliederung führt und die Marginalisierung und Verwundbarkeit einer Huasteca-Gemeinschaft über zwei sechsjährige Zeiträume hinweg durchläuft, in denen öffentliche Maßnahmen zur Entwicklung des Unternehmertums in der Mikroregion beigetragen haben. Es sind genau die Repräsentationen, der Habitus, die Felder, das Kapital und die Kapazitäten, die die Indikatoren dieses Prozesses sind, der von der Migration zum Unternehmertum führt.

Stand des Wissens

Unternehmertum, ob am Herkunftsort ererbt oder am Aufenthaltsort des Migranten erworben, beinhaltet einen Prozess, der in Lebenszufriedenheit gipfelt, wenn die Vergütung steigt oder sich die Möglichkeiten erweitern (Chiang, Méndez & Sánchez, 2010). Mit anderen Worten: Die Lebenszufriedenheit scheint mit dem Unternehmertum verbunden zu sein, und zwar im Sinne der Suche nach Nutzen, Gewinn und Vorteil aus einer systematischen Tätigkeit, die ein Engagement für eine Organisation beinhaltet.

Deshalb hemmt Mobbing in Kontexten der Ungewissheit die Lebenszufriedenheit und lässt den

Unternehmergeist schwinden, da die Hindernisse, die die Aufgabenbeziehungen darstellen, durch menschliche Beziehungen untergraben werden (López, Vázquez & Montes, 2010). Wenn nämlich die Beziehungen zwischen Gleichaltrigen Vorrang vor den Gruppenzielen haben, entstehen im Unternehmergeist Dimensionen der Resilienz, in denen der Einzelne Bewältigungsstrategien entwickelt, um mit den Unannehmlichkeiten der Arbeit in einem Klima der Spannung umzugehen.

In einem solchen Szenario korreliert Unternehmertum mit transformationalen Führungsstilen, bei denen jedes seiner Symptome durch spezifische innovative Maßnahmen untermauert wird, die andere korrigierende, vermeidende oder motivierende Stile unterbrechen (Molero, Recio & Cuadrado, 2010). In diesem Sinne scheinen die zwischenmenschlichen Beziehungen zwischen Führungskräften und Untergebenen das individuelle Unternehmertum eher zu beeinflussen als das kollektive oder das Gruppenunternehmertum, und zwar durch die einfache Tatsache, dass sie eher egozentrische als altruistische Werte beinhalten.

Unterschiede zwischen Männern und Frauen werden auch in Bezug auf Stresssituationen beobachtet, in denen das Unternehmertum in Männergruppen stärker gehemmt wird als in Frauengruppen (Moreno, Ríos, Canto, García & perles, 2010). Es scheint, dass die zwischen Männern aufgebauten Beziehungen die Bewältigung von Lärm erleichtern.

In den männlichen Gruppen entwickelt sich ein Klima des Vertrauens, das enger mit der Lebenszufriedenheit, dem Hauptindikator für Unternehmertum, verbunden ist (Omar, 2010). Da die Aufgaben eine stärkere Koordinierung erfordern, nimmt die Zusammenarbeit zwischen den Arbeitnehmern zu, aber eine Verringerung der Zusammenarbeit kommt eher einer Frustration gleich, auch wenn dies die Innovation von Ideen als weiteres Symptom des Unternehmertums impliziert.

Die Vereinbarung zwischen den Führungskräften scheint sich jedoch stärker auf die Arbeitsdynamik unter den Untergebenen auszuwirken und motiviert sie sogar, Strategien zur Anpassung ihrer Handlungen an die Entscheidungen der obersten Führungsebene durchzuführen (Yañez, Arenas & Ripoll, 2010). Dies bedeutet, dass Unternehmertum auch durch die Entscheidungsdynamik und ihre Auswirkungen auf die Arbeitsplatzstabilität der Mitarbeiter motiviert wird.

Wenn Arbeitszufriedenheit das Ergebnis eines Klimas positiver Aufgaben und Beziehungen ist, dann hat Unternehmertum zwei Dimensionen. Die erste Dimension wäre das Ergebnis eines Umfelds, das die Bildung von Gruppen und das Erreichen von Zielen begünstigt, während die zweite Dimension das Ergebnis einer Reihe von Barrieren und Hindernissen wäre, die Kreativität und Innovation fördern (Adenike, 2011).

Wenn die Ergebnisse jedoch hinter den gesetzten Zielen zurückbleiben, kommt es zu einer Reihe von Konflikten, die einen Paradigmenwechsel in den zwischenmenschlichen Beziehungen und der Art und Weise der Teamarbeit signalisieren (Celik, Turunc & Begenirbas, 2011).

In anderen Fällen, in denen das Unternehmertum fälschlicherweise mit der Lebenszufriedenheit korreliert, deutet dies auf andere Faktoren hin, die es beeinflussen, da es eher auf Faktoren unpersönlicher Art und in der Nähe von Stressniveaus hinweist, die das Unternehmertum keineswegs verringern, sondern es als eine Alternative angesichts organisatorischer Unwägbarkeiten anerkennen (Jyoti & Jyoti, 2011).

In Bezug auf Leistung und Produktivität sind beide Dimensionen des Unternehmertums Ausdruck der Einbeziehung von Lebensstilen, die sich in Organisationen als Reaktion auf das Fehlen von Führung entwickeln (Rodríguez, Retamal, Lizana & Cortejo, 2011). Das heißt, wenn die Kommunikationskanäle blockiert sind, passen sich die Mitarbeiter an ein Produktionsmuster an, das sie zum Erreichen ihrer Ziele führt. Das liegt daran, dass am Arbeitsplatz die wirtschaftliche Stabilität der Talente auf dem Spiel steht, und wenn sie mit dem Ansturm der Probleme des Topmanagements oder einer Anerkennungskrise konfrontiert werden, entwickeln sie Fähigkeiten, Kenntnisse und Werte, die eher auf Prozessinnovation als auf Qualitätskontrolle ausgerichtet sind (Rojas, García & García, 2011). Im Kontext von Konflikten ist das Unternehmertum eine Konstruktion der Bedürfnisse, Erwartungen und Kompetenzen der Arbeitnehmer.

Das Unternehmertum wird jedoch auch durch ein Gefühl der Gemeinschaft, der Verwurzelung und der Identität mit einer Region, einem Ort oder einem Raum gestützt (Yuangion, 2011). Das heißt, dass die Arbeitnehmer, die in der Umgebung der Organisationen wohnen, bereit sind, die Arbeitsbedingungen zu akzeptieren, solange Arbeitsplätze geschaffen werden, die der Gemeinschaft zugutekommen, auch wenn das Unternehmen den Löwenanteil der Gewinne einstreicht.

Beim Unternehmertum geht es um Identitätsprozesse, aber auch um den Wettbewerb um Ressourcen. In beiden Fällen erweist sich das organisatorische Engagement als ein relevanter Faktor, der Leistung, Zufriedenheit und Kompetenzen beeinflusst (Anwar & Norulkamar, 2012).

An den Standorten, an denen transnationale Unternehmen Wissensmanagementsysteme einführten und ein Produktionsmodell auf die Gemeinschaft übertrugen, nahm das Engagement der Arbeitnehmer zu (Díaz, Hernández & Roldán, 2012). Das heißt, es wurde gemeinsames Wissen generiert, aber in Fällen, in denen das Wissen das Ergebnis transnationaler Technologie und der Beteiligung der lokalen

Gemeinschaft war, nahm auch das Engagement erheblich zu (Hallak, Brown & Lindsay, 2012). Die gleichen Prozesse wurden beobachtet, wenn multinationale Unternehmen Wissensmanagementmodelle in lokalen kleinen und mittleren Unternehmen einführten (Hazlina, Mohd & Rohaida, 2012). Arbeitsengagement scheint die Hauptdeterminante für Unternehmertum gewesen zu sein, wenn Vertrauen und Innovationsfähigkeit mit beiden Variablen korreliert waren (Tayo & Adeyemi, 2012).

Aus diesen Untersuchungen geht hervor, dass Unternehmertum Engagement, Vertrauen, Innovation, Zusammenarbeit und Widerstandsfähigkeit als wesentliche Indikatoren aufweist (Cardon, Gregoire, Stevens & Patel, 2013; Danes & Joyoung, 2013). Durch die Verbindung mit der lokalen Kultur, den Sitten und Gebräuchen der Gemeinschaft sowie der regionalen Identität erhöht das Unternehmertum seine Werte der Lebenszufriedenheit erheblich (Rante & Warokka, 2013).

Eine strategische Planung auf der Grundlage internationaler Qualitätsstandards hat jedoch eher zu einer höheren Produktivität und einer gesteigerten Wettbewerbsfähigkeit

124

geführt als Hybridmodelle und Allianzen zwischen transnationalen Unternehmen und KMU (Zampetakis & Mostakis, 2013).

Zusammenfassend lässt sich sagen, dass der Stand der Frage auf das Entstehen von Unternehmertum in lokalen Kontexten hinweist, aus denen sich strategische Allianzen auf regionaler und lokaler Ebene entwickeln, in denen Gemeinschaften Management-, Produktions-, Logistik- und Vertriebssysteme übernehmen, die von transnationalen Unternehmen über KMU oder Kleinstunternehmen verbreitet werden.

In einem Kontext, in dem die Maßnahmen zur Unternehmensförderung intensiviert werden, scheint das Unternehmertum eine Reaktion von Gemeinschaften zu sein, die früher Migranten waren und jetzt Szenarien föderaler und lokaler Investitionen sind, die sie in eine Dynamik gebracht haben, auf der sie Repräsentationen, Habitus, Bereiche, Kapital und Kapazitäten aufgebaut haben, die auf die lokale Entwicklung ausgerichtet sind.

Spezifikation der Beziehung

Acht Hypothesen beantworten die Frage nach dem Unternehmertum in einem Szenario von Ex-Migranten und Händlern. Zunächst scheint die Objektivierung und Verankerung von Management und Produktion, die sich die Ex-Migranten in den USA angeeignet haben, ihre Neigung zur Handelsgründung in Xilitla beeinflusst zu haben (Hypothese 1). Sobald das Wissen in der ehemaligen Migranten- und jetzigen Handelsgemeinschaft verbreitet war, wurden seine Auswirkungen auf die Steigerung von Werten, Fähigkeiten und Wissen beobachtet (Hypothese 2). Gleichzeitig wurden Lebensstile entwickelt, die das von ihren Verwandten in Xilitla geerbte und in den USA erlernte Vertrauen und Engagement widerspiegeln, was sich auf ihre Werte, Fähigkeiten und Kenntnisse auswirkte (Hypothese 3).

Die Objektivierung und Verankerung des Unternehmertums in der EU bei ehemaligen Xilitla-Migranten erforderte jedoch die Bildung von Kapitalien wie Kooperation und Solidarität bei der Entwicklung der für das Überleben des Kleinstunternehmens notwendigen Werte, Kenntnisse und Fähigkeiten (Hypothesen 4 und 7). Oder durch die Freiheiten, Möglichkeiten und Verantwortlichkeiten, die sich als diskursive Felder herauskristallisierten, wirkten sich die sozialen Repräsentationen auf die Entwicklung von Fähigkeiten aus, die auf das Unternehmertum ausgerichtet waren (Hypothesen 4, 6 und 8).

Schließlich beeinflusste die Ausbildung unternehmerischer Dispositionen die Investitionsfähigkeit durch Diskurscluster, in denen Freiheit, Gelegenheit und Verantwortung als entscheidende Elemente für Unternehmertum dienten (Hypothesen 5 und 8).

Ho: Die beobachteten Beziehungen zwischen Repräsentationen, Habitus, Feldern und Kapital zur Vorhersage unternehmerischer Fähigkeiten stimmen mit den im hypothetischen Modell angegebenen Beziehungen überein.

Ha: Es gibt signifikante Unterschiede zwischen den erzielten Ergebnissen und den festgelegten Zielen in Bezug auf die Beziehungen zwischen den Variablen, die die unternehmerischen Fähigkeiten der ehemaligen Migranten aus Xilitla erklären.

Diskussion

Der Unternehmergeist, der in Xilitla in Bezug auf die Migration in die USA entwickelt wird, wird eher durch die in Xilitla ererbten und in den USA erworbenen Dispositionen bestimmt. Dieser Befund verdeutlicht die von Rante & Warokka (2013) festgestellten Unterschiede bei der Erklärung der Auswirkungen transnationaler Unternehmen auf die lokale Wirtschaftsdynamik. Im Gegensatz zu den strategischen Allianzen, die zu Franchises führen, wurden in Xilitla kooperative und innovative Beziehungen zwischen der lokalen Regierung, der Migrantengemeinschaft in den USA und den nach Xilitla zurückgekehrten Kleinstunternehmern geschmiedet. Es stimmt, dass finanzielle Unterschiede globale Geschäftsmodelle über lokale Bedürfnisse stellen, aber im Fall von Xilitla spezialisierte sich die Gemeinde auf Kaffeeanbau und Ökotourismus nicht mehr nach einem kulturübergreifenden Muster, sondern durch Innovationen bei Dienstleistungen und Produkten in einer Weise, dass sie sich von anderen Nachbargemeinden abhob.

Zwischen der Geschichte des Unternehmertums in der Gemeinde Xilitla und dem in den USA erworbenen unternehmerischen Wissen stört die Lebenszufriedenheit den Prozess der lokalen Entwicklung. Jyoti & Jyoti

(2011) stellen fest, dass indische Gemeinden mit mehr Unternehmergeist eine höhere Lebenszufriedenheit haben, was die Diskussion darüber eröffnet, ob die Ziele des Unternehmertums rein wirtschaftlich sind oder auch die Entwicklung der Gemeinschaft einschließen. Es stimmt, dass der Kaffeeanbau und der Ökotourismus zwei Instrumente für das lokale Wohlergehen sind, aber sie bedeuten auch Aktivitäten, die sich positiv auf die Umwelt von Xilitla auswirken. Das bedeutet, dass gemeinschaftliches Unternehmertum weit entfernt ist vom globalisierten Unternehmergeist, der Profit und Gewinn über den Erhalt der Region oder das Wohl der Gemeinschaft stellt. Es handelt sich um eine Logik, die stärker in den Traditionen, Bräuchen und Sitten verankert ist, die sich in den Dörfern entwickelt haben. Durch die Verwurzelung wird das Unternehmertum eher nach lokalen als nach globalen Bedürfnissen geformt.

Tatsächlich scheint die Spannung zwischen transnationalen Geschäftsmodellen und lokaler Identität in dem Maße zu schwinden, wie strategische Allianzen die Grenzen von Investitionen und Maßnahmen abstecken. Das heißt, externe Investitionen können mit lokalen Formen des Unternehmertums koexistieren, selbst in unbestimmten Situationen. Darüber hinaus impliziert die lokale Produktion ein größeres Engagement in der Gemeinschaft und engere Vertrauensbeziehungen zu multinationalen Unternehmen, solange es einen ererbten und erworbenen Habitus namens Unternehmertum gibt.

Wenn der Prozess des Unternehmertums, der in Xilitla begann und sich in der EU entwickelt hat, korrekt ist, dann wird es möglich sein, einen unternehmerischen Habitus zu beobachten, der sie von anderen Ortschaften und umliegenden Gemeinden unterscheidet. Darüber hinaus würden sich die Auswirkungen der unternehmerischen Dispositionen auf die Werte, das Wissen und die Fähigkeiten zum Unternehmertum in der Ortschaft bemerkbar machen.

Unternehmertum ist jedoch auch mit Situationen der Unsicherheit, des Risikos und der Knappheit verbunden. Cardon, Gregoire, Stevens & Patel (2013) beobachteten signifikante Unterschiede zwischen Führungskräften und Mitarbeitern in Bezug auf ein Arbeitsklima, das von Stress, Ausgrenzung und Druck geprägt ist. Die Annahme, dass Unternehmertum das

Produkt von Kreativität und Innovation ist, die Reaktionen von Einzelpersonen und Gruppen auf Knappheit und Konflikte sind, scheint sich zu bestätigen. Dies bedeutet, dass in Xilitla im Gegensatz zu den Wirtschaftskrisen und der Ausgrenzung von Arbeitskräften, die in den USA vorherrschen, die fatalistischen Szenarien von Knappheit, Konflikten und Wettbewerb um Ressourcen Faktoren sind, die die Gemeinschaft noch nicht erlebt hat und daher nicht zu antizipieren scheint. In diesem Sinne ist die Chance für die Verwaltung von Naturkatastrophenfonds latent vorhanden.

Die Gemeinde Xilitla ist jedoch auch der Investitionsflucht ausgesetzt, da andere Ortschaften um den Tourismus und den Kaffeeabsatz konkurrieren. In dieser Dynamik sind Untergangsszenarien für die lokalen Unternehmer vorteilhafter, da sie eine Verknappung der Ressourcen oder Interessenkonflikte vorhersehen können.

In beiden Fällen - finanzieller, ökologischer oder sozialer Stabilität oder Instabilität - bewegt sich der Unternehmergeist von Xilitla auf ein Szenario zu, in dem soziale Verlässlichkeit entstehen könnte, nachdem Transparenz bei der Ressourcenzuteilung, Unternehmensförderung oder interner Wettbewerb die Behörden dazu zwingen, Investitionen zu begrenzen und Kredite für den Ökotourismushandel oder die ökologische Produktion zu deregulieren.

Schlussfolgerung

Das Unternehmertum scheint zwei Dimensionen zu haben, je nachdem, ob es sich um wirtschaftliche Stabilität oder ökologische Instabilität handelt. In seiner ererbten und erworbenen Dimension scheint das Unternehmertum in Xilitla aus den Netzwerken von Migranten und Kleinstunternehmern hervorzugehen. In seiner innovativen und wissensvermittelnden Dimension hingegen ist das Unternehmertum das Ergebnis von Konflikten, Spannungen, Meinungsverschiedenheiten, Unstimmigkeiten oder Streitigkeiten zwischen Migranten, Kleinstunternehmern, Behörden und transnationalen Unternehmen, wenn ein Unglücksfall eintritt oder eine Katastrophe passiert.

Das Unternehmertum als Instrument der lokalen Entwicklung ist notwendigerweise mit der Bewirtschaftung der natürlichen

Ressourcen verbunden, die nicht nur in der transparenten Zuweisung von Finanzmitteln und Investitionen besteht, sondern auch die konzertierte und mitverantwortliche Beteiligung der Gemeinschaft voraussetzt. In diesem Sinne sollten die lokalen Wirtschaftskapazitäten nicht nur auf ökologische Werte, unternehmerisches Wissen oder diskursive Fähigkeiten beschränkt sein, sondern auch aus der Verbreitung von Verwurzelung, Identität und Zugehörigkeit zur Gemeinschaft und der Umwelt von Xilitla bestehen.

Referenzen

1. Adenike, A. (2011). "Organisationsklima als Prädiktor für die Arbeitszufriedenheit von Mitarbeitern". *Business Intelligence Journal.* 4, 151-166

2. Anwar, F. und Norulkamar, U. (2012). "Mediating role of organizational commitment among leaders and employee outcomes, and empirical evidence from telecom sector". *Processing International Seminar on Industrial Engineering and Management* 2, 116-161.

3. Arnau, L. und Montané, J. (2010). "Aportaciones sobre la relación conceptual entre actitud y competencia, desde la teoría del cambio de actitudes. *Journal of Research in Educational Psychology.* 8, 1283-1302

4. Basta, R., Cavalleri, M., Fink, T., López, X., Maiola, F., Stancanelli, M., & Vdovsov, L. (2012). "Eine Annäherung an die theoretisch-methodologische Produktion von Pierre Bourdieau. Sein Einfluss auf die argentinische Sozialarbeit". *Plaza Pública,* 8, 39-51

5. Berdecia, Z., González, J. und Carrasquillo, C. (2012). "Führungsstile für den organisatorischen Erfolg: mehrere Fallstudien in Unternehmen". *Journal of Advanced Leadership Studies,* 1, 21-32.

6. Borjas, L. (2010). "El espíritu empresarial desde las representaciones sociales: caso Venezuela". *Ciencias Sociales,* 5, 149-165

7. Bourdieu, P. (2011). "Strategien der sozialen Reproduktion". Mexiko: Siglo XXI

8. Capdevielle, J. (2011). "Das Konzept des Habitus". *Anduli.*

Andalusische Zeitschrift für Sozialwissenschaften, 10, 31-45.

9. Cardon, M., Gregoire, D., Stevens, C. und Patel, P. (2013). "Measuring entrepreneurial passion: conceptual foundations and scale validation". *Journal of Business Venturing,* 28, 373-396.

10. Castel, G. und Freundlich, F. (2010). "Wahrnehmungen von Genossenschaftsmitgliedern und Nicht-Mitgliedern zur Arbeitszufriedenheit". *Revesco.* 103, 33-58

11. Castro, M. (2011). "Der sprachliche Habitus und das Recht auf Information im medizinischen Bereich". *Revista Mexicana de Sociología,* 73, 231-259.

12. Castro, M. und Martins, M. (2010). "Die Beziehungen zwischen Organisationsklima und Mitarbeiterzufriedenheit in Informations- und Technologieunternehmen". *Tydskriff vir Bredyfsielkunde.* 36, 1-9

13. Caykoylu, S., Egri, C., Havlovic, S. und Bradley, C. (2011). "Key organizational commitment antecedents for nurses, paramedical professionals and non-clinical staff". *Zeitschrift für Gesundheitsorganisation und -management.* 25, 7-33.

14. Celik, M., Turunc, O. und Begenirbas, M. (2011). "Die Rolle von organisatorischem Vertrauen, Burnout und zwischenmenschlicher Abweichung für das Erreichen der organisatorischen Leistung". *International Journal of Business and Management Studies.* 3, 179-190

15. Chiang, M., Méndez, G. und Sánchez, G. (2010). "Wie Arbeitszufriedenheit die Leistung beeinflusst: der Fall eines Einzelhandelsunternehmens". *Theoria Journal.* 19, 21-36

16. Chinchilla, N. und Cruz, H. (2010). "Diversität und Unternehmensparadigmen: ein neuer Ansatz". *Revista Empresa y Humanismo,* 14, 47-79.

17. Coronel, A. (2010). "Ausbildung von Humankapital als Entwicklungsinvestition". *Eureka,* 7, 71-76

18. Cuesta, A. (2012). "Modelo integrado de gestión humana y del conocimiento: una tecnología de aplicación". *Revista Venezolana de Gerencia,* 57, 86-98.

19. Danes, S. und Juyoung, J. (2013). "Copreneural identity development during new venture creation". *Journal of Family Business Management,* 3, 45-61.

20. Díaz, C., Hernández, R. und Roldán, J. (2012). "A structural model of the antecedents to entrepreneurial capacity". *International Small Business Journal,* 30, 850-872.

21. Díaz, S. (2013). "Lo humano en la Teoría de las Organizaciones". *Visión gerencial,* 12, 45-57

22. Figeiredo, H., Grau, E., Gil, P. und García, J. (2012). "Job-Burnout-Syndrom und Arbeitszufriedenheit bei Pflegefachkräften". *Psocthema,* 24, 271-276.

23. Fortich, M. und Moreno, Á. (2012). "Elemente der Theorie der Felder". *Verba Iuris,* 27, 47-62.

24. Fuentes, F. und Sánchez, S. (2010). "Analyse des unternehmerischen Profils: eine geschlechtsspezifische Perspektive". *Estudios de Economía Aplicada,* 28, 1-28.

25. Galindo, R. und Echavarría, M. (2011). "Diagnose der unternehmerischen Kultur in der Ingenieurschule von Antioquia". *Zeitschrift der Ingenieurschule von Antioquia,* 15, 85-94.

26. García, A. (2011). "Mikroräumliche Konflikte und politischer Habitus von gegenhegemonialen Gruppen". *Nomadas,* 3, 1-20

27. Gargallo, A. (2010). "Wahrnehmungen von Genossenschaftsmitgliedern und Nichtmitgliedern zur Arbeitszufriedenheit". *Revesco,* 103, 33-58

28. Gaxiola, J., Frías, M., Hurtado, M., Salcido, L. und Figueroa, M. (2011). "Validierung des Inventars der Resilienz (IRES) in einer Stichprobe aus dem Nordosten Mexikos". *Teaching and Research in Psychology.* 16, 73-83

29. Giddens, A. (2011). *Die Konstitution der Gesellschaft. Grundlagen für die Theorie der Umstrukturierung.* Buenos Aires: Amorrortu Editores.

30. González, E. und Pérez, E. (2012). "Arbeitsbedingungen und berufliches Burnout bei Beschäftigten des Gesundheitswesens". *Alternativas en Psicología,* 27, 8-22.

31. González, F., Sánchez, S. und López, T. (2011). "Arbeitszufriedenheit als kritischer Faktor für Qualität". *Estudios y Perspectivas en Turismo*, 20, 1047-1068.

32. Guillén, M. Lleó, A. und Perles, G. (2011). "Vertrauen als kritischer Faktor im Organisationsmanagement neu denken". *Cuadernos de Gestión*. 11. 33-47

33. Guzmán, A. und Carcamo, M. (2014). "Die Bewertung der Dienstleistungsqualität". *Acata Universitaria, 24 (3)*, 35-49.

34. Hallak, R., Brown, G. und Lindsay, N. (2012). "The place identity performance relationships among tourism entrepreneurs: a structural equation modeling analysis". *Tourism Management*, 33, 143-154

35. Hazlina, N., Mohd, A. und Rohaida, S. (2012). "Förderung von Intrapreneurship zur Verbesserung der Arbeitsleistung: die Rolle einer Intrapreneurship-freundlichen Organisationsstruktur". *Journal of Innovation Management in Small & Medium Entreprises, , 9*, 1-9.

36. Joignant, A. (2012). "Habitus, Feld und Kapital. Elementos para una teoría general del capital político". *Revista Mexicana de Sociología*, 74, 587-618.

37. Jyoti, J. und Jyoti S. (2011). "Faktoren, die die Orientierung und Zufriedenheit von Unternehmerinnen im ländlichen Indien beeinflussen". *Annals of Innovation Entrepreneurships, 2*, 1-8.

38. Lanier, J. (2012). "Führungs- und organisationstheoretische Dynamiken zwischen mittelständischen Private-Equity-Firmen und den von ihnen kontrollierten Portfoliounternehmen". *Journal of Practical Consulting*, 4, 6-21.

39. León, L., Sotelo, C. und Zepeda, L. (2013). "Bestimmung des Niveaus der persönlichen Qualität von Managern in Organisationen". *Invurnus, 7 (2)*, 23-31.

40. Long, H. (2013). "The relationships between learning orientation, market orientation, entrepreneurial orientation, and firm performance". *Management Review*, 20, 37-46

41. López, Á., Vázquez, P. und Montes, C. (2010). "Mobbing:

psychosoziale Antezedenzien und Folgen für die Arbeitszufriedenheit". *Lateinamerikanische Zeitschrift für Psychologie*, 42, 215-224.

42. Manning, A. (2010). "Entwicklung der psychologischen Klimaskala für Kleinunternehmen". *Journal of New Business Ideas & Trends.* 8, 50-63

43. Martínez, E. (2013). "Die Kabylei: die problematische Genese des Habituskonzepts". *Revista Mexicana de Sociología,* 75, 125-131.

44. Mendoza, M., Orgambídez, A. und Carrasco, A. (2010). "Totale Qualitätsorientierung, Arbeitszufriedenheit, Kommunikation und Engagement in ländlichen Tourismusbetrieben". *Zeitschrift für Tourismus und Kulturerbe.* 8, 351-361

45. Molero, F., Recio, P., und Cuadrado, I. (2010). "Transformationale und transaktionale Führung: eine Analyse der Faktorenstruktur des multifaktoriellen Leardership Questionnaire (MLQ)". *Psicothema.* 22, 495-501.

46. Morales, A., Ariza, A. und Muñiz, N. (2012). "Der soziale Unternehmer und das E-Empowerment sozialer Netzwerke". *Journal of Public, Social and Cooperative Economics,* 75, 152-177.

47. Moreno, M., Ríos, L., Canto, J., García, J. und Perles, F. (2010). "Arbeitszufriedenheit und Burnout in gering qualifizierten Berufen: Geschlechtsspezifische Unterschiede in der Migrantenbevölkerung". *Journal of Work and Organizational Psychology,* 26, 255-265.

48. Nazar, G. (2012). "Berufliche Identität und Beschäftigungsfähigkeit bei Führungskräften der mittleren Ebene". *Liberabit, 18 (1),* 7-14.

49. Omar, A. (2010). "Transformative Führung und Arbeitszufriedenheit: die Rolle des Vertrauens in den Vorgesetzten". *Liberabit.* 17, 129-137

50. Rante, Y. und Warokka, A. (2013). "The interrelative nexus of indigenous economic growth and small business development: do local culture, government role, and entrepreneurial behavior play the role?" *Journal*

of Innovation Management in Small & Medium Enterprises. 19, 1-19

51. Ríos, M., Téllez, M. und Ferrer, J. (2010). "Empowerment als Prädiktor für organisatorisches Engagement in KMU". *Contaduría y Administración.* 231, 103-125

52. Rodríguez, A., Retamal, R., Lizana, J. und Cornejo, F. (2011). "Arbeitsklima und Arbeitszufriedenheit als Prädiktoren für Leistung: in einer chilenischen staatlichen Organisation". *Salud y Sociedad.* 2, 219-234

53. Rojas, R., García, V. und García, E. (2011). "Der Einfluss technologischer Variablen auf das Unternehmertum von Unternehmen". *Industrial Management & Data System,* 111, 984-1005.

54. Sánchez, J. (2012). "Häufigkeit von Burnout in der Politik in Mexiko-Stadt". *Liberabit, 18 (1),* 89-74.

55. Sen, A. (2011). *Die Idee der Gerechtigkeit.* Cambridge: Harvard University Press.

56. Sobrados, L. und Fernández, E. (2010). "Unternehmerische Kompetenzen und die Entwicklung des Unternehmertums in Schulen". *Educación XXI,* 13, 15-38

57. Tayo, E. und Adeyemi, A. (2012). "Job involvement & organizational commitment as determinants of job performance among educational resource centre staff". *European Journal of Globalization and Development Research.* 5, 301-313

58. Vargas, J. (2011). "Arbeitsorganisation und Arbeitszufriedenheit: eine Fallstudie in der Schuhindustrie". *Nova Scientia Electronic Journal.* 4, 172-204

59. Vargas, J. (2013). "Organisationen als Gehirne zur Erzeugung von Sozialkapital". *Internationale Zeitschrift für gutes Gewissen,* 8, 82-93.

60. Vargas, J. und Mota, C. (2013). "Soziales Management für Geschlechtergerechtigkeit in Organisationen". *International Journal of Good Consensus,* 8, 130-47.

61. Vargas, M. und Arenas, M. (2012). "Unternehmerische Kompetenzen bei Psychopädagogikstudenten an der Pädagogischen und

Technologischen Universität von Kolumbien". *Journal of Advanced Leadership Studies,* 1, 25-30.

62. Vera, L., Madrazo, S. und García, L. (2011). "Quellen der Arbeitszufriedenheit bei jungen angestellten Landwirten". *Concyteg Journal.* 77, 1281-1306.

63. Verduzco, W. (2014). "Burnout-Syndrom, berufliches Ausbrennen". *Aapaunam, 6 (3),* 186-191.

64. Yáñez, R., Arenas, M. und Ripoll, M. (2010). "Der Einfluss von zwischenmenschlichen Beziehungen auf die Arbeitszufriedenheit". *Liberabit.* 16, 193-202

65. Yuangion, Y. (2011). "Der Einfluss von starken Bindungen auf die unternehmerische Absicht. Eine empirische Studie auf der Grundlage der vermittelnden Rolle der Selbstwirksamkeit". *Zeitschrift Entrepreneurship,* 3, 147-158.

66. Zampetakis, L. und Moustakis, V. (2013). "Unternehmerisches Verhalten im öffentlichen Sektor in Griechenland". *Smaragd,* 13, 1-7

KAPITEL 6

Kriminelles Verhalten ist ein Begriff, der auf Gewalt anspielt, die in einem kulturellen, wirtschaftlichen, politischen oder sozialen Umfeld entsteht und sich in der Dynamik von Gruppen manifestiert, die sich in ihren Indikatoren diversifizieren. In diesem Sinne hat der Stand des Wissens Erklärungsmodelle für Gewalt entwickelt, um Ursachen und Wirkungen zu unterscheiden. Ziel der vorliegenden Arbeit war es, ein Modell für die Untersuchung kriminellen Verhaltens als Ergebnis der Gewaltspirale und -dynamik in der Gruppe zu spezifizieren, in der der Täter, das Opfer, die Zuschauer und die Inquisitoren agieren. Es wurde eine Schreibtischstudie mit ausgewählten Quellen aus indizierten Datenbanken im Zeitraum von 2009 bis 2014 durchgeführt. Die in der Literaturübersicht berichteten Ergebnisse warnen davor, dass kriminelles Verhalten allein in der Verantwortung des Täters liegt, obwohl die untersuchten Modelle zeigen, dass das Opfer, die Umstehenden und die Inquisitoren mitverantwortlich sind. Daher wurde die Diskussion unter Berücksichtigung der Beiträge von Experten und des konzeptionellen theoretischen Rahmens geführt.

Einführung

Die öffentliche Sicherheit ist ein wichtiges Thema für Politik, Agenda und öffentliche Meinung. Im Rahmen der Risikowahrnehmung hat die Sozialpsychologie genügend empirische Erkenntnisse geliefert, um Theorien und Konzepte aufzustellen, die sich auf die Auswirkungen politischer und medialer Strategien im Zusammenhang mit Gewalt, Korruption, Vetternwirtschaft oder Fahrlässigkeit beziehen. In diesem Beitrag werden die Unterschiede und Gemeinsamkeiten der theoretischen und konzeptionellen Rahmen erörtert, um die kausalen Beziehungen zwischen den Fakten und den entsprechenden Wahrnehmungen anzupassen. Auf diese Weise können wir die bestehenden Ansätze zum Einfluss der Medien auf die politische Agenda, die Auswirkungen von Sicherheitsprogrammen auf die öffentliche Meinung durch die Medienberichterstattung sowie die Auswirkungen der öffentlichen Meinung auf die politische Agenda der nationalen Sicherheit erkennen (García, Carreón, Hernández, Morales, Limón, Méndez, Bustos und Bautista, 2013).

Die Beziehung zwischen sozio-politischen Systemen und

136

Sicherheitssubsystemen ist unzutreffend. Oftmals von anderen kommunikativen und informationellen Subsystemen beeinflusst, verweist das Subsystem Sicherheit auf eine allgegenwärtige Darstellung von Macht. Das heißt, die Sehnsucht autoritärer Führer und die Fähigkeit, Unterwürfigkeit bei ihren Untertanen zu erzeugen, scheint nun mit kriminellen Gruppen verbunden zu sein, die die Macht des Staates bedrohen oder zumindest abschwächen (Añanos, 2012).

Politische Macht untergräbt wie keine andere die asymmetrische Beziehung zwischen dem Staat und den Regierten. Im Laufe des Regimes nimmt die allgegenwärtige und allgegenwärtige Macht ab, während die Macht der Entscheidung und der Wahl zunimmt. Während einer Regierung, wie auch immer sie aussehen mag, zeigen sich Herrscher und Beherrschte durch ihre Entscheidungen, Absichten oder Wahlmöglichkeiten (Buker 2011).

Im Falle der Sicherheit scheinen die Theorien, die zur Erklärung des Verhältnisses zwischen der politischen und der unpolitischen Klasse entwickelt wurden, darin übereinzustimmen, dass ein politisches System kommunikative und informationelle Subsysteme umfasst, um die herum "Standardwissen" in Bezug auf Begriffe wie "Sicario", "Leutnant" oder "Kartell" konstruiert wird. Im Zentrum der theoretischen Argumentation steht, dass Sicherheit das Ergebnis der Koordinierung von Subsystemen ist, die eher auf Überzeugung als auf Zwang beruhen und die ihrerseits unaufhaltsam auf Staatsformen reagieren. In diesem Sinne wird die Kluft zwischen dem Staat und seinen Institutionen und Instrumenten der kriminellen Intelligenz zu einem erheblichen Anstieg der Risikowahrnehmung führen (García, Montero, Bustos, Carreón und Hernández, 2013).

Ziel dieses Aufsatzes ist es, einen Überblick über den theoretisch-konzeptionellen Rahmen und den aktuellen Stand der Forschung über die Wahrnehmung der öffentlichen Sicherheit zu geben. Im Rahmen der Sozialpsychologie wurden vier Theorien entwickelt: die Agenda-Setting-Theorie, die Theorie des Standardwissens, die Selbstkontrolltheorie und die Reintegrative Undermining Theory. Jede dieser Theorien geht davon aus, dass die öffentliche Sicherheit eine Ursache für die Form des Staates in Bezug auf die Beteiligung der Regierten ist (Chavarría, 2013).

Das globale und lokale Problem der öffentlichen Sicherheit scheint sich jedoch so zu diversifizieren, dass theoretische Rahmen, die sich an den Auswirkungen der politischen Beziehung zwischen dem Staat und den Regierten sowie an der Vermittlung von informativen, kommunikativen und persuasiven Teilsystemen orientieren, unerlässlich sind (Clemente, Vilanueva und Cuervo, 2013).

Aus einer soziopolitischen und psychosozialen Perspektive wird die öffentliche Sicherheit als das Ergebnis von Missverständnissen zwischen dem Zwangs- und dem Überzeugungssystem des Staates in Bezug auf Gewalttaten, Drogenhandel, Entführung, Diebstahl, Korruption, Fahrlässigkeit, Vetternwirtschaft oder Diskriminierung verstanden (Concimance, 2013).

Es wurde eine Dokumentationsstudie mit Informationsquellen durchgeführt, die aus indexierten Datenbanken ausgewählt wurden: DIALNET, LATINDEX und REDALYC mit den Schlüsselwörtern öffentliche Sicherheit, Wahrnehmung von Unsicherheit, Korruption, zivile Sphäre, soziales Unternehmertum, erlernte Hilflosigkeit und kriminelle Hypermetropie im Zeitraum von 2010 bis 2014.

Anschließend wurde der Inhalt analysiert, um die Achsen und Themen der Diskussion in der akademischen und Forschungsagenda zu bestimmen. Schließlich wurden die ausgewählten und kategorisierten Informationen in einem Modell der beobachtbaren Beziehungen spezifiziert.

Fragen der öffentlichen Sicherheit

Das Instituto Ciudadano de Estudios Sobre la Inseguridad A.C. identifiziert in seinem Bericht über Tötungsdelikte aus dem Jahr 2010 den Bundesstaat Mexiko als die Einheit mit der höchsten Anzahl von Verbrechen gegen das Leben im Zeitraum von 1997 bis 2010 (Dorantes, 2012).

Mit einer Statistik von etwa sechstausend Tötungsdelikten pro 100 000 Einwohner führt der Bundesstaat Mexiko die Liste der unsichersten Städte an. Im Gegensatz dazu wiesen die Bundesstaaten Baja California und Colima die niedrigste Zahl von Tötungsdelikten pro 100.000 Einwohner auf (Espino, 2011).

In Bezug auf Totschlag, definiert als *unbeabsichtigte Verletzung einer Person durch einen Gegenstand, sind* der Bundesstaat Mexiko und danach Jalisco die Bundesstaaten mit dem höchsten

138

Risiko, versehentlich getötet zu werden. Die Bundesstaaten Baja California und Baja California Sur weisen im gleichen Zeitraum von 1997 bis 2010 die niedrigste Zahl von Fällen auf (Fondevilla und Quintana, 2013).

Vorsätzliche Tötungsdelikte wurden in den letzten Jahren am häufigsten im Bundesstaat Chihuahua verübt. Die Bundesstaaten mit der geringsten Zahl von Tötungsdelikten, nämlich Yucatán, Colima und Baja California Sur, scheinen die Hypothese einer unsicheren Grenze zwischen den USA und Mexiko zu bestätigen. Im Bundesstaat Sinaloa ist die Zahl der Tötungsdelikte in den letzten Jahren erheblich gestiegen. Der Bundesstaat Mexiko ist jedoch die Einheit, in der die meisten Tötungsdelikte begangen werden (Gazca und Olvera, 2011).

Der Trend, dass sich die Tötungsdelikte auf den Bundesstaat Mexiko konzentrieren, wird durch die Zahl der Tötungsdelikte nach dem Gewohnheitsrecht bestätigt. Allerdings ist Mexiko-Stadt in diesem Bereich mit der höchsten Zahl von Tötungsdelikten führend.

Im Fall von Mexiko-Stadt scheint die höhere Zahl der Verurteilungen auf ein wirksames System der Strafverfolgung

hinzuweisen, da von den 800 gemeldeten Tötungsdelikten alle verurteilt wurden (Harvey und Muños, 2013).

In seinem Bericht für 2010 nennt das Instituto Ciudadano de Estudios sobre la Inseguridad (ICESI) Raub als das wichtigste Delikt des Gewohnheitsrechts. Den Daten zufolge ist die Zahl der Fälle von Raubüberfällen mit Gewalt in Mexiko-Stadt um etwa siebentausend gestiegen (Jiménez, 2009).

In den Fällen von Diebstahl von Eigentum von Fußgängern wurden die Fahrräder meist von den Tätern in der Nähe oder sogar innerhalb des Hauses gestohlen. Dies legt die Hypothese nahe, dass diejenigen, die Diebstähle begehen, den Opfern oder Fahrradnutzern in den umliegenden Parks und Erholungsgebieten von Mexiko-Stadt bekannt sein könnten (Jiménez, 2012).

Was den Diebstahl von Autoteilen betrifft, so wurden den Behörden in Mexiko rund drei Millionen Fälle gemeldet. Diese Daten sind im Lichte anderer Daten relevant, die zeigen, dass die mexikanischen Städte mit dem höchsten Anteil an Fahrzeugbesitz fast 40 % der städtischen Fläche einnehmen (Noblega, 2012).

Rund zehn Millionen Autos sind von Kriminellen gestohlen worden. Die Übersättigung der Fahrzeugflotte in den Städten führt zu einer hohen Diebstahlwahrscheinlichkeit, da es im Vergleich zu anderen Verkehrsmitteln wie U-Bahn, Metro, Kleinbus, Straßenbahn oder Oberleitungsbus ein Überangebot an Autos gibt. Darüber hinaus scheint sich der Trend zum Wachstum der Fahrzeugflotte ohne jegliche staatliche Beschränkung auf die Diversifizierung des Autodiebstahls in den mit Autos überfüllten Städten auszuwirken. Wenn die Gelegenheit den Dieb macht, dann ist Autodiebstahl eine sehr profitable kriminelle Aktivität (Perdomo, 2014).

Überfälle folgen nicht nur der Logik der günstigen Gelegenheit, sondern auch der Logik der Macht, die darin besteht, die Situation durch geringe Selbstkontrolle der Emotionen zu kontrollieren. Auch hier erleichtert die übermäßige Anzahl von Waffen, die aus den Vereinigten Staaten in mexikanische Städte geschmuggelt werden, ihre Verwendung als Hauptinstrumente der Kriminalität (Rottenbacher und De la Cruz, 2012).

Schließlich sind Orte wie die Wohnung und das Auto, die den Bürgern Sicherheit und Vertrauen bieten sollten, nun Schauplätze von Raubüberfällen. Die Zunahme von Wohnungseinbrüchen bestätigt die Hypothese, dass Raubüberfälle mit der Wahrnehmung persönlicher, familiärer und sozialer Unsicherheit verbunden sind (Rozo, 2014).

Zusammenfassend lässt sich sagen, dass der Autodiebstahl mit einer Waffe und auf gewaltsame Weise das Hauptgewohnheitsrecht darstellt. Der Waffenhandel, die übermäßige Anzahl von Autos im Fuhrpark und der hohe Anteil an städtischen Grundstücken und Straßen erhöhen jedoch die Wahrscheinlichkeit von Gelegenheiten und Motiven, die Kriminelle oder solche, die eine kriminelle Karriere verfolgen wollen, anziehen.

Theorie des kriminellen Verhaltens

Die Selbstkontrolltheorie geht davon aus, dass die öffentliche Unsicherheit das Ergebnis von Umwelt-, Gruppen- und kognitiv-perzeptiven Prozessen ist, durch die gewalttätige, kriminelle oder delinquente Ereignisse das menschliche Verhalten beeinflussen (Nordenstedt und Ivanisevic, 2010).

Wahrnehmung ist ein psychologischer Grundprozess als Teilsystem der Informationsverarbeitung. Die

Wahrnehmung ist in einen zwölfstufigen Zyklus eingebunden, der von der Empfindung eines Ereignisses, dem Ereignissignal, dem Wahrnehmungs-Vergleichsprozess, der Referenzierung von Symbolen, Beurteilungsfehlern und Zuschreibungen, der Speicherung von Wirkungen, dem Gefühl der Einzigartigkeit, Umweltstörungen und Rückkopplungen mit anderen Systemen reicht (Pando, Aranda und Olivares, 2012).

Wenn die Wahrnehmung ein kognitives Instrument für den Informationsaustausch mit der Umwelt ist, dann ist die öffentliche Unsicherheit das Ergebnis eines solchen Informationsaustauschs zwischen Systemen. Im Falle der Wahrnehmung von Unsicherheit sind sechs Teilsysteme miteinander verbunden, da die Selbstkontrolle durch folgende Faktoren bestimmt wird: soziale Struktur, biologische Faktoren, Familiendynamik, elterliche Praktiken, religiöser Glaube und schulische Ausbildung. Die Unsicherheit ist also das Ergebnis eines Ungleichgewichts zwischen diesen Teilsystemen. Das heißt, wenn der religiöse Glaube die schulische Ausbildung überlagert, führt dies zu einem Ungleichgewicht in der Familiendynamik, den elterlichen Praktiken und der sozialen Strukturierung. Die Aneignung moralischer und normativer Grundsätze wird zu einer Selbstkontrolle, die sich an religiösen oder pädagogischen Dogmen orientiert. Die Überschreitung solcher Grenzen übt Druck auf die menschliche Wahrnehmung und das persönliche Handeln aus (Taguenca, 2012).

In der ersten Phase hat die Selbstkontrolle ihren Ursprung in Überzeugungen, Normen, Einstellungen, Wahrnehmungen und Motivationen im Zusammenhang mit einem unsicheren Ereignis. Es handelt sich um eine Phase, in der Personen ein kriminelles, aggressives oder gewalttätiges Ereignis beobachten, aber das Ereignis scheinbar nur in kleinen Teilen von Bildern, Zeiten und Bewegungen spontan aufzeichnen, ohne dass ein Druck besteht. Die Menschen beschränken sich darauf, die Ereignisse zu reproduzieren und wiederzugeben, sobald sie eingetreten sind oder kurz davor stehen (Tena, 2010).

In dieser Phase der Informationsverarbeitung sind Personen, die unsichere Ereignisse erlebt haben, vorsichtig und erwarten unvorhergesehene Veränderungen. Jeder Einzelne verarbeitet auf der Grundlage der erwarteten Ereignisse Informationen so, dass er eine Reihe von Entscheidungen trifft, die es ihm ermöglichen, bewusst mit einer Bedrohung oder Gefahr umzugehen (Torres, 2013).

Eine Folge der Beziehung zwischen Unsicherheitsereignissen und Selbstkontrollprozessen ist jedoch die Minimierung oder Maximierung von Ereignissen, die zu Untätigkeit oder Hilflosigkeit führen. Das heißt, ein sesshaftes Leben wäre eine Folge von hohen Selbstkontrollerwartungen in Bezug auf Unsicherheit. Oder eine Auswirkung niedriger Erwartungen an die Selbstkontrolle in Bezug auf unsichere Ereignisse in der Gegenwart oder in der Zukunft (Uvalle, 2011).

Theorien werden häufig durch Modelle dargestellt, anhand derer sich Entwicklungszyklen von Themen, Kognitionen oder Verhaltensweisen beobachten lassen. Im Falle der Unsicherheit werden Ereignisse als Störungen konzeptualisiert, die die Ausführung von Handlungen im Hinblick auf die Erwartungen der Unsicherheit beeinflussen. Sobald die Informationen übertragen und verglichen wurden, führen Individuen Handlungen aus, die den Zyklus der

Unsicherheit aus der Perspektive der Selbstkontrolle reaktivieren (Van Bamereld, Rodríguez und Robles, 2012).

Betrachten Sie die polizeiliche Überwachung als ein Mittel zur Milderung der öffentlichen Unsicherheit. Wenn die Menschen die kontinuierliche polizeiliche Überwachung als Garant für Sicherheit sehen, indem sie das Auftreten von Gewalt verringern, erhöhen sie gleichzeitig ihre Wahrnehmung von Unsicherheit, weil ihre eigene Selbstbeobachtung der Ereignisse als Bürger durch die Patrouillen der Nachbarschaftspolizei unterstützt wird (Zambrano und Meneses, 2014).

Im Gegensatz dazu könnte die Medienberichterstattung durch die Anpassung ihres Inhalts an das Bewertungsniveau die Minimierung oder Maximierung der Unsicherheit beeinflussen. Sobald die Menschen aus den Medien erfahren haben, dass die Unsicherheit abnimmt oder zunimmt, würde das Niveau der individuellen Selbstkontrolle durch den Inhalt der polizeilichen Nachrichten oder Pressemitteilungen bestimmt werden (Zúñiga, 2011).

Es gibt jedoch noch andere sozioökonomische, bildungsbezogene oder demografische Faktoren, die ebenfalls Einfluss auf die Handlungen haben können, die auf eine Selbstkontrolle in Bezug auf die Unsicherheit hinweisen. Ziel dieser Studie ist es, kausale Beziehungen zwischen Geschlecht, Alter, Einkommen, Familienstand, Religion, ständiger Überwachung, Medienberichterstattung und der Wahrnehmung von Unsicherheit herzustellen.

Die Fakten der öffentlichen Unsicherheit sind als Zeichen der Selbstkontrolle messbar, vorhersehbar und vergleichbar. Sie sind der Beweis für Beziehungen zwischen persönlichen, umweltbezogenen oder gruppenspezifischen Variablen, die zusammenwirken, um Situationen der Unsicherheit aus der Sicht und Meinung derjenigen zu erklären, die Bedrohungen, Übergriffe, Aggressionen oder andere Ereignisse außerhalb ihrer Möglichkeiten der Darstellung, Einschätzung oder Reaktion erlebt haben (Torres, 2013).

Psychologische Studien zum Thema Unsicherheit zeigen, dass die Selbstkontrolle ein entscheidender Faktor für die Bewältigung der öffentlichen Unsicherheit ist. In diesem Sinne wären die Variablen, die die Selbstkontrolle bestimmen, indirekt mit den Unsicherheitsereignissen verknüpft. Im Falle des Medienfaktors wäre die Medienberichterstattung über die Ereignisse eine zu berücksichtigende Variable, da ihre kontextualisierenden, rahmenden oder verstärkenden Effekte die Wahrnehmung der persönlichen oder familiären Sicherheit erheblich erhöhen oder verringern könnten.

In dieser Studie haben wir uns mit der Analyse der Beziehungen befasst, die zwischen der medialen, der beobachteten und der alltäglichen Dynamik des Einzelnen, seiner Familie oder seines Viertels in Bezug auf die öffentliche Unsicherheit bestehen.

Die Theorie der Selbstkontrolle (SCT) hat die Szene der kriminologischen Studien dominiert. In diesem Sinne bezieht sich eine geringe Selbstkontrolle auf eine Reihe von anhaltenden Merkmalen wie Unempfindlichkeit, Impulsivität und Verantwortungslosigkeit im persönlichen Leben, die eine Person anfälliger für Verbrechen machen. Dieser Grundsatz erklärt nicht nur das kriminelle Verhalten, sondern auch das Verhalten des Opfers. Das heißt, dass die Begehung einer Straftat mit einer geringen Selbstkontrolle sowohl beim Täter als auch bei seinem Opfer zusammenhängt, das eine geringe Selbstkontrolle zeigt, indem es systematisch riskante und abenteuerliche Erfahrungen sucht, die es durch sein rücksichtsloses oder nicht vorbeugendes Verhalten anfällig für Straftäter machen (Harvey und Muños, 2013).

Der Stand der Wissenschaft hat einen Zusammenhang zwischen Angst, Empörung, Verachtung, Rücksichtslosigkeit und Kriminalität hergestellt. Mit anderen Worten: Eine emotional instabile Person ist eher bereit, ein Verbrechen zu begehen. Verbrechen sind eine Kombination von Persönlichkeiten, die ihre Emotionen nur schlecht kontrollieren können und deshalb Risiken eingehen. Oft improvisieren diese Persönlichkeiten - Täter und Opfer - ihre Handlungen, weil sie sie auf der Grundlage von Heuristiken ausführen, die sie daran hindern, sich die Folgen ihres Handelns vorzustellen (Gazca und Olvera, 2011).

Der Begriff des Diebstahls ist eine gewaltsame betrügerische Handlung zur Erlangung eines persönlichen Interesses. Betrug wird definiert als Unterschlagung, Fälschung oder Bestechung, die zum Nutzen oder zum Nachteil einer einzelnen Person, einer Gruppe oder einer Institution durchgeführt wird, um eine andere Person, Gruppe oder Institution zu schädigen. Das Konzept des "Betrugs" in der Selbstkontrolltheorie ist jedoch falsch, da unehrliche menschliche Handlungen nicht als "Betrug" angesehen werden können.

Die öffentliche Unsicherheit umfasst drei Hauptkomponenten: Überfälle mit einer Waffe, Vergewaltigungen und Drogenhandel. Sie wirkt sich auf die Lebensqualität aus und hat, wenn sie über die Presse verbreitet wird, einen direkten und bedeutenden Einfluss auf die Wahrnehmung von Risiken.

In diesem Sinne werden Wechselentscheidungen durch Informationspräferenzen und -rahmen verändert. Wenn die Empfänger der Meinung sind, dass die vermittelten Informationen ihre Entscheidung und ihr Verhalten verbessern, ist eine höhere Risikobereitschaft wahrscheinlich. Eine Zunahme der wahrgenommenen Informationskontrolle geht auch mit einer Zunahme des wahrgenommenen Risikos einher (Fondevilla, G. und Quintana, M. (2013) und Quintana, 2013).

Dieses Ergebnis verdeutlicht den Ansatz des erwarteten Nutzens, der risikoreiche Ereignisse als vermeidbar ansieht, solange der Einzelne die nach seinen Präferenzen beste Wahl trifft. Entscheidungen und Verhaltensweisen scheinen jedoch durch Risikoaversion bestimmt zu sein.

Die Verbreitung des Risikos wird durch einen Faktor der Zugänglichkeit vermittelt, dessen Variation intuitive Urteile für vorausschauende Entscheidungen und Handlungen hervorruft. In diesem Sinne ist die Wahrnehmung der öffentlichen Unsicherheit mit der Kriminalitätsrate verbunden. Wenn die Menschen wahrnehmen, dass Morde oder Überfälle sehr wahrscheinlich sind, sinken ihre Erwartungen an die Sicherheit (Gazca und Olvera, 2011).

So sind sowohl die Intensität und die Nähe des Ereignisses als auch die Zugänglichkeit der im Zusammenhang mit dem Ereignis generierten Informationen Faktoren, die mit der Wahrnehmung von Kontrolle, Nutzen und Risiko verbunden sind und die Entscheidungsfindung beeinflussen. Psychologische Studien zur Unsicherheit haben sich insbesondere auf die Demonstration theoretischer Modelle konzentriert, die mit der Wahrnehmung verbundene Variablen und Determinanten sowohl der Entscheidung als auch des Handelns umfassen.

Was die Umweltwerte betrifft, so wurde in einer Studie die wahrgenommene hohe Intensität terroristischer Ereignisse mit den Werten Offenheit für Veränderungen und Selbsttranszendenz in Verbindung gebracht. Dieses Ergebnis ist im Hinblick auf die öffentliche Unsicherheit von Bedeutung, da die Medien die öffentliche Unsicherheit verstärken und sie mit dem Terrorismus in Verbindung bringen.

Folglich wird Unsicherheit als *eine normative, wahrnehmende, bewertende, einstellende, absichtliche und verhaltensbezogene Situation* definiert. Eine solche Situation wird leibhaftig oder über Kommunikationskanäle erlebt, die die Situation und ihren Einfluss auf das soziale, gruppenbezogene oder persönliche Leben maximieren oder minimieren.

In diesem Sinne wäre die Mediatisierung von Unsicherheit die Kontextualisierung, Rahmung, Richtung und Intensität eines Ereignisses, das als messbar, vorhersehbar, kontrollierbar und vermeidbar gilt.

Psychometrische Risikostudien haben als Referenz und Ziel die öffentliche Politik der Prävention und der Aufmerksamkeit gegenüber Naturkatastrophen sowie technologischen Katastrophen in Verbindung mit Umweltkatastrophen. Somit ist der Staat ein grundlegender Akteur der nationalen Sicherheit, der sich der Verbreitung und dem Eingreifen bei unvorhersehbaren Ereignissen widmet. In entwickelten Gesellschaften ist das Rote Buch daher ein wesentliches Handbuch für die Politikgestaltung und die Forschung, die auf die Entscheidungsfindung, Initiativen und die Gesetzgebung zur Gewährleistung der öffentlichen Sicherheit abzielen. Die Risikokommunikation des Staates wird jedoch von den gefährdeten Gruppen nicht in gleichem Maße angenommen (Fondevilla und Quintana, 2013).

In der Studie wurden Regierungsmeldungen über Risikoereignisse von Migranten im Vergleich zu einheimischen Einwohnern der Vereinigten Staaten asymmetrisch aufgenommen. Migranten waren sogar skeptisch gegenüber Gefahrenwarnungen, die von öffentlichen Medien, Umweltschützern, Akademikern und Wissenschaftlern verbreitet wurden. Dies ist ein Beispiel

dafür, wie das Framing auf Touristen und Migranten reagiert (Jiménez, 2012).

Im Gegensatz dazu scheinen die Botschaften auf die Erfahrungen der einheimischen Bevölkerung zum Zeitpunkt des Auftretens von Umweltkatastrophen zugeschnitten zu sein. Die Auswirkungen von Risikoereignissen auf die menschliche Wahrnehmung und das Verhalten werden durch Informationsrahmen vermittelt, die die Intensität eines Ereignisses minimieren oder maximieren. Dies ist der Effekt von Hyperopie oder einseitiger Umweltbesorgnis: Wenn Risikoereignisse als weit entfernt wahrgenommen werden, neigen Menschen zu Unentschlossenheit und Untätigkeit (Espino, 2011).

Im Gegensatz dazu würde ein als nah empfundener Umstand eine größere Verantwortung für die Vermeidung oder Bewältigung der Folgen des Ereignisses für die eigene Gesundheit oder die der Bezugsgruppe bedeuten. Hypermetropie liegt der Darstellung eines Ereignisses zugrunde, das Emotionen und Überzeugungen auslöst, die das unmittelbare Handeln bestimmen. Dies ist der Fall bei den Untersuchungen, bei denen signifikante Unterschiede zwischen den sozioökonomischen Gruppen hinsichtlich der Überzeugungen über gesundheitliche Auswirkungen von Risikoereignissen festgestellt wurden. Frauen neigen dazu, mehr als Männer an die Auswirkungen bestimmter Risikoereignisse auf ihre Gesundheit zu glauben (Gazca und Olvera, 2011).

Diese Überzeugungen verstärken sich je nach Bildungsniveau. Diejenigen, die nur eine Grundausbildung abgeschlossen haben, sind optimistischer als diejenigen mit einer Berufsausbildung.

Was das Einkommen betrifft, so sind Personen mit einem Jahreseinkommen von weniger als neunzehntausend Dollar eher der Meinung, dass Risikofälle keine Auswirkungen auf ihre Gesundheit haben werden. Im Gegensatz dazu sind Personen, deren Einkommen fünfundsiebzigtausend Dollar pro Jahr übersteigt, pessimistisch, was die Auswirkungen von Ereignissen auf ihre Gesundheit angeht. In Situationen der Ungewissheit gehen die Menschen erhebliche Risiken für unwahrscheinliche Gewinne im Vergleich zu sehr wahrscheinlichen Verlusten oder Gewinnen ein, die unter ihren Erwartungen liegen. Es gibt eine Wahrnehmung der Kontrolle in Bezug

auf die Über- oder Unterschätzung des Risikoereignisses. Das heißt, Menschen, die erwarten, dass sie die Auswirkungen eines Ereignisses auf ihre Gesundheit beeinflussen können, sind eher bereit, freiwillige Risiken einzugehen (Perdomo, 2014).

In der anderen Studie wurde ein direkter, positiver und signifikanter Zusammenhang zwischen Willenskraft und Risikowahrnehmung festgestellt. Mit zunehmender Willenskraft nimmt auch das wahrgenommene Risiko zu. Die Ergebnisse dieser Untersuchung scheinen die Bedeutung der räumlichen Dimensionen des Risikos zu belegen. In diesem Sinne beeinflusst die Besonderheit eines Ereignisses die Bildung von Wahrnehmungen, Überzeugungen und Einstellungen, die sich auf Präventionsstrategien und die Verringerung des Stresses konzentrieren, der durch die Bedrohung durch die Umweltkontingenz entsteht.

Auf der Grundlage der vorgestellten Studien wird Risiko als eine *Wahrnehmungs-, Bewertungs-, Einstellungs-, Motivations-, Absichts- und Verhaltenskontingenz* definiert. Diese Situation wird leibhaftig oder über Kommunikationskanäle erlebt, die das Ausmaß und die Auswirkungen des

147

Ereignisses auf die globale, lokale, gruppenbezogene und persönliche Stabilität maximieren oder minimieren (Espino, 2011).

In diesem Sinne wäre Unsicherheit eine Folge der Wahrnehmung, der Bewertung, der Motivation, der Entscheidung und des Verhaltens im Zusammenhang mit einem Ereignis, das als unermesslich, unvorhersehbar, unkontrollierbar und unvermeidbar gilt.

Die Selbstkontrolltheorie hat ihre Grundlagen empirisch untermauert. Studien zur Selbstkontrolle haben gezeigt, dass geringe Selbstkontrolle mit Geschlecht, Alter, Rasse, Selbstkonzept, Selbstwertgefühl, Risikoverhalten, Rücksichtslosigkeit und Kriminalität zusammenhängt. In Studien zur Selbstkontrolle lassen sich zwei Tendenzen beobachten. Der erste erklärt die Beziehung zwischen sozioökonomisch-demografischen Variablen, Selbstkontrolle und Risikoverhalten. Die zweite bezieht sich auf die Vorhersage von rücksichtslosem und kontraproduktivem Verhalten anhand kognitiver Variablen (Rottenbacher und De la Cruz, 2012).

Die direkten Auswirkungen von Alter und Rasse auf die Mitgliedschaft in der organisierten Kriminalität. Im Falle des Erlernens der Straffälligkeit wirkte es sich auf die Führung von Straftätern aus. In einer anderen Studie wurden signifikante Unterschiede nach Geschlecht, Alter und Land in Bezug auf die Selbstkontrolle bei Vandalismus, Alkoholmissbrauch, Drogenkonsum, schlechten Schulleistungen und allgemeiner Devianz festgestellt.

Bei allgemeinen Vergleichen war die Impulsivität ein differenzierender Faktor zwischen den Ländern. In der US-Stichprobe wurden signifikante Unterschiede zwischen Alkoholmissbrauch, Drogenkonsum und Übergriffen festgestellt. In der deutschen Stichprobe waren Vandalismus, Drogenkonsum und Körperverletzungen differenzierende Faktoren. Soziodemografische Variablen waren Determinanten der kausalen, direkten, negativen und positiven Auswirkungen von fünf abweichenden Verhaltensweisen auf die Selbstkontrolle in Bezug auf Rauchen, Religiosität und männliches Geschlecht hatten einen negativen Einfluss auf die Selbstkontrolle, Stabilität war eine positive Determinante.

Schließlich stellten sie eine direkte, negative und signifikante Auswirkung des Alters und der Selbstkontrolle auf das Risikoverhalten in Bezug auf die Anzahl der Sexualstraftaten fest. Das Alter beeinflusste die Erfahrungen von Gefahr und Abenteuer. Die ethnische Zugehörigkeit beeinflusste die Risiken beim Autofahren, wie z. B. das Folgen eines Autos, das Fahren ohne Sicherheitsgurt und den Sex mit einem Fremden. Das Geschlecht bestimmte das Fahren ohne Sicherheitsgurt, das Fahren unter Alkoholeinfluss, Sex ohne Kondom, akademische Unehrlichkeit und die Absicht, gefährliche Abenteuer zu suchen (Rozo, 2014).

Die Reintegrative Undermining Theory geht davon aus, dass zwischen Diskriminierung und kriminellen Handlungen eine Wechselbeziehung besteht. Sie besagt, dass eine Gruppe in dem Maße, in dem sie ausgegrenzt wird, Formen der internen Interaktion entwickelt, die die Begehung einer Straftat und die daraus resultierende Diskriminierung durch die geschädigte Gruppe erleichtern.

Das Eltern-Kind-Selbstkonzept von antisozialem Verhalten des Kindes, die elterliche Erreichbarkeit, die elterliche Wahrnehmung und die Eltern-Kind-Interdependenz bestimmten direkt, negativ und signifikant das antisoziale Verhalten des Kindes, die elterliche Erreichbarkeit, die Wahrnehmung der elterlichen Erreichbarkeit und die Eltern-Kind-Wahrnehmung des Diebstahls.

Ein strukturelles Modell, in dem Delinquenz durch Regel- und Informationsvermeidung bestimmt wird. In diesem Modell wurden drei Indikatoren für delinquentes Verhalten festgelegt: Alkohol- und Drogenmissbrauch, Gewalt und Diebstahl von Eigentum. Bei einer Untersuchung der Printmedien wurde festgestellt, dass sich die Berichterstattung tendenziell stärker um politische Skandale drehte. In Bezug auf die Polizeipolitik wurde der Skandal als äußerst fair empfunden. Bei der Suche nach Schlagzeilen über den politischen Skandal beschrieben die meisten Zeitungen das Ereignis als kriminellen Akt der Viktimisierung.

Im Gegenzug, durch drei Regressionsmodelle, die direkte Wirkung der reintegrativen Untergrabung auf die Demokratie und Bürgerkrieg in seiner politischen und terroristischen Dimension. In einem zweiten Modell, reintegrative Unterminierung bestimmt Repression in seiner politischen und terroristischen Dimension als Bedrohung und Demokratie Faktoren. Im dritten Modell schließlich hatte die Untergrabung einen direkten, negativen und signifikanten Einfluss auf die Repression in ihrer politischen und terroristischen Dimension (Jiménez, 2009).

Aus logistischen Regressionsmodellen geht hervor, dass die Interaktion von Beeinträchtigungserfahrungen mit niedrigem wirtschaftlichem Status in Bezug auf Depression nicht signifikant ist. Teilnehmer mit mittlerem und hohem Status in Bezug auf die Erfahrung der Beeinträchtigung hatten eine fälschliche Interaktion mit der Erfahrung der Beeinträchtigung und eine nicht signifikante Beziehung mit Depression.

Kurz gesagt, die Theorie der reintegrativen Beeinträchtigung erklärt den Prozess der Kriminalisierung auf der Grundlage von Wahrnehmungen, die negative Urteile über ein Viktimisierungsereignis leiten. Die reintegrative Beeinträchtigung sagt Verhaltensweisen voraus, die das Gewicht des Gesetzes auf diejenigen rechtfertigen, die als Straftäter gelten, unabhängig von den Ursachen, nur vom Grad der Straftat oder dem sozialen Status. Selbst wenn soziale Normen oder Werte der Strafverfolgung widersprechen, scheint ein reintegrativer Schaden gerechtfertigt zu sein.

Schließlich wird Depression vorhergesagt, wenn die Erfahrung von Schaden mit einem niedrigen wirtschaftlichen Status zusammenwirkt.

Obwohl CAT und TMR in einer Reihe von Bereichen weitgehend bestätigt wurden, gibt es in Bezug auf die Untergrabung von Diebstahl möglicherweise Ähnlichkeiten mit anderen Studien über Kriminalität und Gewalt. Solche Studien könnten die Hypothese bestätigen, dass soziale Unsicherheit als Hauptwirkung auf die Bürger eine Reihe von Wahrnehmungen, Überzeugungen, Einstellungen, Absichten und Verhaltensweisen hat, die das Bild von Kriminellen untergraben. Der Beitrag dieser Studie liegt in der Erklärung der Untergrabung des Images von Diebstahl als eine Erfahrung und Wahrnehmung von Unsicherheit und Risiko.

Stand des Wissens

Studien zu kriminellem Verhalten stellen fest, dass es ein Produkt gruppeninterner Machtbeziehungen im Kontext der privaten Sicherheit ist. In diesem Sinne wird kriminelles Verhalten als Endziel angenommen, das nicht durch bürgerliche Tugenden, Habitus der Macht oder soziopolitische Repräsentationen vermittelt wird.

Reliabilität und Validität erlauben es uns jedoch nicht nur, die Entstehung von delinquentem Verhalten nachzuweisen, sondern auch jene Variablen, die mit dem Konstrukt zusammenhängen, was im Falle von Achenbachs und Edelbacks Verhalten, das als Erziehungsstörungen verstanden wird, der Fall wäre (Zambrano und Meneses, 2014).

Allerdings wäre kriminelles Verhalten auch das Ergebnis einer Gruppendynamik, in der Gewalt durch verschiedene Störungen ausgeübt wird, die sich in einigen Fällen nur auf den Täter konzentrieren und in anderen Fällen die Opfer beobachten, obwohl sie überwiegend die aggressive oder missbräuchliche Spirale gegenüber dem Täter unterstützen (Perdomo, 2014). In diesem Sinne wäre kriminelles Verhalten eine Folge der in einer Gruppe entwickelten Pathologien, wobei der Schwerpunkt jedoch auf dem Verhalten des Täters liegt. Da der Täter und das Opfer eine affektive Bindung entwickeln, werden sie in Zukunft ein Szenario von Gewalt und Aggression aufbauen, das sich auf verschiedene Weise ausbreitet, bis die co-abhängige Beziehung legitimiert ist.

Beim sicheren, ambivalenten und vermeidenden Lernstil würde das Verhalten durch Beziehungen des Schutzes, der Zuneigung, der Verfügbarkeit, der Aufmerksamkeit, des Vertrauens, der Wärme und der Zufriedenheit im Zusammenhang mit dem Erreichen eines Ziels bestimmt. Bei diesem Sicherheitsstil wird kriminelles Verhalten als Indikator für Gruppenstörungen eher durch die kriminelle Gelegenheit als durch die emotionale und affektive Motivation des ambivalenten oder vermeidenden Stils bestimmt.

Der zweite ambivalente Stil würde die Beziehung zwischen Frustration und Aggression insofern rechtfertigen, als das Individuum, das aus ängstlichen Beziehungen hervorgeht, keine ausreichende Selbstkontrolle hat, um eine Straftat zu vermeiden und destruktive und missbräuchliche Beziehungen zu entwickeln, um die Spirale der Gewalt zu reproduzieren.

Der dritte Stil schließlich, der als vermeidend bezeichnet wird, würde eher eine Viktimisierung als ein kriminelles Verhalten antizipieren, da die Unsicherheit ein bestimmender Faktor für unsichere Beziehungen wäre, die die Begehung einer Straftat nicht mehr durch die Gelegenheit, sondern durch das Bedürfnis, riskante Emotionen zu erleben, auslösen würden.

Einige Studien warnen davor, dass Erziehungs- und Lernstile sowohl Vorläufer als auch Rechtfertigungen für kriminelles Verhalten sind, da sie darauf hindeuten, dass die Vermeidung von Kontakten eine ausreichende Misshandlung darstellt, damit das Kind als Jugendlicher Straftaten begeht. In diesem Sinne würden Vernachlässigung und Verlassenheit die kriminellen Karrieren von Personen erklären, die von ihren Bezugspersonen misshandelt wurden. In ihren verschiedenen Dimensionen würde Kindesmisshandlung das Erlernen von emotionalen, sexuellen, unterwürfigen, institutionellen und destruktiven Beziehungen rechtfertigen, die das Verhalten beeinflussen und es in kriminelles Verhalten umwandeln (Rozo, 2014).

Andere Studien sehen die Ursache für die Begehung einer Straftat eher in den Möglichkeiten, die sich aus der Organisationsstruktur ergeben. Im Falle von Mobbing am Arbeitsplatz wird nicht nur eine Geschichte des Missbrauchs aufgezeigt, sondern auch Szenarien der Zerstörung vorweggenommen, die das Auftreten von zeitweiligem kriminellem

Verhalten erklären würden (Pando, Aranda und Olivares, 2012).

In demselben Sinne erhöhen die Dimensionen der Gewalt, wenn sie miteinander korrelieren, die Wahrscheinlichkeit, dass sie kriminelles Verhalten erklären. Dies ist der Fall bei emotionaler und physischer Gewalt, die, wenn sie in einer Gruppe entstehen, zunehmend gewalttätige Handlungen bestimmen. Wenn eine kriminelle Ausbildung eine kriminelle Handlung erklärt, dann erklärt eine Ausbildung aus der Kultur des Friedens das Entstehen von tugendhaften Beziehungen, bei denen das Ziel nicht darin besteht, die Grenzen zu beseitigen, sondern die Stärken zu verbessern (Añanos, 2012).

Auf diese Weise stellt Chavarría (2013) fest, dass verschiedene Formationen mit verschiedenen Befriedungsprotokollen in Beziehung stehen würden. Dies ist der Fall bei der erlernten Hilflosigkeit, die, wenn sie in eine Kultur des Friedens umgewandelt wird, zwei Prozesse der internen und externen Kontrolle erkennen lässt.

Der interne Kontrollort, der auf eine bedingte Verstärkung des Verhaltens gegenüber den eigenen Eigenschaften anspielt, würde die Gewaltspirale erklären, da sie immer aggressivere oder subtilere emotionale Erfahrungen voraussetzt, bei denen eine interne Kontrolle der Emotionen für die Manipulation der Affekte des anderen erforderlich ist.

Der externe Locus of Control würde die Bildung von Straftätern aus ambivalenten oder vermeidenden Stilen rechtfertigen. In diesem Fall wird die Macht auf Faktoren außerhalb des eigenen Willens zurückgeführt. Es geht um die Konstruktion eines vitalen Raums, in dem die Delinquenz ihre Mitglieder vor der sozialen Misshandlung schützt, die sie durch ihre Bezugspersonen erlitten haben.

Kulturübergreifende Studien weisen nämlich darauf hin, dass Gewalt nicht immer nur ein einziges Gesicht hat und daher je nach den asymmetrischen Beziehungen zwischen den Bürgern in Bezug auf die Rechtspflege, das Strafsystem oder die Sicherheitspolitik variieren kann. Je nach Art der Gewalt kann sich ein kriminelles Verhalten entwickeln.

Die reaktionäre Gewalt auf lokaler Ebene würde ein Verhalten antizipieren, das durch mangelnde Möglichkeiten angesichts einer schlechten Ressourcenverwaltung durch den Staat gerechtfertigt ist. Das Ungleichgewicht zwischen Ansprüchen und Ressourcen würde den Einzelnen zu gewalttätigen Handlungen zwingen, um seine Empörung und Unzufriedenheit mit der endogenen Entwicklungspolitik zum Ausdruck zu bringen. Dies ist der Fall bei Konfrontationen mit der Polizei infolge von Arbeitsplatzbeschränkungen oder -kürzungen, der Abschaffung der sozialen Sicherheit und Preiserhöhungen im Warenkorb der Grundversorgung.

Die strukturelle Gewalt, die für die reaktionäre Gewalt ausschlaggebend ist, beinhaltet die Entstehung von organisierten Bereichen, die die zentrale Verwaltung herausfordern, um sie zu ersetzen. Dies ist der Fall der zivilen Sphären, die sich um die Menschenrechte herum gebildet haben, die aber in ihrer radikalsten Ausprägung in kriminellen Aktionen wie der Entführung oder Ermordung von Beamten, dem Boykott von Kraftwerken oder der Wasserversorgung als Druckmittel für die Freilassung von politischen Gefangenen oder Aktivisten zum Ausdruck kamen.

Die kulturelle Gewalt, die sowohl der reaktionären als auch der strukturellen Gewalt zugrunde liegt, geht über das Verhältnis zwischen Herrschenden und Beherrschten hinaus. Es handelt sich um eine Gewalt, die auf Unterschieden in den Sitten und Gebräuchen beruht, die nicht nur zwei Gruppen voneinander unterscheiden, sondern auch ihre Hassakte unvorhersehbar machen. Sie beinhaltet kriminelle Handlungen im Zusammenhang mit ethischen Säuberungen, Verschwindenlassen und Entführungen sowie die Ermordung von Führern von Gruppen, die sich dem totalitären Regime widersetzen oder von ihm abweichen.

Schließlich würde die symbolische Gewalt die Unterschiede zwischen den wirtschaftlichen, politischen und sozialen Sektoren erklären, die diese Asymmetrien durch fremdenfeindliche Diskurse oder einwanderungsfeindliche Propaganda oder durch die Verbreitung von Stereotypen und Stigmata in den Medien bestätigen würden.

In ihrer gesellschaftspolitischen Version wurde die Gewalt nur unter dem Gesichtspunkt der Auswirkungen von Reden des Präsidenten auf die Wahlpräferenzen oder von Demonstrationen der Unterstützung oder Ablehnung der regierenden Person betrachtet. Folglich würde kriminelles Verhalten nur auf Empörung als Auslöser für Brandstiftung, Zerstörung von Staatseigentum, Banken oder

Geschäften hinweisen (Fondevilla, 2013).

Kurz gesagt, der Wissensstand bewegt sich auf die Untersuchung von Gewalt als Verbrechensszenario zu, in dem Aggression ein vorherrschender, aber nicht ausschließlicher Indikator ist. Deshalb ist es notwendig, andere Symptome kriminellen Verhaltens zu vertiefen, die neue Formen von Gewalt und Befriedung deutlich machen könnten.

Spezifikation des Modells der beobachtbaren Variablen

Die Spezifikation eines Modells besteht aus der Ausarbeitung eines Modells beobachtbarer Variablen, in dem Folgendes festgelegt wird: 1) Auswahl der Indikatoren entsprechend ihrer Position im nomologischen Netzwerk des Wissensstands und ihrer Konzeptualisierung in den überprüften theoretischen Rahmen, 2) logische erklärende Ordnung des Prozesses oder Phänomens, 3) Grundannahmen, die den Beziehungen zwischen den Indikatoren in Bezug auf das Konstrukt oder andere latente Variablen entsprechend den berichteten Ergebnissen zugrunde liegen (Zambrano und Meneses, 2014).

So ist kriminelles Verhalten das Ergebnis eines Kreislaufs von Gewalt und Aggressionsspirale. Macht- und Einflussbeziehungen zwischen Individuen führen zu Konflikten. In diesem Sinne erzeugt Aggression, die durch Vergebung gemildert wird, eine Beziehung der Abhängigkeit und Co-Abhängigkeit zwischen den Konfliktparteien. Es ist eine Dynamik von Aggression, Vergebung, Reue und neuer Aggression mit zunehmender Intensität (Perdomo, 2014). Man kann die folgenden Modelle feststellen:

Unidirektional. Sie erklärt die zwanghafte aggressive Dynamik des Täters gegenüber seinen Opfern, die als passive Akteure in der Dynamik angenommen werden, da der Täter als Träger der Gewalt angesehen wird (Chavarría, 2013).

Sequentiell. Erklärt die Begehung einer Straftat aus einem Konflikt zwischen zwei Akteuren, zu denen ein hohes Maß an Bindung besteht. In diesem Modell wird davon ausgegangen, dass die Aggression das Ergebnis eines Umfelds der Gruppengewalt ist (Añanos, 2012).

Dual. Es erklärt kriminelle Handlungen als Ergebnis eines systematischen Missbrauchs durch einen Täter und die Regulierung dieses Prozesses durch einen zweiten Täter, der die Aggression eigentlich nur überträgt und sie je nach der Dynamik der Gruppengewalt reduziert oder verstärkt (Rozo, 2014).

Koinzidenz. "Sie erklärt die Komplexität von Gewalt aus Kombinationen von Aggressivität: 1) kontingent, wenn ein Verbrechen das Ergebnis eines anderen entstehenden Verbrechens ist, 2) direkt folgerichtig, wenn ein Verbrechen scheinbar gerechtfertigt ist, 3) zirkulär, wenn ein Verbrechen ein Vorwand ist, um ein anderes auszuführen, und 4) indirekt, wenn es keine offensichtliche Beziehung gibt, aber es gibt eine Verbindung in Bezug auf Raum und Gelegenheit (Perdomo, 2014).

Lernen. Es erklärt die Begehung einer Straftat auf der Grundlage der pathologischen Entwicklung des Täters und der Zufälligkeiten seines Umfelds, der Gelegenheit und des Motivs, vorausgesetzt, dass beide für den Täter von Bedeutung sind, da er versucht, Ereignisse nachzuahmen, deren Opfer er war (Fondevilla und Quintana, 2013).

Legitimierung. Sie erklärt eine Lehre, die auf allgemeinen Vorstellungen von Kriminalität beruht: "Wer keine Kompromisse eingeht, kommt nicht voran", "es ist besser, korrupt zu sein, weil man es weiß, als weil man es weiß".

Es handelt sich um einen komplexen Lernprozess, der mit der Aufnahme von Botschaften beginnt und in deren systematischer Ausübung gipfelt, wenn die Gelegenheit dazu besteht (Noblega, 2012).

Jedes Modell würde eine Reihe von Indikatoren für kriminelles Verhalten enthalten, die dessen Entstehung im Kontext der öffentlichen Sicherheit und der Wahrnehmung von Unsicherheit, Verbrechensverhütung und - bekämpfung, Gewalt oder Befriedung erklären würden.

Im Falle des Modells zur Untersuchung kriminellen Verhaltens ist es unerlässlich, auf das Legitimationsmodell zurückzugreifen, da Kriminalität als Ergebnis sozialer Repräsentationen von Kriminalität und eines Habitus der Macht angesehen wird, der auf der Begehung von Straftaten beruht. In diesem Sinne wäre das Modell des kriminellen Verhaltens durch Werte, Normen und Stile gekennzeichnet, die mit Gewalt und Befriedung zu tun haben, sowie durch Wahrnehmungen, Überzeugungen, Fähigkeiten, Kenntnisse und Entscheidungen, die mit Aggression und Harmonie zu tun haben.

Das Modell des kriminellen Verhaltens würde nicht nur das Profil von Kriminellen oder Polizeibeamten erklären, sondern auch das Handeln von Personen antizipieren, die sich für die Verbürgerlichung von Strafgesetzen, Strafvollzugssystemen oder Maßnahmen zur Verbrechensbekämpfung einsetzen.

Diskussion

In diesem Papier wurden die Daten, Theorien, Konzepte und Ergebnisse spezifiziert, um die Beziehungen zwischen den Indikatoren zu modellieren, aus denen sich kriminelles Verhalten ergeben würde. In Bezug auf den Vorschlag von Carreón und García (2013), in dem sie die Wahrnehmung von Unsicherheit als Hauptbastion des Misstrauens gegenüber den Behörden betrachten, warnt dieses Papier, dass die Wahrnehmung von Unsicherheit durch kriminelle Praktiken ergänzt wird, die sich aus Werten und Normen ergeben. Das heißt, die Wahrnehmung von Unsicherheit ist ein Symptom für die moralischen Grundsätze, die die Beobachtung von Verbrechen oder die Begehung von Verbrechen leiten.

In Anlehnung an Garcías (2012) Arbeit, in der er vier Dimensionen der Wahrnehmung von Unsicherheit in Bezug auf polizeiliches Handeln, die zivile Sphäre, die öffentliche Agenda und das Regierungshandeln aufzeigte, zeig der vorliegende Aufsatz, dass die Beziehung zwischen den Regierenden und den Regierten in Erklärungsmodellen für Gewalt eine Rolle spielt.

Die Dimensionen, die mit der Wahrnehmung von Unsicherheit zusammenhängen, weisen jedoch auf die Konstruktion von politischen und zivilen Sphären hin, die im Gegensatz zum Begriff der Agenten oder Akteure Gruppen sind, die sich um die Beobachtung der Leistungen der Regierung in Bezug auf öffentliche Sicherheit, Strafverfolgung, Verbrechensverhütung oder Verbrechensbekämpfung organisieren.

Auf der Grundlage des Vorschlags von Carreón, Hernández, Morales und García (2013) zur Bildung einer zivilen Sphäre wurde in der vorliegenden Arbeit ein Modell entwickelt, mit dem die Wechselbeziehung zwischen der politischen und der zivilen Sphäre im Rahmen der Sicherheitspolitik mit Hilfe der Informationstechnologien untersucht werden kann.

Die Umwandlung von Medieninformationen in Agenden für die öffentliche Diskussion wurde jedoch von García, C. (2013) als das Entstehen einer zivilen Sphäre betrachtet, die nicht mehr technologisch unterstützt wird, sondern durch den Grad der Kompatibilität zwischen ihren Lebensstilen und der Personalisierung von Anwendungen für ihre private Sicherheit gekennzeichnet ist. In diesem Zusammenhang wird darauf hingewiesen, dass der Lebensstil nur ein Teil der Struktur der psychologischen Prozesse ist, die das kriminelle Verhalten bestimmen.

Carreón, Hernández, Morales, Rivera und García (2013) zeigen auf, dass zivile Sphären aus der Festlegung von Agenden entstehen, die diskursive Machtfelder bilden, und widersprechen damit der Spezifizierung eines Modells, das auf der Festlegung von Dimensionen im Zusammenhang mit kriminellem Verhalten beruht. Das heißt, diskursive Machtfelder implizieren die Verflechtung von intellektuellem Kapital, während kriminelles Verhalten durch den Einfluss von in den Medien verbreiteten Stereotypen angezeigt wird.

In Bezug auf die von García, Carreón, Hernández und Méndez (2013) vorgeschlagene soziopolitische Gewalt, bei der der Staat Propaganda zugunsten der Verbrechensbekämpfung und nicht der Verbrechensverhütung betreibt, wird in diesem Papier argumentiert, dass kriminelles Verhalten das Produkt der Beziehung zwischen den Herrschenden und den Beherrschten ist, die von den Medien letztlich verzerrt wird, um die Unvollkommenheit des Staates hervorzuheben. In diesem Sinne wird sozio-politische Gewalt eher durch Emotionen als durch Vernunft oder bewusstes, geplantes oder systematisches Handeln wie in autoritären oder totalitären Regimen angezeigt.

Carreón, Hernández, Morales, Rivera, Limón, Bustos und García (2013) haben gezeigt, dass die genannten sozio-politischen Emotionen mit dem Misstrauen gegenüber Behörden korrelieren. Im Gegensatz dazu wurde in diesem Beitrag ein Modell entwickelt, das sowohl emotionale als auch rationale Faktoren integriert, um das Entstehen einer Machtsphäre oder -gruppe zu antizipieren, die die Zivilgesellschaft durch die Etablierung einer öffentlichen Sicherheitsagenda ununterscheidbar beeinflussen würde.

In Bezug auf die Konstruktion einer öffentlichen Agenda, die durch die Wahrnehmung von Unsicherheit bestimmt wird, haben García, Carreón, Hernández, Bautista und Méndez (2013) gezeigt, dass in einem Wahlumfeld die

Verringerung von Botschaften über Unsicherheit in den Medien die Bürgerbeteiligung, die Schaffung von zivilen Sphären und das Unternehmertum der Bürger in Bezug auf die private Sicherheit verringern würde. Im gleichen Sinne wurde in diesem Papier die Möglichkeit berücksichtigt, dass das Medienframing die Indikatoren, die positiv mit kriminellem Verhalten korrelieren, explizit machen würde.

Schlussfolgerung

In diesem Aufsatz wurden die Theorien, Konzepte und Studien zur öffentlichen Sicherheit untersucht, um das Verhältnis zwischen Staat und Bürgern anhand der Diskrepanzen zwischen den öffentlichen Kräften und den Medien zu erörtern. Daraus kann man schließen:

- Die öffentliche Sicherheit beinhaltet vage journalistische Begriffe, aber psychologische Studien über Risiko, Selbstkontrolle und Unterminierung scheinen diese Terminologie zu rechtfertigen.
- Es wurden Diskurse über die öffentliche Unsicherheit konstruiert, die darauf abzielten, das Wissen über den Kreislauf von Gewalt, Verbrechen und

Kriminalität zu vereinheitlichen, obwohl Studien über die Unterwanderung die Hypothese zu bestätigen scheinen, dass es eine Wahrnehmung der Ineffizienz staatlichen Handelns angesichts krimineller Handlungen gibt.

- Studien zum Agenda-Setting scheinen mit Studien zur Selbstkontrolle übereinzustimmen, da mit der Verbreitung des organisierten Verbrechens auch die Risikowahrnehmung erheblich gestiegen ist.
- Die Hypothese des Standardwissens könnte die Idee des Agenda-Settings unterstützen, wenn man bedenkt, dass die Medien in ihrem Bestreben, ihr Publikum zu vergrößern, grundlegende Informationen verbreiten, die den Glauben, die Mythen und Legenden über Killer, Leutnants und Kartelle bestätigen.
- Trotz der Tatsache, dass gewöhnliche Straftaten an staatliche Maßnahmen angrenzen, scheint die wahrgenommene Untergrabung von Kriminellen und Behörden die Annahme zu bestätigen, dass die Regierung mit dem organisierten Verbrechen auf kommunaler und staatlicher Ebene unter einer Decke steckt.
- Obwohl jede der vier Theorien eine zuverlässige Erklärung für die Ursachen und Folgen der öffentlichen Unsicherheit liefert, ist es notwendig, einen neuen theoretisch-konzeptionellen Rahmen auf der Grundlage des aktuellen Stands der Wissenschaft zu schaffen, um die Mehrdeutigkeit der Begriffe zu korrigieren.

Durch die Betrachtung jeder dieser Fragen wird die Diskussion über die globale, nationale oder lokale Sicherheitsstrategie hinterfragt und von der Vielfalt der Vorschläge zur Risikominderung und zur Erhöhung der öffentlichen Sicherheit auf der Grundlage des Vertrauens in die Behörden profitieren.

Referenzen

1. Añanos, F. (2012). "Gewalt und Ausgrenzung in der Gefängnisumgebung. Ein sozialpädagogischer und friedenspolitischer Ansatz". *Covergencia, 59,* 13-41

2. Buker, H. (2011). "Formation of self-control: Gottfredson and Hirschi's general theory of crime and beyond". *Aggression and Violence Behavior.* 16, 265-276.

3. Carreón, J. und García, C. (2013). "Theories of public safety and perceptions of crime". *Margin, 71,* 1-16.

4. Carreón, J., Hernández, J., Morales, M. und García, C. (2013). "Auf dem Weg zum Aufbau einer zivilen Sphäre der Sicherheit und öffentlichen Identität". *Eleuthera, 9 (2),* 99-115.

5. Carreón, J., Hernández, J., Morales, M., Rivera, B. und García, C. (2013). "Zivile Sphären und Machtfelder um Dimensionen von Sicherheit und Gewalt". *Zeitschrift für Psychologie, Universität von Antioquia, 5 (2),* 9-18.

6. Carreón, J., Hernández, J., Morales, M., Rivera, B., Limón, G., Bustos, J. und García, C. (2013). "Emotionen der Unsicherheit als Determinanten des Misstrauens gegenüber der öffentlichen Autorität". *Political Psychology, 11 (31),* 52-62.

7. Chavarría, C. (2013). "Sozialstruktur und Ort der Kontrolle in als gewalttätig eingestuften Schulen in städtischen und ländlichen Gebieten. Evidencias de su relación con insumo para la promoción de la cultura de la paz". *Reflections, 92 (1),77-96.*

8. Clemente, R., Vilanueva, L. und Cuervo, K. (2013). "Entwicklung und Anerkennung moralischer und sozio-emotionaler Übertretungen bei Minderjährigen". *Convergencia, 61,* 15-34.

9. Concimance, A. (2013). "Erinnerung und politische Gewalt in Kolumbien. Der soziale und politische Rahmen der Prozesse der Rekonstruktion des historischen Gedächtnisses eines Landes". *Eleuthera, 9 (2),* 13.38

10. Dorantes, G. (2012). "Kommunikative Agenda für die erfolgreiche Umsetzung der öffentlichen Politik". *Convergencia, 59,* 117-139.

11. Espino, G. (2011). "Der Wandel der politischen Kommunikation in den mexikanischen Präsidentschaftskampagnen". *Convergencia, 56,* 59-86.

12. Fondevilla, G. und Quintana, M. (2013). "Word game:

presidential discourses on crime". *Sociological Studies, 31 (93)*, 721-754.

13. García, C. (2012). "Die Struktur der Wahrnehmung von öffentlicher Unsicherheit". *Liberabit, 18 (1)*, 37-44.

14. García, C. (2013). "Öffentliche Sphären: Medienagenden der Unsicherheit und Ungerechtigkeit". *Dialoge in Recht und Politik, 12 (5)*, 1-11.

15. García, C., Carreón, J., Hernández, J. und Méndez, A. (2013). "Systeme der soziopolitischen Gewalt". *Polis, 36*, 1-17.

16. García, C., Carreón, J., Hernández, J., Bautista, M. und Méndez, A. (2013). "Presseberichterstattung über Migrationsunsicherheit während der Präsidentschaftswahlen". *Journal of Communication, 16 (30)*, 57-73.

17. García, C., Carreón, J., Hernández, J., Morales, M., Limón, G., Méndez, A., Bustos, J. und Bautista, M. (2013). "Soziodemografische Determinanten der Einstellung zu Fakten und Informationsframing der

öffentlichen Unsicherheit". *Revista Iberoamericana, 1, 1-10.*

18. García, C., Montero, M., Bustos, J., Carreón, J. und Hernández, J. (2013). "La seguridad migratoria en los medios impresos de la ciudad de México". *Reflections, 92 (1)*, 159-173.

19. Gazca, E. und Olvera, J. (2011). "Construir ciudadanía desde las universidades, responsabilidad social universitaria y desafíos ante el siglo XXI." *Convergencia, 56*, 37-58.

20. Harvey, J. und Muños, L. (2013). "Imaginäre Räume, eine Strategie zur Stärkung des Zusammenlebens in der Schule". *Journal of Psychology University of Antioquia, 5 (1)*, 45-58.

21. Jiménez, F. (2009). "Auf dem Weg zu einem friedlichen Paradigma: neutraler Frieden". *Convergencia, Sonderausgabe*, 141-190.

22. Jiménez, F. (2012). "Wissen, um Gewalt zu verstehen. Ursprung, Ursachen und Realität". *Convergencia, 58*, 13-52

23. Noblega, M. (2012). "Merkmale von Aggressoren bei Gewalt in Paarbeziehungen". *Liberabit, 18 (1)*, 59-68.

24. Nordenstedt, H. und Ivanisevic, J. (2010). "Werte in der Risikowahrnehmung - Untersuchung der Beziehungen zwischen Werten und Risikowahrnehmung in drei Ländern". *Journal of Disaster Risk Studies.* 3, 335-346

25. Pando, M., Aranda, C. und Olivares, D. (2012). "Confirmatory Factor Analysis of the Inventory of Violence and Mobbing at Work (IVAT-PANDO)". *Liberabit, 18 (1),* 27-36.

26. Perdomo, S. (2014). "Alkohol und eheliche Gewalt. Bonding style as a function of its co-occurrence in couples". *Cuadernos Hispanoamericanos de Psicología, 13 (2),* 41-56.

27. Rottenbacher, J. und De la Cruz, M. (2012). "Politische Ideologie und Einstellungen zum Bergbau. Between economic growth, respect for traditional livelihoods and environmentalism". *Liberabit, 18 (1),* 83-96.

28. Rozo, M. (2014). "Misshandlung bei Kindern mit Down-Syndrom: Risiko- und Schutzfaktoren". *Cuadernos Hispanoamericanos d Psicología, 13 (2),* 57-74.

29. Taguenca, J. (2012). "La opinión política de los jóvenes universitarios de Hidalgo, México. Un análisis desde la teoría del campo." *Convergencia, 60,* 45-77.

30. Tena, J. (2010). "Auf dem Weg zu einer Definition der bürgerlichen Tugend". *Konvergenz, 53,* 311-337.

31. Torres, L. (2013). "Jugendorganisationen: auf dem Weg zu politischen Identitäten". *Eleuthera, 9 (2),* 156-185.

32. Uvalle, R. (2011). "Soziale Überzeugungen und öffentliche Maßnahmen zur Stärkung der Staatskunst". *Convergencia, 55,* 37-68.

33. Van Bamereld, H., Rodríguez, B. und Robles, E. (2012). "Die Wahrnehmung der Elternschaft bei Vätern, Müttern und heranwachsenden Kindern, die zur gleichen Kernfamilie gehören". *Liberabit, 18 (1),* 75-82.

34. Zambrano, S. und Meneses, A. (2014). "Psychometrische Bewertung der Verhaltenscheckliste von Achebach und Edelbrack bei Vorschulkindern im Alter von 4,0 - 5,5 Jahren mit niedrigem

sozioökonomischem Status". *Cuadernos Hispanoamericanos de Psicología, 13 (2)*, 5-24.

35. Zúñiga, A. (2011). "Die Theorie der verteilenden Gerechtigkeit: eine moralische Grundlage für das Recht auf Gesundheitsschutz". *Convergence, 55*, 191-211.

KAPITEL 7

Gewalt ist ein zentrales Thema auf der Agenda der öffentlichen Sicherheit, obwohl Konflikte zwischen den Regierenden und den Regierten die Debatte auf Korruption, Nachlässigkeit, Undurchsichtigkeit oder Absprachen zwischen Beamten und Kriminellen zu lenken scheinen. Alternativ dazu wurde die Diskussion auf die Auswirkungen der Sicherheitspolitik auf die in der öffentlichen Meinung verbreiteten Gefühle und Wahrnehmungen von Unsicherheit, Risiko oder Ungerechtigkeit ausgerichtet. Ziel dieses Beitrags ist es, Studien zum Thema Gewalt zu überprüfen, um ihre Materialisierung in organisierten Bürgergruppen zu diskutieren. Ausgehend von der Gegenüberstellung von Anzeigen, Strafverfolgung und Verurteilung werden eine Theorie und Konzepte vorgestellt, um ein Modell zu spezifizieren, das empirisch getestet werden kann. Das vorgeschlagene Modell und die Festlegung von acht Indikatoren werden es ermöglichen, die Auswirkungen der Sicherheitspolitik auf die Lebensweise der Bürger zu analysieren und kollektive Maßnahmen angesichts von Gewalt zu antizipieren.

Einführung

Gewalt, definiert als soziopolitische Dimension, hängt mit Freiheit und Sicherheit zusammen. Wenn die Freiheit durch den sozialen Pakt oder Vertrag begrenzt wird, den die Individuen geschlossen haben, um eine Sicherheit zu erlangen, die ihre Unterschiede reguliert, dann impliziert Gewalt asymmetrische Beziehungen, in denen Konflikte entstehen. In diesem Sinne reproduzieren die beteiligten Parteien die soziale Herrschaft, mit der sie konfrontiert sind.

Gewalt ist aber auch eine latente Reaktion auf Ungewissheit, Risiko oder Unsicherheit.

Beide Formen der Gewalt, die soziopolitische und die psychosoziale, werden in dieser Arbeit betrachtet, um die Diskussionsachsen festzulegen, die es uns ermöglichen, die Machtbereiche abzuleiten, die die Gesellschaft in Bezug auf den Staat entwickelt hat, um Vereinbarungen zu treffen oder zumindest Unstimmigkeiten zu beseitigen.

Gewalt wird also als verinnerlichte Struktur asymmetrischer Staat-Bürger-Beziehungen angenommen, aber auch als Materialisierung persönlicher

Erkenntnis angesichts ungewisser, riskanter oder unsicherer Situationen.

Eine solche Definition überwindet die psychologische Reduktion, die Gewalt als Pathologie betrachtet, und die soziologische Reduktion, die sie als wütenden Mob ansieht.

Auf diese Weise ist Gewalt ein Feld der Macht, das sich in Diskursen oder jeder anderen Art von Manifestation materialisiert, obwohl für die Zwecke dieser Arbeit nur ihre diskursive Dimension aufgegriffen wird. Denn es wird davon ausgegangen, dass Gewalt den Gruppen und den Räumen, in denen ihre Unterschiede verankert sind, inhärent ist.

Was sind die Indikatoren für die Machtfelder rund um die Gewalt, die sich aus dem Verhältnis zwischen Herrschern und Beherrschten ergeben, sich aber in Diskursen über die Wahrnehmung von Unsicherheit, Risiko oder Ungewissheit materialisieren?

Unternehmertum, Selbstmanagement, Vorbeugung, Denunziation, Überwachung, Debatte, Initiativen und Bewertung wären die Indikatoren für die Machtbereiche, die die Bürger nutzen, um ungewissen, riskanten und unsicheren Situationen zu begegnen.

Die Machtfelder sind jedoch nicht auf einen Kreislauf reduziert; die Bedeutung der Bürgerorganisationen geht über ihre Beziehung zum Staat hinaus. Bei Umweltfragen geht es um die Bildung von Schutzgebieten.

Deshalb ist ein Überblick über den Wissensstand zum Thema Gewalt von grundlegender Bedeutung, um Analyse-, Diskussions- und Interventionsschwerpunkte aufzuzeigen, die zu einer soziopolitischen Identität als Indikator für Zivilität und lokale Entwicklung beitragen.

Fragen der öffentlichen Sicherheit

Sicherheitsunternehmertum, definiert als ein System des Managements und der Selbstverwaltung von Informationen und Wissen, die in Gruppen verarbeitet werden, die Vertrauen, Engagement, Zusammenarbeit, Innovation und Zufriedenheit kultivieren, um Szenarien von Gewalt, Ausgrenzung, Knappheit, Risiko und Unsicherheit vorwegzunehmen, ist eine gesellschaftliche Antwort auf den Verlust der staatlichen Verantwortung für Katastrophenschutz, Verbrechensverhütung und Strafjustiz.

So ist die Umweltkriminalität in Verwaltungen mit einem geringen Maß an wahrgenommenen Möglichkeiten und einem hohen Maß an öffentlichem Misstrauen häufiger anzutreffen.

Je höher das Niveau der menschlichen Entwicklung in den Städten ist, desto häufiger kommt es zu Straftaten gegen die körperliche Unversehrtheit, wie es in Mexiko-Stadt im Vergleich zu anderen Bundesstaaten der Fall ist. Im gleichen Sinne scheinen Straftaten im Zusammenhang mit Wahlen einem niedrigen Niveau der Bürgerbeteiligung zu entsprechen, obwohl im Fall von Mexiko-Stadt die Beziehung umgekehrt ist.

Eine Folge der menschlichen Entwicklung in Entitäten wie Mexiko-Stadt, Mexiko-State und Baja California ist ein Anstieg der Eigentumskriminalität, wobei Nuevo León und Jalisco Ausnahmen von der Regel sind. Im Bereich der Gesundheitskriminalität scheinen jedoch Drogenhandel und Korruption den Fall Jalisco zu erklären, während die Werte in Nuevo León deutlich niedriger sind.

Die Gewalt in Form von Tötungsdelikten wird besonders deutlich, wenn man die Anzeigen den Strafverfolgungen und Verurteilungen gegenüberstellt. Während die Beschwerden zunehmen, nehmen die Strafverfolgungen in den Bundesstaaten Chiapas, Mexiko, Oaxaca, Puebla, Quintana Roo, Tlaxcala und Yucatan ab. In den Bundesstaaten San Luis Potosí, Baja California Norte und Colima hingegen scheinen die Beschwerden mit den Strafverfolgungen übereinzustimmen.

Was die Verurteilungen betrifft, so sind San Luis Potosí und Baja California Norte die Bundesstaaten mit den meisten Verurteilungen, während Tlaxcala und der Bundesstaat Mexiko die niedrigsten Prozentsätze in Bezug auf die Gesamtzahl der Beschwerden aufweisen.

Es ist festzustellen, dass es bei Tötungsdelikten nach dem Gewohnheitsrecht, ohne die Typologie der schuldhaften und vorsätzlichen Tötung zu übernehmen, ungewisse Situationen gibt, in denen die Bürger Anzeige erstatten, aber in der Mehrzahl der Einrichtungen scheinen die Strafverfolgung und die Verurteilung einem Prozentsatz von weniger als 40 % der angezeigten Fälle zu entsprechen.

In dieser Situation kann man beobachten, wie sich die öffentliche Sicherheit in die Wahrnehmung von Ungewissheit, Risiko, Unsicherheit und Ungerechtigkeit sowie in Emotionen wie

Angst, Besorgnis, Wut, Empörung oder Schmerz verwandelt.

Im Zusammenhang mit der öffentlichen Sicherheit haben die Sozialpsychologie und die politische Soziologie die Auswirkungen asymmetrischer Beziehungen zwischen Staat und Bürgern auf der Grundlage von Wahrnehmungen und Emotionen erklärt.

Studien zur Wahrnehmung und zu den Emotionen erklären jedoch nur die internen Prozesse des Bürgers, der Opfer einer Straftat geworden ist. In diesem Sinne werden die Gruppen, denen die Opfer angehören, als Familie oder soziale Unterstützung betrachtet, die eine Wiedereingliederung in das Alltagsleben ermöglicht. Häufig werden die Familie, der Partner oder enge Freunde des Opfers in Betracht gezogen, nachdem dem Opfer Gewalt angetan worden ist.

In diesem Beitrag wird die Bedeutung dieser Gruppen als diskursive Machtfelder erörtert, um die herum acht Indikatoren organisiert werden. Die Erörterung dieser acht Symptome wird es uns ermöglichen, kollektives Handeln oder soziale Mobilisierung nicht mehr als Instrumente sozio-politischer Macht zu betrachten, sondern als sozio-politische Identität, die sich aus der Aufstellung einer öffentlichen Agenda, der sozialen Debatte, der Politikgestaltung und der Entstehung ziviler Sphären angesichts von Tötungsdelikten ergibt.

Theorie des Sicherheitsunternehmertums

Wenn Sicherheitsunternehmertum nicht notwendigerweise mit Gewalt, Korruption und Unsicherheit zusammenhängt, dann könnten seine soziologischen und psychologischen Dimensionen das Handeln der Bürger zugunsten ihrer persönlichen Sicherheit erklären. In diesem Sinne erklärt die Theorie des Sicherheitsunternehmertums Herrschaft und soziale Kontrolle auf der Grundlage der öffentlichen Sicherheit, die durch die Macht des Staates impliziert wird.

Soziales Unternehmertum ist jedoch auch die Grundlage für den sozialen Einfluss zwischen denjenigen, die Opfer von Straftaten geworden sind, und denjenigen, die die Leistungen der Behörden beobachten. So warnt die Theorie des Sicherheitsunternehmertums davor, dass die Bürger in Bezug auf die staatliche Politik zur Verbrechensverhütung oder Strafjustiz in zwei Gruppen unterteilt werden: Konformisten und Innovatoren.

Es handelt sich um monopolistische und konsensuale Gruppen rund um die Einrichtung privater Sicherheitsdienste. Wenn sich beide Gruppen als Konformisten oder Innovatoren verstehen, dann ist das Sicherheitsunternehmen das Ergebnis von Initiativen und Reaktionen auf Kriminalität und Korruption.

Macht, Felder und Sphären sind ein Dreizack, der das Entstehen einer neuen Staatsbürgerschaft gegenüber dem Staat erklärt, unabhängig von seinen Regierungsformen und -regimen oder seiner Politik der öffentlichen Sicherheit.

Zwischen der öffentlichen Sicherheit und der Wahrnehmung von Unsicherheit besteht eine symbolische Lücke, in der Repräsentationen, Habitus, Kapitalien, Felder und Kapazitäten entstehen. Ziel dieses Beitrags war es, Studien über die Wahrnehmung von Unsicherheit zu überprüfen, um die Unterschiede in Bezug auf Maßnahmen zur Verbrechensverhütung und Verbrechensbekämpfung zu diskutieren. Die Untersuchungen von 2010 bis heute zeigen, dass Fragen im Zusammenhang mit der staatlichen Kontrolle, der Verwaltung der öffentlichen Sicherheit und dem Aufkommen von Technologien für die private Sicherheit überwiegen.

Die drei Achsen der Diskussion beziehen die Medien und die Festlegung der öffentlichen Agenda als Architekten der Umwandlung der öffentlichen Sicherheit in die Wahrnehmung der Unsicherheit mit ein. Dies liegt daran, dass die von den Medien verbreiteten Themen diejenigen sind, die in der Literatur als auf internationaler Ebene relevant bezeichnet werden, wobei der Schwerpunkt auf dem regionalen Kontext liegt. In diesem Sinne ist es von grundlegender Bedeutung, die Debatte über das Recht des Publikums, an der Gestaltung der öffentlichen Agenda mitzuwirken, zu eröffnen.

Im Zusammenhang mit der öffentlichen Sicherheit sind Konzepte wie Dissonanz, Elaboration, Verarbeitung, Repräsentationen, Habitus und Zuverlässigkeit von grundlegender Bedeutung, um den Einfluss der Medien auf die Bürger zu erklären (Innerarity, 2012).

Vielmehr ist die öffentliche Sicherheit ein soziales Konstrukt, das der soliden Moderne innewohnt (Escobar, 2012). Im Gegensatz dazu ist die Wahrnehmung von Unsicherheit der flüssigen Moderne inhärent. Die erste Moderne beinhaltet einen Wettbewerb um politische, territoriale, rechtliche, rationale, bürokratische, produktive und autoritäre Legitimität (Gervais, 2011). Sobald jedoch der Legitimationsdiskurs durch Skepsis ersetzt wurde, führte die flüssige Moderne zu Wahrnehmungen von Risiko, Ungewissheit, Zufall und Unsicherheit (Iglesias, 2010).

Es ist ein Kontext, in dem die Bürger nach der Mobilität streben, die es ihnen ermöglicht, ihre Existenz vor der Gefahr zu retten, die mit dem Leben in einem Szenario von augenblicklichen Prozessen einhergeht, die an die Vergänglichkeit der Existenz in Verbindung mit Kriminalität denken lassen (Laca, Santana, Ochoa & Mejia, 2011). Der Kontext allein würde jedoch nicht ausreichen, um die kollektive Psychose der Unsicherheit zu konstruieren; es bedarf eines Mediensystems, in dem die Fakten in Nachrichten, Programme und Berichte umgewandelt werden, die in erster Linie die persönliche Meinung und in letzter Instanz die öffentliche Agenda beeinflussen (Leaf Van Boven & Campbell, 2010).

In diesem Zusammenhang wirkt sich die mediale Rahmung von Sicherheit auf die Konstruktion von Symbolen aus, deren Auswirkungen auf die öffentliche Meinung die zivile Sphäre in Bürgerbeobachtungsstellen und gefährdete Gemeinschaften unterteilt. Im ersten Fall führte die Untersuchung der öffentlichen Sicherheit zur Erforschung der Risikowahrnehmung im Zusammenhang mit Kriminalität, während im zweiten Fall das Agenda-Setting in zwei Effekten beobachtet wurde: Framing und Intensität (Maisley, 2013).

In einer Studie, die in der letzten Periode der sechsjährigen Amtszeit von Felipe Calderón durchgeführt wurde, wurde eine systematische Voreingenommenheit der nationalen Printmedien festgestellt, die im Vergleich zu den Daten des Instituto Ciudadano de Estudios sobre la Inseguridad (ICESI) einen Unterschied zwischen der Presseberichterstattung und dem ICESI-Bericht für das Jahr 2010 zeigte, in dem ein erheblicher Anstieg der Straßenkriminalität festgestellt wurde, während die nationalen Zeitungen Informationen über die Zunahme der Unsicherheit im Zusammenhang mit dem Drogenhandel verbreiteten, Schmuggel und Tötungsdelikte. Diese Zahlen stehen im Widerspruch zu den Ergebnissen der ICESI-Bürgerbeobachtungsstelle, die von einem Rückgang der Gewaltwahrnehmung berichtete.

Ein weiteres wichtiges Ergebnis war die Häufigkeit von Nachrichten über Sicherheit und Gewalt in den nationalen Tageszeitungen während der Wahlen 2012, die einen Aufwärtstrend in Bezug auf föderale und nicht auf allgemeine Straftaten zeigten.

In der Tat handelt es sich um zwei gegensätzliche Positionen, bei denen das Gefühl der Unsicherheit und des Risikos zunimmt, wenn es darum geht, Maßnahmen zur Verbrechensverhütung auf Seiten der Bürger durchzuführen.

Die erheblichen Unterschiede zwischen der Risikowahrnehmung im Zusammenhang mit dem Einfluss der Printmedien und der Wahrnehmung der Unsicherheit deuten jedoch darauf hin, dass wir es mit einem Szenario zu tun haben, in dem Forschungsmethoden und -techniken die Ergebnisse zu verfälschen scheinen. Es lässt sich jedoch feststellen, dass sich die Medien, in diesem Fall die überregionalen Zeitungen, von der Meinung der Bürger distanzieren und eine andere Agenda zu verfolgen scheinen, da die von ihnen verbreiteten Themen eher die Ineffizienz der Regierung von Felipe Calderón im Kampf gegen das Verbrechen betreffen.

Welches sind die Symbole, die Bedeutungen und der Sinn des Diskurses, den die zivilen Sphären rund um die öffentliche Unsicherheit in Szenarien des politischen Wechsels und der Wahlperspektiven konstruiert haben, die, wenn sie von den Medien verbreitet werden, die Sicherheitspolitik durch die Einfügung von Begriffen wie "Drogenhandel", "Plaza", "Sicario", "Leutnant", "Kartell" oder "Abrechnung" als zentrale Themen auf der öffentlichen Agenda definieren werden?

Die Antwort auf diese Frage wird anhand der sozialpsychologischen und sozialen Theorien der kognitiven Dissonanz, der Verarbeitungswahrscheinlichkeit, der spontanen Verarbeitung, der sozialen Repräsentationen, des städtischen Habitus, der sozialen Zuverlässigkeit und der soziopolitischen Legitimität explizit gemacht.

Jeder einzelne dieser theoretischen Rahmen basiert auf der Annahme, dass Sicherheit als eine Wahrnehmungseinheit konstruiert wurde, die durch die Darstellung von Ereignissen in der Presse verändert werden kann. In diesem Sinne sind die Wahrnehmung von Risiko und Unsicherheit zentrale Prozesse bei der Analyse der Umwandlung von

Sicherheit in Unsicherheit (Orgaz, Molina & Carrasco, 2011). Darüber hinaus ist es möglich, die psychologische Anfälligkeit zu erklären, in der sich Gemeinschaften und Einzelpersonen befinden, wenn sie Informationen über gewöhnliche und föderale Verbrechen erhalten, die sich auf ihre affektive und emotionale Verfassung auswirken und ihre Entscheidungen und Präventionsmaßnahmen bestimmen.

Eine weitere Annahme, die die Theorien teilen, ist die Beziehung zwischen Staat und Bürgerschaft als voneinander abhängige Einheiten, die durch die Medien miteinander verbunden sind, die die Symbole der Unsicherheit diversifizieren und gleichzeitig die Diskurse, die rund um die Medienverbreitung konstruiert wurden, als Themen auf der gemeinschaftlichen und persönlichen Agenda neu definieren (Osakpa, 2012).

Die öffentliche Sicherheit und die damit verbundene Gewalt führen zur Entstehung von Diskursen über die Anpassung der Bürger an das Risiko und die Ungewissheit sowie zur Herausbildung von Einstellungen und Darstellungen, die, wenn sie verarbeitet werden, das sozio-politische Szenario, für dessen Konstruktion die Medien verantwortlich sind, neu konfigurieren, um Themen einzubringen, die auf die Wahlen anspielen, und so die Wahlpräferenzen sowie den politischen Wettbewerb und die öffentliche Debatte über die Optionen der Regierung und ihre Effizienz bei der Verhinderung von Verbrechen oder der Bekämpfung von Kriminalität beeinflussen.

Aus diesem Grund soll dieser Beitrag dazu dienen, die neuen Beziehungen zwischen den am Szenario von Sicherheit und Gewalt beteiligten Akteuren zu erläutern. Es handelt sich um die Zwangs- und Überzeugungskräfte des Staates, der durch seine Institutionen versucht, sein demokratisches, politisches, rechtliches und justizielles System zu legitimieren. Angesichts der Omnipräsenz des Staates ist das organisierte Verbrechen ein zweiter Akteur im Drama der Unsicherheit. Ebenso agieren die Medien als dritter Akteur, der in direkter Beziehung zu einem vierten Akteur steht: den Bürgerinnen und Bürgern. Schließlich ist ein Teil der Zivilsphäre, die so genannten Bürgerinstitute oder Beobachtungsstellen, ein grundlegender Akteur, da sie die Handlungen der staatlichen Zwangskräfte und der regierenden Klasse ständig bewerten

(Rodríguez, 2010). Mit anderen Worten, die Bürgerinnen und Bürger, zumindest ein minimaler Teil von ihnen, debattieren über die Zukunft ihrer Beziehung zu den herrschenden Klassen und konstruieren auf diese Weise Diskurse, in denen man Symbole der Angst, der Empörung, der Nonkonformität oder des Ungehorsams beobachten kann.

Es wird daher von wesentlicher Bedeutung sein, die Auswirkungen der in den Medien verbreiteten Informationen auf die öffentliche Meinungsbildung und die Bewertung von Maßnahmen und Programmen zur Verbrechensverhütung oder zur Bekämpfung des Drogenhandels zu erläutern, um neue Beziehungen zwischen der zivilen, politischen, wirtschaftlichen und kriminellen Sphäre zu antizipieren.

Ein solches Vorgehen wird eine öffentliche Debatte über die Mittel eröffnen, die den Bürgern im Dialog mit ihren Behörden zur Verfügung stehen, und das Verhältnis des Staates zur organisierten Kriminalität neu definieren, da sich zwei Optionen abzuzeichnen scheinen: Einerseits verhandelt der Staat mit der Kriminalität über Einflussbereiche und richtet dabei kriminalitätsneutrale Zonen ein, andererseits gewinnt der Staat die Steuerungsfunktion der öffentlichen Sicherheit zurück und wandelt die Wahrnehmung der Kriminalität durch die Bürger in ein Vertrauensverhältnis zu seinen Behörden um. Eine Klärung dieses Dilemmas erscheint unabdingbar, denn davon hängt die Zukunft des Aufbaus ziviler Sphären angesichts von Problemen ab, die sie zum Verschwinden zu bringen drohen.

Andererseits ist es wichtig, die Konstruktion und Etablierung der Agenda zu analysieren, und zwar nicht mehr anhand der Auswirkungen des Framings oder der Intensität, sondern anhand der Bildung von Einstellungen, Repräsentationen und des Habitus, die sich aus den Diskursen der an der modernen Struktur der Unsicherheit beteiligten Akteure ergeben.

Zu diesem Zweck wird es unerlässlich sein, Analysekategorien zu entwickeln, um die Symbole und Bedeutungen der Sicherheitspolitik im Allgemeinen und die Wahrnehmung von Unsicherheit im Besonderen zu untersuchen. In diesem Prozess müssen die institutionellen Informationen, die durch die Rechenschaftspflicht bei der Verbrechensverhütung und -

bekämpfung verfügbar sind, den Ergebnissen von Umfragen und Tiefeninterviews mit Vertretern oder Idealtypen der Zivilsphäre gegenübergestellt werden.

Schließlich wird der Querverweis von Informationen nicht nur einen globalen und unparteiischen Überblick über die Situation liefern, sondern auch Kriterien für die Diskussion und Bewertung der Kriminalitätsprävention und - bekämpfung auf Bundes-, Landes- und kommunaler Ebene schaffen.

Stand des Wissens über Sicherheitsunternehmertum

Studien zum Sicherheitsunternehmertum zeigen, dass das Sicherheitsunternehmertum anhand von acht Dimensionen untersucht wurde: Kapazität, Gelegenheit, Engagement, Bereitschaft, Innovation, Vertrauen, Motivation und Engagement für die öffentliche, bürgerliche und private Sicherheit.

Psychosoziale und gesellschaftspolitische Studien über Gewalt haben acht Dimensionen für die Analyse und Diskussion festgelegt.

Der Kenntnisstand deutet darauf hin, dass Studien über die Wahrnehmung von Unsicherheit dazu neigen, sich auf die Auswirkungen der Medien auf die Meinung der Bürger und die Erstellung einer öffentlichen Agenda zu konzentrieren (Araujo, 2012). Mit anderen Worten, die Zahlen, die den Institutionen entsprechen, stimmen nicht immer mit den Daten überein, die von zivilen Organisationen bereitgestellt werden. Ebenso werden Unterschiede zwischen der Gewalt am Arbeitsplatz und im Alltag festgestellt, wo Diskriminierung ein kausaler Faktor für die Begehung von Straftaten ist (Rosas, Calderón & Campos, 2012). Während in zivilen Szenarien die Gewalt von einer nahestehenden Person ausgeübt wird, erfolgt die Aggression in Arbeitsszenarien aus arbeitsbezogenen Gründen, d. h. durch die Übertragung von Aufgaben. Im Gegensatz dazu werden die Tötungsdelikte in eher alltäglichen Kontexten nachts begangen, während die Tötungsdelikte am Arbeitsplatz während der Arbeitszeit begangen werden.

Andere Unterschiede in Bezug auf Tötungsdelikte scheinen zu zeigen, dass sich das Arbeitsumfeld von der alltäglichen Umgebung unterscheidet, in der Männer, die Drogen konsumieren, das Profil abdecken, das die Behörden als externe Ursache ihrer Emotionen definieren, während Frauen im Allgemeinen Gewalttaten begehen, die aus ihrer affektiven Instabilität resultieren (Badejo & Oluyemi, 2012). Es ist logisch anzunehmen, dass die Unterschiede zwischen den Geschlechtern zu asymmetrischen diskursiven Merkmalen bei den Opfern von Tötungsdelikten führen, da einige Symbole der Macht und andere der Hoffnungslosigkeit konstruieren (Silveira, Assunçào, Figeiredo & Beato, 2010).

Soziodemografische Unterschiede hängen sogar mit sozioökonomischen Merkmalen zusammen, da zum Zeitpunkt der Begehung einer Straftat Unterschiede zwischen den niedrigen, mittleren und hohen sozialen Schichten zu beobachten sind (Brodie, Beck & Carr, 2011). In diesem Sinne scheint die Verteilung des Reichtums eine Ursache für das Klima der Gewalt zu sein, die auf ein Unbehagen der Bevölkerung mit niedrigerem Einkommen gegenüber dem Sektor mit größeren finanziellen Ressourcen zurückzuführen ist (Sampedro & Resina, 2010).

Die vorsätzlichen Morde an Ausländern, die von Jugendlichen aus marginalisierten, gefährdeten oder ausgegrenzten Vierteln begangen werden, scheinen jedoch darauf hinzudeuten, dass sich die Unzufriedenheit auf einen emotional und beruflich instabilen Sektor konzentriert und nicht auf diejenigen, die über ein minimales und festes Einkommen verfügen (Bizer, Larsen & Petty, 2010). Die territoriale Dimension der Tötungsdelikte oder der "Abrechnung" deutet darauf hin, dass solche Unruhen auf eine Reihe von Interessen zurückzuführen sind, die durch die Gewinne, die kriminelle Handlungen mit sich bringen, noch verstärkt werden.

Einige andere Studien versuchen, die ethnische Zugehörigkeit mit der affektiven Beziehung des Opfers zu anderen Gruppen als denen, denen es angehört, in Verbindung zu bringen (Steriani, Doerksen & Conroy, 2012). Andere Forschungsarbeiten zielen darauf ab, in den Kindheitserfahrungen die Gründe zu finden, warum Täter auf frustrierende oder stressige Prozesse in ihrem Leben und ihrer Sozialisation reagieren (Buker, 2011). Parallel dazu hängt die soziodemografische und sozioökonomische Situation des Täters mit seinem Eheleben zusammen, da die meisten der in einer Stichprobe von jugendlichen Tötungsdelikten untersuchten Straftaten mit einer instabilen Ehe zusammenhängen

(Vaughn, & Perron, 2011). Darüber hinaus scheint die Prävalenz von Tötungsdelikten mit geschlossenen und nicht überfüllten Räumen zusammenzuhängen, da gegenseitige Beziehungen kriminelle Handlungen zu verhindern scheinen und die Zusammenarbeit zwischen Umstehenden oder Nutzern erleichtern.

Im Hinblick auf die Legitimität der öffentlichen Sicherheit dienen soziale Protestszenarien nicht nur als Räume für Reflexion, Kritik oder öffentliche Äußerungen, sondern beinhalten auch den Aufbau einer Dissidentenbewegung im zivilen Bereich in Bezug auf den Staat und seine repressiven Systeme (Castillo, Esparza, Argueta, Marqués & Velázquez, 2010). Aus diesem Grund ist die Wahrnehmung von Unsicherheit im Gegensatz zur Risikowahrnehmung ein individuelles Problem, während Nonkonformität und Hoffnungslosigkeit sozialen Problemen zugrunde liegen.

Umgekehrt scheint die Korrelation zwischen Tötungsdelikten, Geschlecht und sozialem Status über einen Zeitraum von zehn Jahren die Hypothese zu bestätigen, dass Gewalt eine soziale Konstruktion ist, die sich aus der Prävalenz der sie umgebenden Informationen über die Verwaltung des Staates, die Verbreitung des öffentlichen Friedens und den Zerfall sozialer Werte entwickelt (Dammert, Salazar, Montt & Gonzalez, 2010). Daher steht der zentrale Kern der sozialen Repräsentationen rund um Süchte für einen historischen Prozess, bei dem Identität und Drogenkonsum eine bestimmte Phase in der Geschichte einer Gemeinschaft markieren. Mit anderen Worten: Soziale Repräsentationen scheinen das Ergebnis eines Prozesses der Gruppensignifikation zu sein, in dem Informationen zu ihrer Gestaltung beitragen, aber die Wirkung staatlicher Politiken und Programme scheint an verschiedenen Orten, an denen derselbe Stil der Justizverwaltung angewandt wird, erst am Anfang zu stehen.

Wenn soziale Repräsentationen von Gewalt Gruppen entsprechen, die verschiedene Mittel zur Konstruktion ihrer Identität nutzen, dann muss der zentrale Kern bereits in jungen Jahren gebildet worden sein, aber das Justizsystem scheint die Konstruktion von Symbolen und Bedeutungen im Zusammenhang mit der Sozialisierung von Kriminalität zu erleichtern, da es Beziehungen zwischen jugendlichen Straftätern zulässt und diejenigen, die volljährig sind, wenn sie wegen einer Straftat verurteilt werden, hart bestraft

(Díaz, 2013). Der Schlüssel zur Bildung von Einstellungen, zur Konstruktion von Repräsentationen und zur Etablierung von Identitäten, die auf Kriminalität anspielen, findet sich in den Erfahrungen der Untergrabung in dem Moment, in dem man als potenzielles Opfer oder geständiger Täter identifiziert wird.

In einem solchen Szenario infiltrieren die Medien persönliche, gruppenbezogene, bürgerliche, politische und öffentliche Agenden durch Formulierungen oder Worte, die die öffentliche Meinung dann übernimmt und in ihre Darstellung, ihren Habitus und ihren Diskurs einbezieht. In diesem Sinne geht es bei den gesellschaftlichen Darstellungen von Gerechtigkeit und Gleichheit mehr um die Gewährung von Rechten als um die Festlegung von Pflichten und Verantwortlichkeiten der Bürger, die eher auf die Verbrechensverhütung als auf die frontale Bekämpfung der Kriminalität ausgerichtet sind. Die Unterschiede zwischen den Geschlechtern legen also nahe, dass die Konstruktion der männlichen Geschlechtsidentität mit der Aneignung von Gütern oder Ressourcen verbunden ist, da ihnen Kompetenz und Mobilität zugeschrieben werden. Im Gegensatz dazu rechtfertigt die emotionale Instabilität die Begehung von Diebstählen durch Frauen, da sie zur weiblichen Geschlechtsidentität der Passivität und der Opferrolle passt (Bolívar, Contreras, Jiménez & Chaux, 2010). Mit anderen Worten: Wenn die Medien Geschlechterstereotypen verbreiten, die später von den Bürgern aufgegriffen werden, dann kann man davon ausgehen, dass präventive Maßnahmen der Bekämpfung der organisierten Kriminalität weniger vorzuziehen sind. So werden geschlechtsspezifische Unterschiede in Bezug auf Gewalt, soziale Unterstützung, Selbstkontrolle, Konfrontation, Verantwortung, Distanzierung und Vermeidung gemessen (Elizalde, 2010).

Studien über die Auswirkungen der Medien auf die Wahrnehmung des Publikums haben jedoch einen Weg eingeschlagen, bei dem die Untersuchung von Emotionen und Verantwortlichkeiten zu zeigen scheint, dass Fernsehinhalte einen größeren Einfluss haben als jede andere Botschaft (Fernández, Revilla & Domínguez, 2010). In anderen Untersuchungen scheint der diskursive Kontext die Selbstüberwachung beeinflusst zu haben, da Fragen der öffentlichen Sicherheit von Symbolen und

Identitätsbedeutungen geprägt waren, die die Wahrnehmung der Nützlichkeit von Videoüberwachung oder anderen Alarmvorrichtungen hervorriefen (Gibson, Sullivan, Jones & Piquero, 2010). In einem solchen Szenario, in dem die Kriminalität von der Polizei bekämpft wird, scheinen die Menschen ein soziales Vertrauen gegenüber ihren Behörden zu entwickeln. Umgekehrt wird das Misstrauen gegenüber dem Staat verstärkt, wenn die Polizei nicht für Gerechtigkeit sorgt und sich der Undurchsichtigkeit, Korruption oder Straflosigkeit nähert. Ein solcher Prozess wird durch die Presseberichterstattung über die zunehmende Gewalt auf lokaler Ebene verstärkt und beeinflusst die Wahrnehmung der Hoffnungslosigkeit der Einwohner (Malone, 2010). Eine unmittelbare Folge der sozialen Verlässlichkeit ist die Erzeugung von Emotionen, Gefühlen und Affekten, die dem öffentlichen Frieden abträglich sind, da das Geschlechtergefälle die Wahrnehmung von Unsicherheit verstärkt (Oliva, Hernández & Calleja, 2010). Darüber hinaus scheint die Nichterkennung einer gewalttätigen Situation oder Beziehung eine weitere Auswirkung des Kontexts der öffentlichen Sicherheit zu sein, die Heuristiken der Koexistenz begünstigt, die die Qualität der

zwischenmenschlichen Beziehungen beeinflussen (Ramírez & Núñez, 2010).

In Bezug auf die öffentliche Meinung gibt es zwei Auswirkungen, die die Medien auf ihr Publikum haben, wenn sie Informationen über öffentliche Sicherheit, staatliche Kontrolle und zivile Organisation verbreiten. Die erste ist eine Folge der Voreingenommenheit der Medien und die zweite eine konkrete Handlung, die sich aus kognitiver Dissonanz ergibt (Romeu, 2010). Mit anderen Worten: Leser mit einem hohen sozioökonomischen Status lassen sich von Nachrichten beeinflussen, die Angst einflößen, während Sektoren, die als Opfer von Verbrechen gelten, eher zufriedene Bürger sind, wenn sie Nachrichten lesen, die auf die Verbrechensbekämpfung anspielen (Ruíz, 2010). Bei Kriminellen überwiegen ihre wirtschaftlichen Bedürfnisse gegenüber den affektiven Bedürfnissen des Profils ihrer Opfer, was sie zu riskanten Handlungen und mangelnder Sorge um ihre persönliche Sicherheit veranlasst (Sánchez und Cerezo, 2010).

Die Komplexität der öffentlichen Sicherheit im Hinblick auf öffentliche Maßnahmen und Präventionsprogramme sowie deren Auswirkungen auf die

177

Wahrnehmung der Unsicherheit durch die Zivilgesellschaft führen dazu, dass Interventionsvorschläge nicht sehr wirksam sind, da der öffentliche Frieden zwar auf der Grundlage bürgerlicher Werte gefördert wird, das organisierte Verbrechen jedoch in die politischen Bereiche eingedrungen ist und die Verwaltung und Justiz durch Bestechung direkt beeinflusst (Silveria, Assuncao, Figueredo & Beato, 2010).

Selbst in Sektoren, die für die organisierte Kriminalität anfällig sind, wird davon ausgegangen, dass kriminelle Handlungen voll und ganz gerechtfertigt sind, wenn es um den Lebensunterhalt geht, oder dass Handlungen, die die lokale Identität fördern, indem sie von diskriminierenden Handlungen durchdrungen sind, die dem sozialen Zusammenleben schaden, als Teil der Sitten und Gebräuche einer Gemeinschaft angesehen werden (Marina, 2010). Solche Überzeugungen stehen im Zusammenhang mit Zuschreibungen zur Geschlechtsidentität, bei denen Männer als mobiler gelten als Frauen, nur weil sie mehr Straftaten begehen, die mit ihren wirtschaftlichen Bedürfnissen und ihrer emotionalen Verfassung zusammenhängen (González, Fernández

& Viguri, 2011). Dies impliziert eine Verzerrung zweier paralleler Realitäten, derjenigen, die mit den Medien zusammenhängt, und derjenigen, die auf der Straße erlebt wird. Es handelt sich um Szenarien, in denen die Nutzer der Räume Symbole konstruieren, die es ihnen ermöglichen, zu interagieren oder sich von einem Ort zum anderen zu bewegen, ohne sich der Konsequenzen ihres Handelns bewusst zu sein (Álvarez, Núñez, Álvarez, Dobarro, Rodríguez & González, 2011). Dies würde bedeuten, dass ein Cyberkrimineller sich einer alternativen Realität annähert, die ihn der Begehung einer Straftat im Alltag näher bringt, wenn es darum geht, ein ähnliches Szenario darzustellen, wie es ihm die Informationstechnologien ermöglichen. Aus diesem Grund ist der Anstieg der Tötungsdelikte eher auf ein Opferprofil zurückzuführen, das demjenigen entspricht, das die Medien im Zeitraum von 2000 bis 2010 verbreitet haben (Gutiérrez, Hernández & Viguri, 2011).

In der Tat scheinen die Medien die Erwartungen, die sie durch die Verbreitung ihrer Inhalte und die Wahrnehmung der Behörden wecken, zu beeinflussen (García, 2012). Dies ist so, weil im Falle der Presse die Verbreitung der öffentlichen Sicherheit, der

178

staatlichen Kontrolle und der Wahrnehmung der Unsicherheit der Bürger mit Wahlperioden korrespondiert, in denen es einen allmählichen Anstieg und Rückgang der Themen und Inhalte gibt.

Kurz gesagt, psychologische und soziologische Studien über Sicherheit und Unsicherheit zeigen die Auswirkungen von einseitiger Berichterstattung auf die Erwartungen des Publikums. Eine Folge dieser Beziehung ist die Wahrnehmung der staatlichen Kontrolle über die öffentliche Sicherheit.

Spezifikation der Beziehungen zwischen den Indikatoren des Sicherheitsunternehmens

Ausgehend von der Überprüfung der theoretischen und konzeptionellen Rahmenbedingungen sowie den Erkenntnissen aus dem aktuellen Wissensstand ist es möglich, die Beziehungen zwischen der Wahrnehmung von Chancen und acht Dimensionen für deren Ermittlung zu modellieren.

Unter Bezugnahme auf die Theorie der Machtfelder und Studien zum Thema Gewalt schlagen wir die Analyse von acht Indikatoren für die diskursiven

Felder vor, die Bürger konstruieren, um Situationen der Unsicherheit, des Risikos, der Ungewissheit oder der Ungerechtigkeit zu begegnen. Die acht Symptome sind jedoch nicht nur auf zivile Sphären beschränkt, sondern sind auch Teil einer soziopolitischen Identität, in der die Demokratisierung des Staates als Partizipation identifiziert wird.

Auf diese Weise wäre das Unternehmertum ein Indikator für die Bereiche der Macht, da es die Innovation von Wissen beinhaltet. Da neue Ideen produziert werden, werden die Informations- und Diskurskapitale der Bürger angesichts der Undurchsichtigkeit des Staates gestärkt.

Im Falle der Vernachlässigung durch die Behörden ist die Selbstverwaltung oder der private Sicherheitsdienst eine dokumentierte Reaktion als präventive Lebensweise. Die Zivilgesellschaft organisiert sich selbst, um ihre Verteidigung gegen Kriminalität und Korruption von Beamten und Bediensteten des öffentlichen Dienstes zu gewährleisten. Die Denunziation ist jedoch das Instrument schlechthin, das die Zivilgesellschaft einsetzt, um mit ihren lokalen Behörden in Kontakt zu treten, auch wenn Strafverfolgung oder

Verurteilung diese Form der Beteiligung verhindern.

Deshalb sind Bürgerbeobachtungsstellen, die Fälle durch die Gegenüberstellung von Daten überwachen, von grundlegender Bedeutung für den Aufbau einer soziopolitischen Identität, die sich in Diskursen oder Terminologien materialisiert, die eine öffentliche Diskussion ermöglichen.

Auch wenn die Bürger sich organisieren, Gewalt anprangern, beobachten, gegenüberstellen und darüber diskutieren, sind es die Initiativen, die die Reife haben, die eine Bewertung der Sicherheitspolitik rechtfertigen.

Kurz gesagt, das Modell ermöglicht die psychosoziale und gesellschaftspolitische Untersuchung von Gewalt als Folge der Internalisierung von staatlicher Korruption, Nachlässigkeit oder Undurchsichtigkeit und der Externalisierung von Emotionen wie Furcht, Angst, Empörung, Wut oder Frustration sowie von Wahrnehmungen von Unsicherheit, Risiko, Ungewissheit und Ungerechtigkeit.

Diskussion

Unter Bezugnahme auf die von García (2011; 2012; 2012; 2013; 2014) und Carreón (2011; 2012; 2013; 2014) in Stadtrandgebieten durchgeführten Studien, in denen er einen indirekten Effekt der Medienberichterstattung auf die Meinung der Bürger vor Ort feststellte, wurden in diesem Beitrag acht Beziehungen hergestellt, die die soziopolitische Legitimität im Zusammenhang mit der Wahrnehmung von Unsicherheit widerspiegeln.

In dieser Untersuchung wurden jedoch acht Analysedimensionen vorgeschlagen, um die Mehrdimensionalität der Wahrnehmung von Unsicherheit und ihrer Verbreitung unter den Bürgern als psychologischen und soziologischen Prozess zu erklären.

Im Hinblick auf den Vorschlag von Giddens (2011), in dem angenommen wird, dass soziale Verlässlichkeit die Auswirkung individualistischer Beziehungen in Bezug auf die Beziehung zwischen Behörden und Bürgern ist, hat diese Studie die Annahme bestätigt, dass die in den Medien verbreitete Wahrnehmung von Unsicherheit die Bewertung von Politiken und Programmen zur Verbrechensverhütung und Kriminalitätsbekämpfung beeinflusst, d.

h. das in die Behörden gesetzte Vertrauen legitimiert Entscheidungen und Maßnahmen, selbst wenn die in der Presse veröffentlichten Ergebnisse der Wahrnehmung der öffentlichen Sicherheit widersprechen.

Ähnlich wie in den Studien von Bourdieu (2011), in denen der Habitus durch Diskurse diversifiziert wird, wurde in der vorliegenden Arbeit darauf hingewiesen, dass er ein Faktor ist, der auf Legitimität hindeutet, aber von anderen Faktoren eher psychologischer als soziologischer Art durchdrungen ist. In diesem Sinne ist der Diskurs der Unsicherheit das Ergebnis der Wechselbeziehung zwischen staatlichen und zivilen Akteuren und ist in erster Linie ein erworbener und nicht ein ererbter Habitus. Im Vergleich zu der Arbeit, in der soziale Repräsentationen der öffentlichen Sicherheit durch eine zentrale (öffentlicher Frieden) und eine periphere (staatliche Verwaltung) konfiguriert werden, hat diese Studie periphere soziale Repräsentationen als Symptome sozio-politischer Legitimität in Bezug auf die öffentliche Sicherheit festgestellt, obwohl dies impliziert, dass der öffentliche Frieden kein zentrales Thema in lokalen Repräsentationen ist.

In Bezug auf Fazios Forschung (2011), in der Einstellungen gegenüber politischen Akteuren durch Medienkampagnen mit Schwerpunkt auf dem öffentlichen Image und nicht auf der Verwaltung öffentlicher Dienstleistungen und staatlichem Handeln gebildet werden, hat die vorliegende Arbeit festgestellt, dass die Bildung von Einstellungen einen soziopolitischen Ursprung hat, in dem sie das Ergebnis von Verwaltungsinstrumenten sind. Dies ist von grundlegender Bedeutung, da Einstellungen oft als Kategorien oder Bewertungen von Objekten oder Personen betrachtet werden, aber in dieser Untersuchung sind sie das Ergebnis der Medienberichterstattung über die Verwaltung des Staates angesichts der Welle der Gewalt und der Eskalation der Kriminalität.

In Anlehnung an die Arbeiten von Ajzen (1991; 2001; 2002), in denen Überzeugungen die Determinanten von Einstellungen, Entscheidungen und Handlungen waren, wurden in der vorliegenden Studie Überzeugungen im Zusammenhang mit Medieninformationen über Unsicherheit als Indikator für die sozio-politische Legitimität der staatlichen Verwaltung einbezogen. In diesem Sinne erklären die

Überzeugungen nicht mehr nur das zivile Handeln, sondern auch die Legitimität dieses Handelns angesichts der Ineffizienz der lokalen Behörden und der Verbreitung des öffentlichen Friedens. Denn die Medien verbreiten Informationen über Gewalt, aber es ist das Publikum, das die Überzeugungen konstruiert, die für die staatliche Verwaltung der öffentlichen Sicherheit ungünstig oder günstig sind. Bei der Arbeit mit Fähigkeiten handelt es sich um ein Instrument des Wissensmanagements, das zur Erreichung von Zielen motiviert und daraus ein Klima des Wettbewerbs schafft, das dem Einzelnen und den Gruppen, in die er oder sie eingegliedert ist, zugute kommt. In diesem Papier wurden die Fähigkeiten als ein weiteres Symptom der soziopolitischen Legitimität im Sinne des öffentlichen Friedens als Ergebnis der sozialen Fähigkeiten der Bürger modelliert.

Nach dem Ansatz von Sen (2011) sind Chancen ein Schlüsselfaktor für die Entwicklung von Fähigkeiten und Verantwortlichkeiten, die es einer Gemeinschaft ermöglichen, nicht nur wirtschaftlich, sondern auch sozial zu wachsen und zu gedeihen. In diesem Papier sind Chancen ein Symptom für soziopolitische Legitimität, weil die wirtschaftliche Situation keine alternativen Formen der Entwicklung zulässt, die nicht vom Staat ausgehen. Wenn wir noch hinzufügen, dass die Medien die Wahrnehmung von Wirtschafts- und Beschäftigungschancen verstärken, dann sind wir Zeugen eines Szenarios, in dem die Verwaltung des Staates die Sicherung und Verbreitung öffentlicher Ressourcen für die Schaffung von Chancen impliziert. Ausgehend von der These, dass Wahlfreiheit gemeinsame Entscheidungen und Mitverantwortung zwischen Behörden und Bürgern voraussetzt, wurde in diesem Beitrag gezeigt, dass sich die Verwaltung der lokalen Regierung auf die Wahrnehmung der Wahlfreiheit in der Gemeinschaft auswirkt. In diesem Sinne erweist sich die Mitverantwortung als ein zentrales Element nicht nur für die öffentliche Sicherheit, sondern auch für den Aufbau des öffentlichen Friedens und die Wiederherstellung des sozialen Gefüges.

Schlussfolgerung

Die diskutierten Ergebnisse zeigen, dass die gesellschaftspolitische Legitimität der staatlichen Führung angesichts der eskalierenden Gewalt durch acht psychologische und soziologische

Faktoren angezeigt wird, die zu erklären versuchen, warum die Zivilsphäre die in den Medien verbreiteten Informationen in Wahrnehmungen von Unsicherheit umwandelt. Die Antwort liegt in der Tatsache, dass es eine Reihe von Prozessen gibt, die zusammenwirken, um staatliche Maßnahmen zur Verbrechensvorbeugung und Kriminalitätsbekämpfung zu legitimieren, die jedoch nicht parallel zu denen des öffentlichen Friedens verlaufen.

Aus diesem Grund wird in diesem Papier nicht auf das asymmetrische Verhältnis zwischen staatlicher Verwaltung und dem Wiederaufbau des sozialen Gefüges für den öffentlichen Frieden eingegangen. Einige Studien verweisen auf die Governance der öffentlichen Sicherheit als zentrales Fundament der öffentlichen Politik, denn ohne die Unterstützung und Mitverantwortung der Zivilgesellschaft verliert die regierende Klasse an Legitimität und damit an der Möglichkeit, die öffentliche Sicherheit wiederherzustellen.

Es ist paradox, dass der Staat versucht, den öffentlichen Frieden in einem Kontext wiederherzustellen, in dem die Sicherheit immer privater und die Unsicherheit immer öffentlicher

wahrgenommen wird. Auffallend ist auch, dass die Printmedien sich unermüdlich der Verbreitung von Informationen über die Ineffizienz des Staates, vor allem der Regierung von Felipe Calderón, verschrieben haben, während sie die Mitverantwortung, Beteiligung und Verbreitung des zivilen Friedens ignorieren.

Mit anderen Worten, wenn sich das Gefühl der Unsicherheit verstärkt hat, dann nicht nur wegen der Undurchsichtigkeit und Korruption des Staates, sondern auch, weil die Medien aufgehört haben, die Bürger über den Verlust ihrer Werte zu befragen, während sie ihren Behörden die Instrumente für den Aufbau eines sozio-politischen Systems überlassen haben, das ihnen die Wiederherstellung der Mindestbedingungen für das Zusammenleben ermöglicht.

In ihrem Bestreben, die öffentliche Agenda zu beeinflussen, verbreiteten die Medien die Informationen einseitig und machten den Staat für die Verschlechterung der öffentlichen Beziehungen verantwortlich. Im Gegenzug ersetzte der Staat seine führende Rolle durch eine vermittelnde, was zur Selbstorganisation der zivilen Sphären und damit zur

Gegenüberstellung zweier Sichtweisen desselben Problems führte: der öffentlichen Sicherheit. Mit anderen Worten: Jeder der drei Akteure hat seinen Entscheidungs- und Handlungsspielraum segmentiert, um die anderen für den Verlust des öffentlichen Friedens, die Gewaltspirale und die Wiederherstellung der Führungsrolle des Staates verantwortlich zu machen.

Konkret müssen die Diskurse der drei Akteure - Machthaber, Bürger und Kommunikatoren - analysiert werden, um das Szenario zu rekonstruieren, in dem der öffentliche Frieden in Bilder und Diskurse über Drogenhandel, organisiertes Verbrechen oder Gewalt umgewandelt wurde. Zu diesem Zweck ist es notwendig, mit Idealtypen zu arbeiten, die für die zivile, politische und mediale Sphäre repräsentativ sind, um die Konstruktion der medialen, bürgerlichen, politischen und öffentlichen Agenda zu entschlüsseln. Sobald die Themen der Agenden entschlüsselt sind, ist es wichtig, die Handlungen der drei Akteure zu rekonstruieren, um ihre Meinungsverschiedenheiten zu erklären. Anschließend wird es wichtig sein, die Zukunft der Beziehungen zwischen Staat, Bürgern und Medien in verschärften Sicherheitsszenarien zu erörtern, in denen Spionagetechnologien ein weiterer zentraler Faktor sein werden, der bei der Wiederherstellung des zivilen Friedens oder der Zunahme der Wahrnehmung von Unsicherheit zu berücksichtigen ist.

Schließlich kann die vorliegende Studie ein Förderer der Legalität, der politischen Sozialisation und der Verbreitung bürgerlicher Werte sein, die den Aufbau eines demokratischen Systems ermöglichen, in dem künftige Generationen Begriffe wie Mitverantwortung, Selbstwirksamkeit, Partizipation, Dialog und Debatte in ihren Diskursen übernehmen. Sind die Symbole und Bedeutungen des öffentlichen Friedens erst einmal verinnerlicht, werden die Maßnahmen zur Ermöglichung solcher Diskurse diesen Generationen der soziopolitischen Legitimität näher liegen.

REFERENZEN

1. Álvarez, D., Núñez, J., Álvarez, L., Dobarro, A., Rodríguez, C., und González, P. (2011). "Gewalt durch Informations- und Kommunikationstechnologien bei Schülern der Sekundarstufe".

Annals of Psychology. 27, 221-231

2. Araujo, X. (2012). "Ein grundlegender Überblick über Konzepte und Theorien der Governance". *Geoenseñanza, 9,* 203-212.

3. Badejo, A. und Oluyemi, S. (2012). "Prädisponierende Faktoren für die Beteiligung Jugendlicher an Gewalt bei Wahlen in der Metropole Lagos". *Journal of Emerging Trends in Educational Research and Policing Studies.* 3, 312-316

4. Belli, S. (2010). "Die Konstruktion von Emotionen und ihre Beziehung zur Sprache: Überblick und Diskussion über einen wichtigen Bereich der Sozialwissenschaft". *Theoria,* 18, 15-42

5. Bizer, G., Larsen, J. und Petty, R. (2010). "Exploring the valence framing effect: negative framing enhances attitude strength". *Politische Psychologie.* 32, 59-80

6. Bolivar, C., Contreras, J. Jiménez, M. und Chaux, E. (2010). "Moralischer Rückzug und Dynamik von Schuldiebstahl". *Zeitschrift für Kriminologie.* 52, 243-261

7. Bourdieu, P. (2011). Strategien der sozialen Reproduktion. Mexiko: Siglo XXI

8. Brodie, G., Beck, J. und Carr, A. (2011). "Zielfeedback und Selbstregulation: Kontrolltheorie als natürlicher Rahmen für Führungskräfte-Coaching". *Consulting Psychology Journal.* 63, 23-38

9. Buker, H. (2011). "Formation of self-control: Gottfredson and Hirschi's general theory of crime and beyond". *Aggression and Violence Behavior.* 16, 265-276.

10. Carreón, J. (2011). "Theorien der öffentlichen Sicherheit und Wahrnehmung von Kriminalität". *Margen, 71,* 1-16

11. Carreón, J. (2012). "Auf dem Weg zum Aufbau einer zivilen Sphäre der Sicherheit und öffentlichen Identität". *Eleuthera, 9 (2),* 95-115.

12. Carreón, J. (2013). "Emotionen der Unsicherheit als Determinanten des Misstrauens gegenüber der öffentlichen Autorität". *Zeitschrift für politische Psychologie, 11 (31),* 52-62.

13. Carreón, J. (2014). "Eine Erkundung der Studie der

Gewalt. The Mexican case".
Obets, 8, (1), 59-78.

14. Castillo, J., Esparza, J., Argueta, F., Marqués, A. und Velázquez, A. (2010). "Análisis de la opinión pública en la imagen proyectada en medios impresos por candidatos a diputados". *Razón y Palabra,* 73, 1-27

15. Dammert, L., Salazar, F., Montt, C. und González, P. (2010). *Kriminalität und Unsicherheit. Indicadores para las Américas.* Santiago: Flacso-Bid

16. Díaz, C. (2013). "New Public Management und Governance: Herausforderungen bei der Umsetzung". *International Journal of Conscience,* 8, 177-194.

17. Elizalde, A. (2010). "Deskriptive Studie über Bewältigungsstrategien von Mobbing bei mexikanischen Lehrern". *Journal of Researcg in Educational Psychology, 8,* 353-372.

18. Escobar, M. (2012). "La participación ciudadana, análisis a partir de la transición democrática". *International Journal of Social Science Research,* 8, 119-140.

19. Fabricant, L. und Postero, N. (2013). "Contested bodies, contested states: performance, emotions, and new forms of regional governance in Santa Cruz, Bolivia". *Journal latin American and Caribbean Anthropology,* 18, 187-211.

20. Fazio, R. H. (2011). Eine grundlegende konzeptionelle Unterscheidung ... Unbemerkt geblieben. In R. M. Arkin (Ed.), *Most underappreciated: 50 prominente Sozialpsychologen beschreiben ihre ungeliebte Arbeit* (pp. 72-76). New York: Oxford University Press.

21. Fernández, C., Revilla, J. & Domínguez, R. (2010). "Emotionen, die durch Gewalt im Fernsehen hervorgerufen werden". *Wissenschaftliche Zeitschrift für Medienliteratur.* 36, 97-104

22. García, C. (2011). "Ein systemischer Ansatz für die politische Realität". *Enfoques,* 23, 63-78

23. García, C. (2012). "Wahrnehmungsstruktur von Unsicherheit bei Universitätsstudenten". *Liberabit,* 17, 1-10

24. García, C. (2013). "La inseguridad migratoria en los medios impresos de México". *Reflexiones, 92 (1)* 159-173.

25. García, C. (2014). "La cobertura de la prensa en torno a la inseguridad migratoria durante elecciones presidenciales". *SEECI,* 16, 57-63

26. Gervais, W. (2011). "Findings the faithless: perceived atheist prevalence reduces anti-atheist prejudice". *Personality and Social Psychology Bulletin.* 37, 543-556

27. Gibson, C., Sullivan, C. Jones, S. und Piquero, A. (2010). "Braucht es ein Dorf? Bewertung des Einflusses der Nachbarschaft auf die Selbstkontrolle von Kindern". *Journal of Research in Crime and Delinquency.* 47, 31-62

28. Giddens, A. (2011). *Die Konstitution der Gesellschaft. Grundlagen für die Theorie der Umstrukturierung.* Buenos Aires: Amorrortu Editores.

29. González, G., Fernández, S. und Viguri, R. (2011). "Tötungsdelikte an Kindern unter 15 Jahren, Mexiko 2000-2010". Preliminary report.

Boletin Médico del Hospital Infantil de México. 68, 232-258

30. Iglesias, A. (2010). "La planificación estratégica como instrumento de gestión pública en el gobierno local: análisis de caso". *Cuadernos de Gestión,* 10, 101-120.

31. Innerarity, D. (2012). "Global Governance, von der Souveränität zur Verantwortung". *Cidob Journal,* 100, 11-23

32. Laca, A., Santana, H., Ochoa, Y. und Mejia, J. (2011). "Wahrnehmung von sozialem Wohlergehen, Anomie, Interesse und politischer Ohnmacht in Bezug auf die Einstellung zur Demokratie". *Liberabit.* 17, 7-18

33. Leaf Van Boven, M. und Campbell, T. (2010). "Stigmatisierung von Materialismus: Stereotypen und Eindrücke von materialistischem und erlebnisorientiertem Streben". *Personality and Social Psychology Bulleting.* 36, 551-556

34. Maisley, N. (2013) "Opportunity or Obstacle? Das entstehende Recht auf Öffentlichkeitsbeteiligung in globalen Umweltfragen im

Lichte der kosmopolitischen Demokratietheorie". *University of Palermo Environmental Law Review,* 11, 113-150.

35. Malone, M. (2010). "Das Urteil ist gefällt: Die Auswirkungen der Kriminalität auf das öffentliche Vertrauen in das zentralamerikanische Justizsystem". *Zeitschrift für Politik und Lateinamerika.* 3, 99-128

36. Marina, N. (2010). "Soziale Repräsentationen über Delinquenz bei jugendlichen Heimkindern in einem Umerziehungszentrum in Bogotá". *Diversitas Perspectivas en Psicología,* 6, 275-295.

37. Oliva, F., Hernández, M. und Calleja, N. (2010). "Validación de la versión mexicana del inventario de expresión de ira estado rasgo (STAXI-2)". *Acta Colombiana de Psicología.* 13, 107-117

38. Orgaz, L., Molina, L. und Carrasco, C. (2011). "Das wachsende Gewicht der Schwellenländer in der globalen Wirtschaft und Governance. The BRIC countries". *Occasional Papers,* 1101, 1-24.

39. Osakpa, D. (2012). "Politische Gewalt und Sekundarschulbildung in Nigeria: eine Fallstudie über das Volk der Bette-Bendi im Bundesstaat Cross River". *International Journal of Research in Engineering and Social Sciences.* 2, 189-206

40. Ramírez, C. und Núñez, D. (2010). "Dating-Gewalt bei jungen Universitätsstudenten: eine explorative Studie". *Lehre und Forschung in der Psychologie.* 15, 273-283

41. Rodríguez, P. (2010). "Multilevel Governance und europäische Regionalpolitik. *Revista de Estudios Regionales,* 88, 199-222.

42. Romeu, L. und Piacenza, P. (2010). "Homicidios diarios. Análisis del discurso periodístico sobre homicidios por armas de fuego. Buenos Aires (Argentinien) 2001-2002". *Salud Colectiva.* 6, 295-312

43. Rosas, F., Calderón, J. und Campos, H. (2012). "Konzeptionelle Elemente für die Analyse der territorialen Governance". *Quivera,* 14, 113-136

44. Ruíz, J. (2010). "Kollektive Wirksamkeit, bürgerliche Kultur und Viktimisierung: eine explorative Analyse ihrer Beziehungen zu verschiedenen Maßen der Angst vor Kriminalität". *Acta Colombiana de Psicología.* 13, 103-114

45. Sampedro, V. und Resina, J. (2010). "Öffentliche Meinung und deliberative Demokratie. Ein Update im digitalen Kontext der Netzwerkgesellschaft". *Ponto e Vurgula,* 8, 1-22.

46. Sánchez, C. und Cerezo, F. (2010). "Persönliche und soziale Variablen im Zusammenhang mit Mobbingdynamik bei Grundschülern". *Journal of Research in Education Psychology.* 8, 1015-1032

47. Sen, A. (2011). *Die Idee der Gerechtigkeit.* Cambridge: Harvard University Press.

48. Silveira, A., Assunçào, R., Figeiredo, B. und Beato, C. (2010). Auswirkungen des Programms "Staying Alive" auf die Reduzierung von Tötungsdelikten in einer Gemeinde in Belo Horizonte". *Revista Saùde Pùblica.* 44, 1-6

49. Steriani, E., Doerksen, S. und Conroy, D. (2012). "Identifying priorities among goals and plans: a critical psychometric reexamination of the exercise goal setting and planning scheduling scales". *Sport, Exercise, and Performance Psychology.* 1, 158-172

50. Vaughn, M. und Perron, B. (2011). Karrieren von Drogenkonsumenten und antisoziales Verhalten: eine biosoziale Lebensverlaufsperspektive. In M. Delisi, & Beaver, K. (coord.). criminology theory: a life course approach. Florida: Nelson Universities and Colleges

KAPITEL 8

Einführung

Im Rahmen der regionalistischen Politik, die zum Protektionismus und zur Stagnation der Wettbewerbsfähigkeit neigt, sowie der multilateralistischen Politik, die die Leitlinien der internationalen Finanzorganisationen fördert, von denen die Zentralbank abhängig ist, besteht die Notwendigkeit, das Humankapital als immaterielles Gut unternehmerischer und innovativer Organisationen und damit als wettbewerbsfähig zu betrachten, ohne dass es von der Weltbank, der Welthandelsorganisation oder dem Internationalen Währungsfonds verordnet wird.

Ziel dieses Papiers ist es, die Achsen der Wertschöpfungskette von Unternehmen festzulegen, in denen das Humankapital, vor allem das intellektuelle Kapital, den wichtigsten immateriellen Wert darstellt.

So wurde eine nicht-experimentelle, querschnittliche, explorative und dokumentarische Studie mit einer Stichprobenauswahl von Quellen durchgeführt, die in den Repositorien Dialnet, Latindex und Redalyc indexiert sind, wobei der Veröffentlichungszeitraum von 2010 bis 2017 sowie die Verbindung zwischen Organisation, Kapital und Vermögenswerten berücksichtigt wurde. Die Informationen wurden dann in einer Inhaltsanalysematrix verarbeitet und in einem Modell und Hypothesen zur Überprüfung festgelegt. Die Delphi-Technik wurde verwendet, um das komplexe Modell zu spezifizieren und es von einem einfachen Modell zur Untersuchung, Beobachtung und Analyse von immateriellen Vermögenswerten und Kapital in Organisationen zu unterscheiden.

Die Delphi-Technik, die häufig zur Homogenisierung der Antworten auf Fragebögen und zur Ermittlung der prozentualen semantischen Übereinstimmung zwischen den befragten Personen eingesetzt wird, wurde zur Verarbeitung der Informationen aus den dokumentarischen Quellen, ihrem Inhalt, den berichteten Erkenntnissen und den beteiligten Diskussionen verwendet. Die Informationen wurden je nach Art der Informationen in eine Matrix eingetragen, eine umfassende Antwort wurde auf der Grundlage der Vorschläge und Anregungen der Mitautoren sowie der Seminare, Kolloquien, Foren oder

Kongresse, an denen sie teilgenommen haben, um den Fortschritt der Forschung zu präsentieren, erarbeitet. Aus einer allgemeinen Synthese wurden die Analysekategorien abgeleitet und mit den im Wissensstand angegebenen Variablen verknüpft. Schließlich wurden die Trajektorien der Abhängigkeitsbeziehungen nach den Prinzipien der Komplexität in Organisationen modelliert, nämlich Fraktalität, Unschärfe, Chaos und Emergenz.

Das Projekt fällt in den Bereich der Sozialwissenschaften, Disziplin der Sozialarbeit, Studien zum immateriellen Kapital, umfasst jedoch theoretische, konzeptionelle und empirische Grundlagen aus Disziplinen wie Sozialpsychologie, Massenkommunikation, Personalverwaltung, Solidarökonomie und Berufssoziologie. Das Projekt wird von der Universidad Nacional Autónoma de México, Dirección de Asuntos del Personal Académico, Programa de Apoyo a Proyectos de Investigación e Innovación Tecnológica, Projektnummer IN305516 finanziert.

Theorien zum Humankapital

Die Psychologie der Organisationskomplexität konzentriert ihren Untersuchungsgegenstand und ihre Analyseeinheit auf isomorphe Prozesse - Modelle, die die komplexen Beziehungen zwischen Variablen in einem System erklären - (Carreón et al., 2013).

Die Theorie des strukturellen Isomorphismus besagt, dass die Leitlinien der öffentlichen Politik, in diesem Fall der Arbeitspolitik, in der Organisationskultur so verbreitet werden, dass sie das Arbeitsklima bestimmen. Dabei handelt es sich um Informationen über die Produktivität und die Bewertung von Führung und Leistung nach vorher festgelegten Zielen und Vorgaben (Carreón et al., 2015).

Mit Hilfe der Isomorphietheorie lassen sich die Asymmetrien zwischen Entscheidungsträgern und Ausführenden erklären. Die Führungstheorie warnt davor, dass die Unterschiede zwischen Führenden und Gefolgsleuten auf das intellektuelle Kapital zurückzuführen sind, vor allem auf die intrinsische Motivation derjenigen, die überreden, und derjenigen, die überredet werden, eine Aufgabe auszuführen und die von den Führenden durch die Festlegung von Zielen gesetzten Ziele zu erreichen (García et al., 2012).

Die Führungstheorie unterteilt den Motivationsprozess in zwei Aspekte, einen traditionellen, bei dem Zwang als Indikator für ein Machtverhältnis zwischen Vorgesetzten und Untergebenen vorherrscht, und einen motivierenden oder transaktionalen Führungsstil, bei dem das Verhältnis der Einflussnahme zwischen denjenigen vorherrscht, die Entscheidungen auf der Grundlage von Konsultation, Beteiligung und vor allem der Fähigkeiten und Kenntnisse der Untergebenen treffen (Carreón, 2016).

Die Theorie der transaktionalen Führung geht von einem *Kontinuum aus, das* von der Abhängigkeit, die sich in einem geringeren Maß an Dialog bei verstärkten Anweisungen äußert, bis hin zur Autonomie reicht, die mehr Dialog bei minimalen Anweisungen beinhaltet. Die transaktionale Führung lässt sich also aus dem Selbstkonzept sowohl der Führungskraft als auch der Untergebenen ableiten, und zwar durch die Analyse ihrer Erzählungen und Berichte, die eine Interpretation ihrer Identität im Hinblick auf den Führungs- und Managementstil ermöglichen. Es wird also nicht nur abgeleitet, wer die Akteure sind oder wer sie waren, sondern auch, wer sie unter bestimmten Umweltbedingungen,

Organisationskulturen und Arbeitsklimata sein werden (García et al., 2017).

Beide Arten von Führung unterscheiden sich jedoch dadurch, dass sie die Verantwortung auf die Figur und die Eigenschaften einer einzelnen Person konzentrieren, von der eine Gruppe abhängt. Die Sozialkapitaltheorie wird die Grenzen und den Umfang der Humankapitaltheorie in Frage stellen, vor allem ihre subalterne Führungstheorie, um die Bedeutung des sozialen Kooperativismus hervorzuheben (Carreón et al., 2016).

Der Sozialkapitalansatz geht davon aus, dass 1) Menschen, die Ressourcen und Vermögenswerte teilen, ein Ziel an sich sind; 2) die Instrumente für das Teilen von Vermögenswerten und Ressourcen Affekte wie Vertrauen und Zusammenarbeit beinhalten; 3) der Vermögenswert daher in der Beziehung selbst und nicht in den Ressourcen, Vermögenswerten oder Menschen liegt (García et al., 2016).

Die Theorie des Sozialkapitals betrachtet die Beziehungen zwischen Menschen als Netzwerke zur Produktion und Reproduktion von Informationen und Wissen. Es handelt sich um ein System von Gegenseitigkeiten, in dem ein

Sender ein Empfänger im Prozess der Informationsverbreitung, Entscheidungsfindung und Ausführung von Absichten ist (Carreón et al., 2016).

Die Sozialkapitaltheorie hebt kontinuierliche Beziehungen hervor, betrachtet aber diskrete Beziehungen als Grundlage für kontinuierliche Beziehungen, da Organisationen Wissen aus latenten Prozessen, wie z. B. psychologischen Prozessen, erzeugen (García et al., 2014).

Die Theorie der Netzwerkanalyse hingegen untersucht die Struktur des sozialen Kapitals, das sie als Graph identifiziert. Es handelt sich um ein Konglomerat impliziter oder stillschweigender Beziehungen, die Organisationen im Zuge der Anpassung ihrer Ziele an die Anforderungen des Umfelds und die entsprechenden Innovationen aufbauen (García et al., 2013).

Die Theorien der rationalen Wahl, des Humankapitals, der Führung, des sozialen Kapitals und der Wissensnetzwerke oder Graphen heben die Bedeutung eines immateriellen Vermögens hervor, das sich auf das Wissen und die Fähigkeiten von Talenten konzentriert, die für Unternehmen arbeiten und sich durch

ihre Offenheit für Veränderungen, ihre wechselseitige Kommunikation, ihre horizontale Struktur und ihre intrinsische Motivation auszeichnen. Es handelt sich um einen Prozess der Bildung von immateriellem Kapital, aus dem ein *Habitus* von Macht- und Einflussbeziehungen entsteht, der nicht nur ein hohes Maß an Gewalt widerspiegelt, sondern auch eine Neuverteilung von Rollen und Beziehungen symbolisiert, die die Regeln für die Festlegung von Zielen, Aufgaben und Zielen verändern (García et al., 2015).

Studien zum Humankapital

Psychologische Studien über Organisationen haben durch die Analyse isomorpher Prozesse, komplexer Beziehungen zwischen Variablen in einem System, wie Anforderungen und Ressourcen, Abhängigkeitsbeziehungen zwischen Kultur, Klima, Engagement, Leistung und organisatorischer Gewalt festgestellt (Carreón et al., 2015).

Der Isomorphismus zeigt unter anderem das Neguentropische und das Entropische auf. Erstere besteht aus dem Gleichgewicht zwischen Anforderungen und Ressourcen. Die Entropie hingegen ergibt sich aus dem Ungleichgewicht zwischen den Kontingenzen der Umwelt und den Kapazitäten der Organisationen (García et al., 2012).

Mit anderen Worten: Eine Organisation ist komplex, weil sie aus den Vorgaben des Staates oder des Marktes Isomorphie erzeugt. Isomorphie ist gegeben, wenn das Beziehungsklima mit dem Aufgabenklima im Gleichgewicht ist, was bedeutet, dass auch Anforderungen und Ressourcen im Gleichgewicht sind. Die Isomorphie enthüllt also die Wechselbeziehung zwischen Neguentropie und Entropie (García et al., 2017).

Eine Organisation ist entropisch, wenn die Anforderungen die Ressourcen übersteigen oder wenn das Beziehungsklima dem Aufgabenklima untergeordnet ist. Umgekehrt ist eine Organisation, die ihre Chancen auf der Grundlage ihrer Fähigkeiten generiert, ein Beweis für ihre Neguentropie (García et al., 2015).

Wenn Organisationen in ihrem Beziehungsklima komplex sind, dann sind ihre Unterschiede nicht nur auf den Grad der Empathie und des Vertrauens zwischen Führungskräften und Gefolgsleuten zurückzuführen, sondern auch Engagement und Motivation sind Faktoren, die die Prozesse der

Entscheidungsfindung und Ausführung begrenzen (Carreón et al., 2014).

Der Begriff stammt aus dem Englischen *"to lead" (führen)*, was sich auf das Leiten, Lenken und Befehlen bezieht. Es handelt sich um einen Stil der überzeugenden und nicht zwingenden Einflussnahme, der darauf abzielt, das Erreichen von Zielen und Vorgaben zu motivieren, aber es ist die Art der Kommunikation, die das Abhängigkeitsverhältnis zwischen der Führungskraft und den anderen Mitgliedern der Organisation herstellt (García et al., 2016).

Führung kann definiert werden als die Gesamtheit der Prozesse, die Einzelpersonen und Teams in eine bestimmte Richtung lenken, um Spitzenleistungen und organisatorisches Lernen zu erreichen, und zwar in erster Linie durch nicht korrigierende Mittel. Aus der Sicht dieses Autors sind Management und Führung zwei Aspekte der Managementpraktiken, die sich gegenseitig ergänzen (García et al., 2016).

Sie ist mit der Fähigkeit verbunden, Bewusstseinsprozesse zu schaffen und zur Zusammenarbeit mit anderen aufzurufen, um Ziele und Werte zu erreichen, die im Allgemeinen im Sumpf der täglichen Routine verborgen sind. In seiner Rolle als Führungskraft muss der Manager die Kommunikation und das Bewusstsein für die Ziele fördern, die in naher Zukunft, mittel- und langfristig erreicht werden sollen. Führung bedeutet also, diese Transformation zu motivieren und zu inspirieren und das persönliche Handeln und das Handeln des Teams miteinander zu verbinden (Carreón et al., 2013).

Der Manager als Führungskraft kommuniziert die gemeinsame Zukunftsvision dessen, was er oder sie zu erreichen versucht, indem er oder sie eine gemeinsame Suche der Mitglieder der Organisation artikuliert, die nicht notwendigerweise denselben institutionellen Raum und dieselbe Zeit teilen, obwohl sie dieselben Herausforderungen teilen (Carreón, 2016).

In diesem Sinne ist Führung eine komplexe Herausforderung, die darin besteht, umfassende Netzwerke zu bilden und sich an ihnen zu beteiligen, um eine hochwertige Bildung für alle Lernenden zu gewährleisten. Bei der Führung geht es nicht nur um die Qualität der einzelnen Führungskräfte, obwohl dies natürlich wichtig ist. Es geht auch um die Rolle der Führungskräfte, ihren Managementstil, ihre Beziehung zur Vision, den Werten und Zielen der Schule und ihren Ansatz für Veränderungen (Carreón, De la Cruz und De los Santos, 2015).

Im Managementprozess wird Führung zu Kontrolle und Strategie. Im ersten Fall wird ein Kontrollsystem eingeführt, aber es ist die Strategie, die einem Führungs- oder Managementstil Bedeutung verleiht. Im ersten Fall handelt es sich eher um einen Machtmechanismus, im zweiten Fall geht es eher darum, einem System zu folgen.

Der verhaltensorientierte Ansatz geht von demokratischen und autokratischen Führungsstilen sowie von einem Beziehungs- und Aufgabenklima aus. Es handelt sich um einen Ansatz, der eher auf Handlungen als auf Entscheidungen abzielt, aber den Schwerpunkt auf die Reaktionen der anderen in der Organisation legt.

Die in Organisationen eingebrachte Demokratie steht nicht nur im Gegensatz zu einer auf eine Person beschränkten Autokratie, sondern beinhaltet auch Verhandlungen und Lernen am Beispiel und nicht an Absichten. Die Betonung der Demokratie bringt ein Beziehungsklima mit sich, in dem die

Führung als Motivator für die Handlungen einer Gruppe fungiert, aber nicht im Diskurs, sondern in der Praxis. Gerade in der Dimension des Handelns werden Entscheidungen oder Strategien für die Durchführung einer beruflichen Tätigkeit bestimmt, die auf ein organisatorisches Ziel ausgerichtet ist. In diesem Sinne würde die Dialektik zwischen Mission und Vision die Aufgaben bestimmen, die in den Arbeitsgruppen festgelegt werden (García et al., 2015).

Der partizipatorische Ansatz setzt jedoch voraus, dass der Leiter durch die Initiativen der Teilnehmergruppen ersetzt wird. Auf der Grundlage eines Entscheidungsmodells oder -baums wird die Festlegung von Maßnahmen durch die direkte Beziehung zwischen den Handlungsalternativen und den erwarteten Ergebnissen geleitet.

In einem spezifischen Sinne impliziert die Abgrenzung von Handlungen eine Führung, die nicht nur die Ziele im Hinblick auf die Fähigkeiten der anderen Mitglieder der Organisation festlegt, sondern auch das Motivationspotenzial, das die Führungskraft in ihren Fähigkeiten umsetzen kann.

Die Stile, die das Handeln betonen, gehören zur transformationalen Führung. Es handelt sich um einen Stil, bei dem die Motivation durch Bewunderung, Vertrauen und Charisma entsteht; sie sind jedoch transformatorisch, weil sie über ihre Möglichkeiten und Interessen hinausgehen. Die begleitenden Prozesse zur Produktivität hängen jedoch von den Managementfähigkeiten der Führungskräfte ab, deren Eigenschaften und Funktionen das System stützen und es zur Produktivität führen (García, Carreón und Hernández, 2017).

So setzt sich die organisatorische Führung aus zwei Dimensionen zusammen, die auf Eigenschaften wie Intelligenzniveau, Extrovertiertheit, Einfluss und Anzahl der Gefolgsleute anspielen. Die Funktionen der Führungskraft sind mit beobachtbaren Handlungen verbunden, die sich nicht nur auf die Gefolgschaft auswirken, sondern auch Synergien und Management- und Wissensnetzwerke schaffen.

Es ist notwendig, dass die Führungskraft die Hard- und Software kennt, die für die Ausübung ihrer Tätigkeit erforderlich ist. Ein leitender Verwalter muss zum Beispiel das Textverarbeitungsprogramm, die Tabellenkalkulation und den

196

Datenbankmanager kennen, die dem Unternehmen entsprechen, sowie das globale Verwaltungsprogramm des Unternehmens (Carreón et al., 2016).

Der Leiter muss sich an die im Voraus festgelegten Verfahren halten, der Verwaltungsprozess muss buchstabengetreu eingehalten werden, um bessere Ergebnisse zu erzielen.

Eine der Eigenschaften von geborenen Führungskräften ist, dass sie die Abteilung, in der sie tätig sind, stark dominieren. Ein regionaler Verwalter zum Beispiel kennt das Personal der verschiedenen Bereiche sowie die Ergebnisse, die von dieser speziellen Person erwartet werden, und kennt die Vor- und Nachteile bestimmter administrativer und technologischer Prozesse. Die Führungskraft lehrt ihre Nachfolger, wie sie ihre Tätigkeiten auszuführen haben, daher ist das Wissen eines der Instrumente, die die Führungskraft einsetzt, um befolgt zu werden.

Es wird allgemein gesagt, dass der gesunde Menschenverstand der am wenigsten verbreitete Sinn ist, da es keine Richtlinien für die Entscheidungsfindung gibt. Es wird jedoch erwartet, dass die Person, die die Führung ausübt, bestimmte Aufgaben

effektiv ausführen kann, die Führungskraft wird sich immer auf die Regeln und Richtlinien innerhalb des Unternehmens verlassen und somit Entscheidungen treffen, ohne das allgemeine Interesse des Unternehmens zu beeinträchtigen (García et al., 2014).

Der Leiter gibt die Richtung, den Sinn und das Tempo der von seinen Mitarbeitern durchzuführenden Maßnahmen vor. Ohne eine perfekt ausgearbeitete Vision wissen die Mitarbeiter nicht, wohin sie gehen sollen, und liefern möglicherweise Ergebnisse, die von den erwarteten abweichen. Für die Person, die das Arbeitsteam leitet, ist ständiges Lernen unabdingbar. Es ist sinnvoll, dass er/sie sich häufig weiterbildet, da er/sie für die Ausbildung der anderen Mitglieder verantwortlich ist und sie bei möglichen Problemen, die sie bei der Ausführung ihrer Arbeit haben könnten, berät.

Der Anführer muss ein gutes Urteilsvermögen bewahren, er muss in den meisten angespannten Situationen ruhig bleiben, er muss in der Lage sein, die Untergebenen zu beruhigen, er muss das Vertrauen erwecken, das den Anhängern möglicherweise fehlt. Eine der wichtigsten Eigenschaften, da die Gruppe der Gefolgsleute von ihrem

Leiter erwartet, dass er sie in schwierigen Momenten unterstützt, unabhängig davon, ob es Tag oder Nacht ist, ist es, auf die Bedürfnisse der Gruppe, die er leitet, zu achten und in hohem Maße kooperativ zu sein (García et al., 2012).

In der Verwaltung führt die Tatsache, dass Funktionen delegiert werden, zu der Überzeugung, dass die Mitglieder der Gruppe die ihnen anvertrauten Aufgaben auch wirklich ausführen werden; der Leiter spiegelt dieses Vertrauen gegenüber jedem der Mitglieder wider.

Der Chef ist die Machtperson in der Organisation, die Person, die offiziell das Recht hat, zu befehlen. Der Chef sollte derjenige sein, der die Entscheidungen über die Untergebenen trifft. Derjenige, der über Neueinstellungen, Beförderungen und Versetzungen, Leistungsbeurteilung, Verdienst, Ausbildung, Trennung, Disziplin, Arbeitsmethoden und -prozesse entscheidet.

Das Rollenkonzept basiert auf einer *"Erwartung"* an das Verhalten einer Person. Es handelt sich um eine Reihe von erwarteten Verhaltensmustern, die jemandem zugeschrieben werden, der eine bestimmte Position in einer sozialen Einheit einnimmt. Die Person identifiziert sich mit der sozialen Gruppe, in der sie arbeitet. Es ist die Vorstellung des Einzelnen davon, wie er/sie am Arbeitsplatz behandelt wird. Es sind die individuellen Ziele des Arbeitnehmers. Es ist die ungeschriebene Vereinbarung, dass das, was er/sie tut, und das, was von ihm/ihr erwartet wird, nicht vereinbar sind.

Es gibt sechs Führungsstile:

Die autokratische Führung hat absolute Macht über die Teammitglieder, die Mitarbeiter haben nur begrenzte Möglichkeiten, der Führungskraft ihre Meinung mitzuteilen, so dass sich einige der Mitglieder durch diese Art der Behandlung herabgesetzt fühlen können, sie ist durch hohe Fehlzeiten und eine hohe Personalfluktuation gekennzeichnet, diese Art der Führung ist für untere Ebenen, wie Arbeiter oder technisches Personal, wirksam, da sie dieser Art von Führungskraft eine fast absolute Kontrolle über die Aktivitäten der Gruppe ermöglicht (Garcia et al., 2013).

Die bürokratische Führung ist dort wirksam, wo es bestimmte Arten von Risiken gibt, z. B. bei Sicherheitsunternehmen, Unternehmen, die giftige Stoffe transportieren, oder wo eine absolute Kontrolle der Aufgaben erforderlich ist.

Ein Problem, das diese Art der Führung mit sich bringen kann, ist die Tatsache, dass sich die Produktivität auf die Handlungen der Führungskraft konzentriert, so dass die Produktivität der Gruppe von Arbeitnehmern im Falle ihres Ausscheidens sinken kann und sie sogar massenhaft kündigen können.

Partizipative oder demokratische Führung neigt dazu, die Gruppe der Mitarbeiter zu fragen, welche Maßnahmen zu ergreifen sind, um die organisatorischen Ziele zu erreichen; dies kann die Gruppenmitglieder motivieren, sich stärker zu beteiligen, und fördert die Entwicklung von Ideen sowie die Zugehörigkeit zur Gruppe; ein Problem, das dadurch entsteht, ist die Zeit, um die zu lösenden Probleme anzugehen; wenn jedoch Qualität statt Schnelligkeit wichtig ist, ist diese Art der Führung sehr effektiv; diese Art der Führung ist effektiv bei Menschen, die dafür ausgebildet sind, bestimmte Arten von Problemen in bestimmten Bereichen zu lösen, wie z. B. spezialisierte Techniker, Ingenieure, Marketing.

Laissez-faire-Führung bedeutet *"es sein lassen"*, sie kann in Gruppen eingesetzt werden, in denen die Kreativität fließen muss, in denen die Gruppenteilnehmer Forschungsergebnisse oder irgendeine Art von Kunst liefern müssen, die Gruppenteilnehmer müssen sehr spezialisiert und motiviert sein, obwohl in diesem Fall der Leiter eine ausreichende Kontrolle einrichten muss, denn wenn die Ergebnisse nicht regelmäßig überwacht werden, kann es passieren, dass nach Ablauf der Frist die Ziele nicht erreicht werden oder das Ergebnis nicht den Erwartungen entspricht, Andererseits kann die Qualität von dem abweichen, was das Unternehmen von dem Produkt erwartet, z. B. wenn ein Poster benötigt wird und der Kunde denkt, dass Öl verwendet werden kann, und dem Arbeiter gesagt wird, dass das Ergebnis ein Poster ist, kann der Künstler eine andere Technik wie Aquarell verwenden und ein großartiges Ergebnis liefern, aber für den Kunden wird es das nicht sein, da seine Spezifikation anders war (Carreón et al., 2016).

Menschenorientierte Führung oder beziehungsorientierte Führung ist aufgabenorientiert, der Leiter ist auf die Entwicklung seiner Teams ausgerichtet, die Beteiligung der Mitglieder ist eine Priorität, da der Leiter für die Ausbildung und das Lehren seiner Mitglieder fast individuell verantwortlich ist, diese Art der Führung ist effektiv, wenn die zu entwickelnden Aktivitäten nicht zu komplex sind, z.B. kann es sich um das Malen von Handarbeiten oder die Steuerung einer Maschine handeln, wenn das Produkt keine sehr anspruchsvolle Qualität erfordert, wie z.B. bei der Herstellung von granulierter Schokolade.

Die natürliche Führung zielt darauf ab, die Bedürfnisse einer Gruppe zu befriedigen, sie wird auch als unterwürfige Führung bezeichnet, sie ist eine Form der demokratischen Führung, da sie die Meinung der Teammitglieder einholen muss, um ihre Aktivitäten zu entwickeln, eines der Probleme, die diese Art der Führung mit sich bringt, ist, dass die Mitglieder der Gruppe sie berücksichtigen können oder nicht, da ihre Macht innerhalb der Organisation nicht formalisiert ist, Andererseits ist es schwierig, Tätigkeiten zu delegieren, da die Mitglieder der Gruppe diese ausführen können oder auch nicht. Ein weiteres Problem, das sich ergeben kann, ist, dass, wenn diese Art von Leiter an Stärke gewinnt und ihm mehr gefolgt wird als dem formellen Leiter, letzterer die Kontrolle über das Arbeitsteam verlieren kann, so dass er/sie den informellen Leiter aus der Gruppe entfernen müsste (García et al., 2016).

Die aufgabenorientierte Führung ist genau auf die Aufgabe ausgerichtet, sie konzentriert sich auf die Erfüllung der Ziele, die die ihr unterstellte(n) Position(en) mit den Tätigkeiten, für die sie geschaffen wurden, vollständig erfüllen, diese Art der Führung definiert die Aufgaben sehr genau und kennt die Ergebnisse, die erzielt werden müssen, Einer der Konflikte besteht darin, dass sie nicht an das Wohlergehen der Mitarbeiter denken, sie haben keine hohen Motivationsstandards, so dass es für sie schwierig ist, die Mitarbeiter auf diese Weise zu halten, die Fluktuationsrate kann hoch sein und hohe Kosten für die Ausbildung neuer Mitarbeiter verursachen.

Transaktionale Führung ist auf kurzfristige Aufgaben ausgerichtet, der Mitarbeiter akzeptiert und ist verpflichtet, dem Leiter zu folgen, der Grad des Gehorsams ist immer der Bezahlung seiner Dienste untergeordnet, so dass es sehr wahrscheinlich ist, dass er nicht aufhört, über die Qualität der Arbeit oder die Entwicklung neuer Möglichkeiten zu ihrer Verbesserung nachzudenken, An sich kann diese Art der Führung nicht als solche betrachtet werden, da der Anführer nicht dem Willen des Mitarbeiters folgt und der Anführer bestrafen kann, wenn er der

Meinung ist, dass die vom Mitarbeiter entwickelte Arbeit nicht die geforderte Qualität aufweist.

Bei der transformationalen Führung sind die meisten Theoretiker der Meinung, dass diese Führungskräfte für die ständige Motivation ihrer Mitarbeiter verantwortlich sind, sie leiten sie an und unterstützen sie, diese Führungskräfte suchen auch die Unterstützung einiger ihrer Mitarbeiter, diese Art der Führung zeichnet sich auch dadurch aus, dass sie in ihren Handlungen innovativ ist, und die Beständigkeit der Mitarbeiter ist kontinuierlich, wodurch die Ausbildungskosten bei der Personalfluktuation reduziert werden (García et al., 2015).

Wie man sieht, übt der Leiter eine Art von Autorität aus, ob formell oder informell, der Leiter muss jedem Mitglied der Gruppe je nach Fachgebiet, auf das es ausgerichtet ist, Befugnisse und Pflichten zuteilen oder delegieren; dies ermöglicht jedem Mitglied ein gewisses Maß an Autonomie.

Er/sie entwickelt klare Strategien zur Erreichung des Organisationsziels und orientiert sich an der Gruppe, mit der er/sie arbeitet. Der Leiter fördert das Engagement des Arbeitsteams, um die Ziele der Organisation zu erreichen.

Verfolgt die Umsetzung von Plänen und leitet das Arbeitsteam an. Die Führungskraft baut Partnerschaften mit internen und externen Partnern auf, um sicherzustellen, dass die Ziele erreicht und der Erfolg gesichert wird. Die Führungskraft führt neue Technologien oder Prozesse ein. Die Führungskraft bereitet das ihr unterstellte Personal vor und schult es, und sie fördert die Vorbereitung der Mitglieder ihrer Arbeitsgruppe kontinuierlich.

Die Führungskraft bestimmt, welche Mitarbeiter am fähigsten sind und welche am besten geeignet sind, Befugnisse und Verantwortlichkeiten zu übertragen, und weiß im Falle von Entlassungen besser als jeder andere, welche Elemente geeignet sind, im Arbeitsbereich zu verbleiben. Die Führungskraft leitet die Mitarbeiter an, wie sie die Dinge besser machen können, und verringert so die Gefahr des Missbrauchs von Verfahren. Der Leiter bewertet seine Mitarbeiter kontinuierlich und stellt sie dem direkten Vorgesetzten vor.

Die Führungstheorie wurde jedoch bald in Frage gestellt, weil sie die Entwicklung eines Klimas des Vertrauens und der Empathie auf die systematische Gewalt der Reduzierung komplexer Prozesse auf einfache Machtbeziehungen des Gehorsams und der Konformität konzentrierte. Die Vorgeschichte der organisatorischen Gewalt wurde bald in Depersonalisierung, Stress und Frustration gesehen.

Anhand des Ausmaßes von Burnout, Depersonalisierung und Frustration lässt sich auch auf einen transaktionalen Führungsstil schließen, wenn man dessen Auswirkungen auf das Beziehungs- und Aufgabenklima von Führungskräften und Mitarbeitern betrachtet. Das heißt, wenn das Syndrom zunimmt, ist es möglich, den Einfluss der Führung auf das Beziehungs- und Aufgabenklima der Mitarbeiter festzustellen (García et al., 2015).

Was die persönliche Qualität betrifft, so wird die Integration der Führungskraft mit den Untergebenen auch durch den Grad der Verbundenheit, des Interesses, der Zusammenarbeit, der Zufriedenheit, der Integration, der Empathie, des Engagements und der Identität angezeigt. In diesem Sinne bestimmt der transaktionale Stil nicht nur die Assimilation von Affektivität und Emotionalität gegenüber der Führungskraft, sondern erklärt auch das Erreichen von Zielen und Vorgaben.

Im Qualitätsprozess ist die Wahrnehmung ein erklärender Faktor für die Erwartungen, die an die transaktionale Führung geknüpft werden. Je höher die Wertschätzung der Führungskraft ist, desto mehr steigt die Qualität und damit auch die Überzeugung von der Leistung der Führungskraft. Die Wahrnehmung eröffnet daher die Möglichkeit, die Beziehung zwischen Führungskraft und Untergebenen, wie sie durch Erwartungen vermittelt wird, eingehend zu untersuchen.

Man kann feststellen, dass die Indikatoren für Führung Prozesse sind, die auf soziales Lernen beschränkt sind und aus der Entstehung und/oder Konstruktion von Repräsentationen bestehen, vor denen das Individuum die umgebenden Informationen auswählt und kategorisiert, um angesichts des Ungleichgewichts von Anforderungen und verfügbaren Ressourcen Entscheidungen zu treffen. Auf diese Weise ist die transaktionale Führung ein Lernprozess, bei dem die Informationen, die der Führungskraft gegeben oder zugeschrieben werden, verbreitet werden, um Stress zu verhindern oder die Veränderung des Beziehungs- und Aufgabenklimas zu fördern sowie die Asymmetrie zwischen Anforderungen und Ressourcen auszugleichen (Carreón et al., 2013).

Im Kontext der neoliberalen Globalisierung wurde die Organisationsentwicklung durch Theorien erklärt, die die Bedeutung menschlicher Beziehungen und Motivationen betonen.

Aus Sicht des humanistischen Ansatzes für Organisationen ist die Globalisierung eine Leitachse der Emotionen, Gefühle und Affekte. In diesem Sinne wird die Logik der Globalisierung, die als Maximierung der Produktions- und Verbrauchsbeziehungen im Hinblick auf die Kostenreduzierung verstanden wird, als Grundprinzip verbreitet. Folglich werden die Individuen als Instrumente der Überredung und der Abschreckung betrachtet, um die Ziele des Profits zu erreichen. Es handelt sich um einen rationalen Entscheidungsprozess, bei dem zwei Prinzipien vorherrschen: 1) Win-Win, der aus einer intensiven Verhandlung besteht, bei der die Beteiligten einen Nutzen erzielen, der größer ist als die investierten Kosten, und 2) Nullsumme, bei der sie in ein Win-Lose-Dilemma verwickelt sind (Carreón t al., 2014).

Auf diese Weise wurde die Logik der rationalen Wahl in Frage gestellt, weil sie die am Win-Lose-Dilemma Beteiligten von den Vorteilen ausschließt. Mit anderen Worten: Organisatorische Gewalt und die ihr zugrundeliegenden Rationalitätsprozesse als Herrschaftsinstrument zwischen Führungskräften und Untergebenen bildeten den Auftakt für die Entwicklung von Studien zur organisatorischen Komplexität, in denen es möglich war, die systemische Gewalt einer Führungskraft gegenüber Untergebenen zu beobachten, allerdings nicht mehr als Absender, sondern als Vermittler einer solchen Gewaltkampagne.

Das Informations- und Wissensnetz umfasst Prozesse der Abschreckung und Überzeugung, die auf dem Grad der Erwartungen innerhalb und außerhalb des Netzes basieren. Wenn im Netzwerk ein Klima des Vertrauens vorherrscht, kann man eine Zusammenarbeit bei der Durchführung von Aufgaben und Innovationen beobachten.

Gerade die kontinuierlichen Beziehungen - Organisationen mit ständiger Kontrolle, Überwachung und Motivation - und die diskreten Beziehungen - Organisationen mit sporadischem und unidirektionalem Klima - bestimmen die Komplexität des

203

Sozialkapitals, da die Ebenen und Grade der Wechselbeziehungen die Strukturen und Phasen der Organisationen - Selbstregulierung, Dissipation, Anpassung und Dynamik - beeinflussen.

Komplexe Organisationssysteme sind durch zwei Beziehungen gekennzeichnet: stillschweigende und implizite. Durch ihre Strukturen und Phasen erzeugen komplexe Organisationen abwechselnde Prozesse der Diskretion und Kontinuität. Externe Anforderungen und interne Ressourcen werden durch latente oder sichtbare Möglichkeiten sowie reale oder symbolische Fähigkeiten umschrieben (García et al., 2017).

Es handelt sich um rationale und affektive Dimensionen, in denen Organisationskulturen Informationen produzieren und reproduzieren, die sie als autokratisch oder komplex definieren. In dieser Dualität bestimmen komplexe Organisationen die Qualität ihrer Prozesse und Produkte.

Obwohl komplexe Organisationen danach streben, sich von anderen Organisationen abzugrenzen und sich mit ihnen zu integrieren, sind sie aufgrund der Kontinuität ihrer Prozesse und der Entstehung ihrer Ressourcen auf Komplexität beschränkt.

Der Prozess, der mit der rationalen Wahl als Vorläufer des Humankapitals beginnt und sich auf die Führung und ihre Machtattribute konzentriert, setzt sich mit der Untersuchung der Abhängigkeitsbeziehungen zwischen Entscheidungsträgern und Ausführenden sowie der ihrer Interaktion innewohnenden Gewalt fort und gipfelt in der Untersuchung von Organisationen als Wissensnetzwerke, die strategische Allianzen zwischen Kleinstunternehmen und transnationalen Unternehmen schmieden, bis sie das Herrschaftssystem in Clustern konsolidieren.

Der Graph umfasst also Knoten und Bögen oder Instanzen und Beziehungen der Wissensproduktion im Falle von Abteilungen oder Arbeitsgruppen. Im Gegensatz zur Sozialkapitaltheorie, die sich auf Beziehungen oder Bögen konzentriert, ist die Theorie der Netzwerkanalyse der Ansicht, dass Knoten relevanter sind als Bögen, da es diese Instanzen sind, die Innovationen etablieren und Veränderungen antizipieren, ohne dass die Bögen berücksichtigt werden müssen (García et al., 2016).

Die Knoten, die miteinander verbunden sind, können als Dyaden oder Triaden identifiziert werden, aber wenn sie eine Organisationskultur wie Qualität oder Erfolg teilen, dann sind sie unimodal und konfigurieren eine Reihenfolge oder Anzahl von Gesamtknoten, die in das Netzwerk einbezogen sind.

Sobald die Reihenfolge oder die Anzahl der Knoten festgelegt ist, wird die Dichteschätzung ermittelt, indem die bestehenden Beziehungen durch die möglichen Beziehungen dividiert werden. Solche Beziehungen können unidirektional - Twitter - oder bidirektional - Facebook - sein. In beiden Fällen ist es möglich, das Richtungsgewicht zu berechnen.

Im Falle von Organisationen, die andere Organisationen benötigen, kann ihr Richtungsgewicht signifikant sein und nahe bei eins liegen, aber wenn es eher andere Organisationen sind, die Beziehungen zu ihr aufbauen müssen, und eine solche Angelegenheit keinen Nutzen für sie impliziert, wird das Richtungsgewicht eher durch die Anforderungen an die Verbindung als durch die Anforderungen an die Verknüpfung bestimmt.

Bei bidirektionalen oder multidirektionalen Knoten wird die Schätzung in Informationseingänge und -ausgänge aufgeteilt, wobei die Summe

der beiden Verbindungen ihr Richtungsgewicht ergibt. Wenn eine solche Schätzung im Vergleich zu anderen Knoten höher ist, dann wird eine solche Organisation als vorherrschend im Netz betrachtet.

Implizite Prozesse können auch durch die Berechnung des Richtungsgewichts ermittelt werden, das eine Organisation benötigt, um sich mit einer anderen, entfernten oder selektiven Organisation zu verbinden. Auf diese Weise bilden die Organisationen ein Netzwerk geschätzter Beziehungen und ein Netzwerk latenter Beziehungen (Carreón et al., 2016).

Im Falle der geschätzten Beziehungsdiagramme definieren sie versuchsweise die konjunkturelle Macht eines Knotens, aber das latente Beziehungsdiagramm bestimmt den historischen Einfluss des Knotens. Der Unterschied ist beträchtlich, denn die konjunkturelle Macht bezieht sich auf die Wahrscheinlichkeit, dass eine Organisation aufgrund ihrer Vermittlung auf externe Anforderungen reagieren wird, während der historische Einfluss das Potenzial bestimmt, das eine Organisation hätte, wenn ihre Ressourcen eine unimodale Kultur etablieren würden.

Organisatorische Komplexität bezieht sich somit auf Macht und Einfluss, wie sie in Wissensgraphen, Informationsnetzen, Produktionsknoten und Beziehungsbögen dargestellt werden. Die Sozialkapitaltheorie und die Theorie der Netzwerkanalyse erklären die Komplexität von Organisationen als Graphen, Knoten oder Bögen, während sie gleichzeitig Kulturen beschreiben und Bedeutungen zwischen Akteuren erforschen.

Wenn eine Organisation das Ergebnis der Beziehungen zwischen ihren Talenten ist, dann spiegelt ihre Kultur die Art der Grafik wider, die sie angesichts der Anforderungen der Umwelt und der internen Ressourcen erstellen. Organisationskulturen beziehen sich auf ihre Gebräuche und Gewohnheiten, Werte und Normen, die sich aus den Bedeutungen ihrer Symbole ergeben, ihre symbolische Struktur, die sich in Ritualen materialisiert, ihre autonomen oder halbautonomen Bereiche, ihre interne und externe Dialektik, ihre Darstellungen in Bezug auf die Informationen der Umgebung und ihre soziale Identität. Ausgehend von diesen Merkmalen beschränkt sich die Analyse komplexer Organisationen auf ihre Kultur, ihre Führung und ihr Klima.

So hängen autokratische Organisationskulturen mehr von der Führung und dem Aufgabenklima ab als von ihren Talenten und ihrer Motivation. Im Gegensatz dazu werden komplexe Organisationskulturen durch die Wissensproduktion ihrer Talente und die Motivation ihrer Führungskräfte angetrieben.

Autokratische Kulturen bilden Graphen, in denen Diskurskontinuität, Konformität und Isomorphismus vorherrschen, während komplexe Organisationen Kulturen und Beziehungen sowie sporadische Prozesse entwickeln, die sie nicht nur bei ihrer Anpassung oder Selbstregulierung leiten, sondern sie auch als emergent und dynamisch definieren (García et al., 2014).

In autokratischen Kulturen überwiegen Entscheidungsknotenpunkte, die jedoch auf Werte und Normen des Gehorsams und der Konformität beschränkt sind. In komplexen Organisationskulturen sind ihre Knotenpunkte latente Führungen, die entstehen, wenn externe Anforderungen die internen Ressourcen übersteigen oder wenn die Beziehungen zwischen den Knotenpunkten innovative und chancenschaffende Prozesse sowie Fähigkeiten erfordern.

In Bezug auf Information und Wissen reproduzieren autokratische Kulturen Bögen, während komplexe Organisationen latente und beobachtbare Beziehungen schaffen, während sie ihre Zielsetzungen und Ziele entsprechend den Marktkontingenzen oder dem staatlichen Institutionalismus strukturieren.

Mit anderen Worten: Autokratische Organisationen bilden Machtstrukturen und Herrschaftskulturen, während komplexe Organisationen Innovationskulturen aufbauen, die auf die Einflussnahme ihrer Talente und Führungskräfte ausgerichtet sind.

Komplexe Organisationen werden jedoch anhand der Beziehungen zwischen ihren Knotenpunkten und ihrer Kontaktabsichten voneinander unterschieden. Es wird angenommen, dass organisatorische Vermeidung ein Faktor der Komplexität ist, da sie den Aufbau latenter Beziehungen beinhaltet.

In autokratischen Organisationen verweist die Kontaktvermeidung auf ein negatives Aufgaben- und Beziehungsklima, während sie in komplexen Organisationen eine latente Kultur des Unternehmertums und der Innovation parallel zu den mit den anderen Knotenpunkten aufgebauten Beziehungen impliziert.

Autokratische Organisationen gehen davon aus, dass der Kontakt oberflächlich oder intim sein kann, wenn sich die Bögen intensivieren, aber komplexe Organisationen betrachten Kontaktvermeidung als eine vorläufige Bewertung des Knotens in Richtung Führung und Talente. Daher impliziert die Kontaktvermeidung eine latente Beziehung, die sich eher in Einfluss und Innovation als in Macht, Gehorsam und Konformität niederschlagen wird (Garcia et al., 2015).

Die Kontaktvermeidung wird durch eine Reihe interner Organisationsprozesse wie Kategorisierung und Identität bedingt. In dem Maße, in dem Knotenpunkte Mitgliedskategorien bilden, um andere Knotenpunkte auszuschließen und Korrespondenz zu vermeiden, werden Organisationen komplexer, was die Differenzierung ihrer Talente und Führung angeht.

Im Gegensatz dazu verallgemeinert eine Organisation, die ihre Talente und ihre Führung in dieselbe Kategorie einordnet, nicht nur ihre Möglichkeiten und Fähigkeiten, sondern fördert auch oberflächliche oder autokratische Beziehungen.

Organisationskulturen sind also aufgrund ihrer internen Differenzierung und der Wahl der Kontaktbeziehungen in Netzwerken strukturiert. Eine größere Anzahl von Verbindungen oder Bögen impliziert eine größere Komplexität, aber auch eine latente Struktur von Beziehungen.

Komplexe Organisationskulturen erzeugen Informationen aus Bögen, Knoten und Graphen, die sich jedoch eher auf die Kategorisierung und Identität ihrer Führung und Talente als auf externe Anforderungen und interne Ressourcen, Marktchancen oder institutionelle Richtlinien beschränken. In diesem Prozess produzieren komplexe Organisationen Informationen, um andere solche Organisationen zu beeinflussen, obwohl Organisationskulturen rund um Macht - Gehorsam und Konformität - mit komplexen Organisationen koexistieren.

Immaterielle Vermögenswerte und Kapitalmodell

In einer einfachen Orientierung besteht die Spezifikation eines Modells aus einer Auswahl von Faktoren, Kategorien oder Variablen, die häufig ihre Abhängigkeitsbeziehungen darstellen oder ihre reflexiven Beziehungen symbolisieren, wenn ein Konstrukt vorherrscht.

In einem komplexen Sinne bezieht sich die Spezifikation auf das Netz von Abhängigkeitsbeziehungen zwischen den in einer Literaturübersicht verwendeten Faktoren, Kategorien oder Variablen. Mit anderen Worten, es handelt sich nicht nur um die Integration in ein Modell oder die Reflexion eines Prozesses, sondern ein komplexes System wird durch seine Beziehungen und vor allem durch die nicht beobachtbaren oder immateriellen Beziehungen untersucht, wie im Fall des menschlichen und intellektuellen Kapitals (Carreón et al., 2016).

Das Modell umfasst also eine Achse, eine Flugbahn und eine Hypothese (siehe Abbildung 1). Es handelt sich um einen Beziehungsprozess, in dessen Mittelpunkt die immateriellen Werte des politischen, sozialen, menschlichen und intellektuellen Kapitals stehen, die ihrerseits mit anderen Kapitalien und immateriellen Werten verbunden sind.

Im Gegensatz zu einfach ausgerichteten Organisationsstudien bezieht sich die Spezifikation des Modells auf die Beziehungen zwischen den in der Literatur genannten Faktoren, jedoch unter Berücksichtigung der Tatsache, dass es weitere Faktoren gibt und geben wird, die in den Vorschlag einbezogen werden können.

Abbildung 1: Spezifikation eines Modells für die Untersuchung immaterieller Vermögenswerte von Organisationen

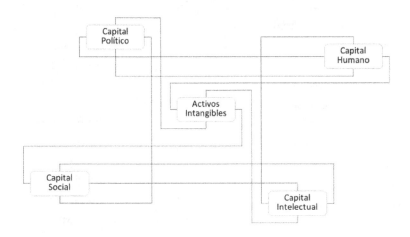

Quelle: Eigene Ausarbeitung

Es ist anzumerken, dass bei einfachen Modellen ein Antezedens und ein Konsekutivum in Form von Abhängigkeits- oder Korrelationsbeziehungen identifiziert werden können, während es bei der Spezifikation eines komplexen Modells notwendig ist, die systematische Wiederholung von Beziehungen zwischen den Elementen nachzuweisen (García et al., 2017).

Auf diese Weise wird der Vorschlag der Spezifikation in einem komplexen Sinne als die Beziehung zwischen den immateriellen Vermögenswerten, einschließlich des Kapitals, die einem organisatorischen Prozess Wert verleihen, sowie der Dynamik dieser Vermögenswerte und des Kapitals, wenn sie beobachtet werden, verstanden.

In diesem Sinne wäre eine weitere methodische Unterscheidung, dass es zwar möglich ist, die Dynamik der Faktoren eines komplexen Modells oder Netzwerks zu "fotografieren", aber wenn es darum geht, ihre Entwicklung und

Strukturbildung zu antizipieren, dann ist eine systematische Beobachtung der Beziehungen zwischen Kapital und immateriellen Vermögenswerten erforderlich.

So erfordert die Spezifizierung eines einfachen Modells die begriffliche und theoretische Verkapselung von Variablen, um einen hypothetischen Korrelationspfad festzulegen, während bei einem komplexen Modell die Substitution einer Variable durch eine andere, die Verschleierung einer Variable durch eine andere oder die Absorption einer Variable durch eine andere zu beobachten ist.

Aufgrund dieser unscharfen Logik lassen sich immaterielle Vermögenswerte und Kapitalien in Organisationen nicht kontrollieren oder manipulieren, geschweige denn durch Macht- und Einflussstrukturen, Anforderungen und Ressourcen oder durch Motivationsinstrumente steuern oder konditionieren (García et al., 2013).

Immaterielle Werte und Kapitalien können nur dann beobachtet werden, wenn ein Prozess so auffällig ist, dass er eine Überprüfung und Rekonstruktion der Fakten erfordert. Dies ist der Fall bei der Innovation, die angesichts von Krisen entsteht, die aber keine Garantie für die Überwindung der Krise ist, weil sie deren Auswirkungen auf die Organisation verschlimmern kann.

Bei immateriellen Vermögenswerten und Kapitalien wurde Kreativität als Vorläufer der Innovation beobachtet, aber Kreativität selbst kann nach der Verbreitung der Innovation innerhalb der Organisation entstehen.

Erfahrung ist ein weiteres immaterielles Element, das sich als Determinante für innovative Strategien erwiesen hat, aber solche Vorschläge stammen in der Regel von unerfahrenen Entscheidungsträgern oder Umsetzern und beruhen oft auf einer Ahnung oder Intuition.

Nach dieser Logik ist die Spezifizierung eines komplexen Modells mehr als nur vorläufig, transitorisch und vorläufig. Es kann lediglich festgestellt werden, dass der Ursprung des Innovationsprozesses in den Vermögenswerten und immateriellen Vermögenswerten liegt, aber die Reihenfolge spielt keine Rolle, wenn die Fakten erneut beobachtet oder ihre Aufzeichnungen abgeglichen werden (García et al., 2015).

Es ist nur möglich, eine bestimmte Anzahl von Beobachtungen aufzuzeichnen und daraus ein Wiederholungsmuster abzuleiten, das über einen Beobachtungszeitraum hinweg auf ein konstantes Netzwerk, einen Verlauf oder eine Beziehung zwischen den Elementen hinweist, aus denen sich das angegebene Muster zusammensetzt.

Der Schlüssel zu dieser Registrierung liegt darin, dass sich komplexe Modelle im Gegensatz zu einfachen Modellen, die nach einem direkten, kausalen Pfad suchen, durch die Entwicklung indirekter, selten beobachteter, fast nie erfasster, geschweige denn erwarteter Pfade von Beziehungen zwischen Variablen auszeichnen, wenn diese im Beobachtungszeitraum nicht mutiert oder verschmolzen sind.

Im Falle einer Organisation sind Wirtschaftskrisen, regionalistische und mutilaterale Politiken ideale Szenarien, um das Verhalten von Organisationen zu beobachten, ihre Logik und komplexe Dynamik auf der Grundlage der Aufzeichnungen ihrer immateriellen Vermögenswerte und Kapitalien zu verstehen (Carreón et al., 2013).

Obwohl in einer komplexen Organisation die immateriellen Vermögenswerte und das Kapital nicht so wichtig sind wie die möglichen Beziehungen zwischen diesen Elementen, ist es notwendig, die Organisation anhand eines einfachen Modells zu untersuchen. In diesem einfachen Modell hätten Organisationen als immaterielle Vermögenswerte ihr politisches Kapital, das sich auf die Macht- und Einflussbeziehungen zwischen denjenigen bezieht, die diese Entscheidungen treffen und ausführen.

Wenn es sich um Beziehungen handelt, in denen Zwangsinstrumente wie Befehlshierarchie, einseitige Kommunikation, Widerstand gegen Veränderungen oder einschränkende Paradigmen vorherrschen. Wenn nämlich das Beziehungsklima gegenüber dem Unterstützungsklima, dem Aufgabenklima oder dem Zielklima überwiegt, dann ist es möglich, in Organisationen ein Nebeneinander von Sozialkapital und politischem Kapital zu beobachten (García et al., 2016).

In diesem Sinne ist Sozialkapital nicht nur Kooperation, Solidarität und Unterstützung, sondern auch ein Prozess der Empathie, des Vertrauens, des Engagements, der Zufriedenheit und des Glücks, der negative und positive Emotionen gegenüber Führungskräften, Kollegen oder organisatorischen Prozessen zum Ausdruck bringt.

In dem Maße, in dem der Einzelne in der Lage ist, politisches Kapital und soziales

Kapital zu artikulieren, wird er seine Fähigkeiten oder, anders ausgedrückt, sein Humankapital widerspiegeln, das sich auf seine akademische und berufliche Ausbildung, seine Arbeits- und Beziehungserfahrungen sowie den intelligenten Umgang mit seinen Emotionen in der Dynamik der Organisation, seine auf Zielsetzungen, Aufgaben und Ziele ausgerichtete Entscheidungsfindung oder einfach seinen Grad an Engagement für jede Herausforderung oder Gelegenheit bezieht.

Wenn diese Person über die Demonstration ihrer Fähigkeiten hinausgeht und sie so systematisiert, dass künftige Generationen oder Kollegen einen Vorschlag auf der Grundlage ihrer Beiträge erstellen können, dann sprechen wir von intellektuellem Kapital, das als Spezialwissen nur erreicht werden kann, wenn man Ziele mit Zielen, Beziehungsklimata mit Aufgabenklimata hinterfragt und gegenübergestellt oder wenn man Initiativen auf der Grundlage der Anforderungen des Umfelds entwickelt. Im Wesentlichen bezieht sich intellektuelles Kapital auf bewährte Lösungen oder Lösungen, die mit hoher Effizienz, Effektivität und Wirtschaftlichkeit umgesetzt werden können.

Abschließende Überlegungen

Der Beitrag dieser Arbeit zum theoretischen, konzeptionellen und empirischen Wissensstand liegt in der Spezifizierung eines komplexen Modells zur Beobachtung und Analyse von immateriellen Vermögenswerten und Kapitalien in Organisationen.

Die gezielte Auswahl der konsultierten Literatur und die Verarbeitung der Informationen durch die Delphi-Technik schränken die Ergebnisse jedoch ein. Es handelt sich um eine Studie, die durch die Untersuchung und Gegenüberstellung der Faktorenstrukturen, der Abhängigkeitsbeziehungen zwischen Konstrukten und Indikatoren sowie des Auftretens dieser Faktoren mit anderen in einer theoretischen und konzeptionellen Logik ergänzt wird, die durch die in der konsultierten Literatur berichteten Ergebnisse unterstützt wird.

Daher ist eine nicht-experimentelle, querschnittliche, explorative Studie über die Faktoren erforderlich, die den Indikatoren für Komplexität, Fraktalität, Selbstorganisation, Rekursion oder Unschärfe zugrunde liegen, aber nicht mit Methoden und Techniken, mit denen einfache Modelle getestet werden, sondern mit komplexen Parametern wie Meta-Analyse oder Data Mining.

Da es sich bei immateriellen Vermögenswerten und Kapital um komplexe, dynamische, rekursive, selbstorganisierende, chaotische oder fraktale Phänomene handelt, ist eine Überprüfung der Ergebnisse über einen bestimmten Zeitraum hinweg erforderlich sowie die Beobachtung möglichst vieler Ereignisse, um Konstanten zu ermitteln, die durch die Parameter der Komplexität erfasst werden können.

Referenzen

1. Carreón J. (2016). *Menschliche Entwicklung: Governance und soziales Unternehmertum.* Mexiko: UNAM-ENTS
2. Carreón, J. (2013). *Discursos en torno a la migración laboral, el retorno y la reincerión social a partir de la identidad grupal en Xilitla, micro-región de la huasteca potosina (Mëxico).* In L. Cano (coord.) Armut und soziale Ungleichheit. Herausforderungen für die Neugestaltung der Sozialpolitik (S. 153-174). Mexiko: UNAM-ENTS
3. Carreón, J., De la Cruz, P. I. und De los Santos, M. (2015). Das Management von sozialen Ängsten. Kontraste eines Modells der Unsicherheitswahrnehmung in Mexiko. *Ehquidad, 4,* 31-60
4. Carreón, J., Hernández, J., Castillo, B. und García, C. (2015). Kontrastierung eines intentionalen Netzwerkmodells. *Alternativas en Psicología, 8 (33),* 50-65.
5. Carreón, J., Hernández, J., Quintero, M. L., García, C. und Mejía, S. (2016). Wissensnetzwerke rund um organisatorische Komplexität: Lernende Selbstregulierung, Dissipation, Anpassungsfähigkeit und Dynamik angesichts des Wandels. *Prospectiva, 2 (2),* 57-70.
6. García, C., Carreón, J. und Hernández, J. (2017). Die Grenzen von Modellen der betrieblichen Gesundheitsvorsorge. Eine Studie zur Asthma-Behandlungstreue bei älteren erwachsenen Wanderarbeitern

im Bundesstaat Mexiko. *Visión Gerencial, 16,* 103-118

7. García, C., Carreón, J., Hernández, J. und Salinas (2016). *Stakeholder Governance und technologische Innovationsnetzwerke.* In M. L. Quintero, Sales, J. und Velázquez, E. B: (coord.). Innovation and technology. Herausforderungen für ihre praktische Anwendung in Unternehmen (S. 79-94). Mexiko: Porrúa-UAEMEX UAP Nezahualcóyotl.

8. García, C., Carreón, J., Hernández, J., Aguilar, J. A., Rosas, F. J. und Bustos, J. M. (2015). Zuverlässigkeitsunterschiede angesichts von Risiko, Unsicherheit und Konflikten bei Kaffeebauern in Xilitla, Mexiko. *Eureka, 12 (1),* 73-93.

9. García, C., Carreón, J., Hernández, J., Aguilar, J. A., Rosas, F. J., Morales, M. L. und García, E. (2015). Governance der sozio-politischen Kreativität. *Mexican Journal of Agricultural Sciences, 1,* 37-44.

10. García, C., Carreón, J., Hernández, J., Aguilar, J. A., Rosas, F. J., Morales, M. L. und García, E. (2015). Die Steuerung sozio-politischer Emotionen. *Revista Mexicana de Ciencias Agricolas, 1,* 45-52.

11. García, C., Carreón, J., Hernández, J., Aguilar, J. A., Rosas, F. J., Morales, M. L. und García, E. (2015). Governance des sozio-politischen Aktivismus. *Revista Mexicana de Ciencias Agrícolas, 1,* 53-66.

12. García, C., Carreón, J., Hernández, J., Carbajal, C., Quintero, M. L., Sandoval, F. R. und Valdés, O. (2016). Auswirkungen von Mikrofinanzierungsmaßnahmen auf die Wahrnehmung des Unternehmertums von Kaffeebauern und Implikationen für die Soziale Arbeit. *Equidad, 6,* 11-36

13. García, C., Carreón, J., Hernández, J., Méndez, A. und Bautista, M. (2013). *Modell der soziodemografischen Determinanten der Absicht, das Internet zu nutzen.* In R. M. Romero, and Pastrana, A. (coord.). Applied research on technology management (pp. 209-240). Mexiko: UAQ

14. García, C., Carreón, J., Hernández, J., Mendoza, D.,

Rubio, S. und Quintana, L. D. (2014). Digitales Unternehmertum: Eine Fallstudie mit Studenten des Fachbereichs Kommunikation an der Autonomen Universität des Bundesstaates Mexiko. *Visión Gerencial, 14 (2)*, 287-300.

15. García, C., Carreón, J., Hernández, J., Montero, M. und Bustos, J. M. (2012). Systeme der politischen Komplexität. *Soziale Arbeit heute, 65*, 39-48

16. García, C., Carreón, J., Mecalco, J., Hernández, J., Bautista, M. und Méndez, A. (2014). Komplexe politische Systeme: Implikationen für eine nachhaltige öffentliche Sicherheit. *Acciones e Investigaciones Sociales,* 34,186-216.

17. García, C., Carreón, J., Sandoval, F. R., Bustos, J. M. und Aguilar, J. A. (2016). Struktur der Arbeitskultur in einer Einrichtung der öffentlichen Gesundheitsförderung. *Arequipa, 6 (1)*, 291-304.

18. García, C., Hernández, J., Aguilar, J. A., Morales, M. L. und Peralta, M. V. (2016). Reliabilität und Validität eines Instruments zur Messung der Cyber-Selektivitätsabsicht. *Poiesis, 31*, 6-18

19. García, C., Valdés, O., Sánchez, R., Elizarraráz, G., Méndez, A. und Hernández, J. (2015). Unterschiede zwischen Internet-Unternehmern in Bezug auf Empathie, Risikowahrnehmung und Nutzung technologischer Anwendungen. *Prospectiva, 12 (1)*, 68-75.

Semblanzas

Angélica María Rascón Larios, Forschungsprofessorin an der Universität von Sonora, mit einem Doktortitel in Verwaltungswissenschaften vom Instituto Pedagógico del Estado de Sonora; Programmkoordinatorin des Bachelor-Studiengangs in Verwaltung; PRODEP-Wunschprofil; zertifiziert im Bereich Verwaltung durch ANFECA, Mitglied der CA 166 "Regionale Entwicklung und Wettbewerbsfähigkeit". maqueka@navojoa.uson.mx.

Arturo Sánchez Sánchez Sánchez, Doktor der Verwaltung, Vollzeitprofessor, UAT, Tlaxcala. Forschungsschwerpunkt: Organisatorische Gewalt. Artuross1@hotmail.com

Beatriz Llamas Aréchiga, Forschungsprofessorin an der Universität von Sonora, mit einem Doktortitel in Management und Marketing von der UPAEP; Präsidentin der Verwaltungsakademie; Abteilungskoordinatorin des Sozialdienstes; PRODEP-Wunschprofil; Zertifiziert für den Kompetenzstandard bei der Durchführung von Kursen zur Ausbildung des Humankapitals in einer Gruppe von Angesicht zu Angesicht durch den Nationalen Rat für die Standardisierung und Zertifizierung von Arbeitskompetenzen (CONOCER); Zertifiziert im Bereich der Verwaltung durch die ANFECA, Beraterin bei Verknüpfungsprojekten in den Bereichen Marketing und Unternehmertum. Mitglied der CA 166 "Regionale Entwicklung und Wettbewerbsfähigkeit". bllamas@pitic.uson.mx.

Bertha Leticia Rivera Varea, promovierte Geografin, Vollzeitprofessorin, UNAD. briveravarela@yahoo.com.mx

Christian Bucio Pacheco, Doktor der Wirtschaftswissenschaften, Professor auf Vollzeitbasis, UAEMEX-UAP, Huehuetoca. Mitglied des Nationalen Systems der Forscher. cbuciop@uaemex.mx

Cruz García Lirios, Doktoratsstudium der Psychologie, Wissenschaftlicher Mitarbeiter, Akademisches Transdisziplinäres Netzwerk. garcialirios@icloud.com

Eleazar Villegas González, Doktor der Verwaltung, Vollzeitprofessor, VAEH. Forschungsschwerpunkt: Humankapital. eleazarvillegas@hotmail.com

Enrique del Callejo canal, PhD in Komplexitätswissenschaften. Assistenzprofessor. UNAM. enriquedelcallejo@hotmail.com

Enrique Martínez Muñoz, Doktor der Verwaltung, Vollzeitprofessor, VAEH. Forschungsschwerpunkt: Organisationsklima. enriquemarvar@hotmail.com

Eréndira Fierro Moreno, PhD in Wirtschaftswissenschaften, Vollzeitprofessorin, UAEMEX. Mitglied des Nationalen Systems der Forscher. efierrom@uaemex.mx

Francisca Elena Rochin Wong, Forschungsprofessorin an der Universität von Sonora, mit einem Doktortitel in Verwaltungswissenschaften des Instituto Pedagógico del Estado de Sonora; PRODEP-Wunschprofil; zertifiziert im Bereich der Verwaltung durch ANFECA, Mitglied der CA 166 "Regionale Entwicklung und Wettbewerbsfähigkeit". frochin@navojoa.uson.mx.

Francisco Espinoza Morales ist Forschungsprofessor an der Universität von Sonora, Doktor der Erziehungswissenschaften an der Universität von Tijuana, ordentlicher Professor in der Abteilung für Wirtschafts- und Verwaltungswissenschaften der Abteilung für Wirtschafts- und Sozialwissenschaften der südlichen regionalen Einheit der Universität von Sonora, anerkannt vom Ministerium für öffentliche Bildung (SEP) PRODEP-Profil, Leiter des akademischen Gremiums der C.A. USON 166 Regionale Entwicklung und Wettbewerbsfähigkeit, akkreditiert von der Nationalen Vereinigung der Fakultäten und Schulen für Rechnungswesen und Verwaltung

(ANFECA). Zertifikat der Arbeitskompetenz im Standard der Kompetenzen. Consejo nacional de Normalización y Certificación de Competencias Laborales, Organismo certificador Excelencia laboral, S.C. E-mail fespinoz@navojoa.uson.mx

Francisco Rubén Sandoal Vázquez, Doktor der Politikwissenschaften, ordentlicher Professor, UAEM, Cuernavaca. Mitglied des Sistema Nacional de Investigadores. fsandoval@uaem.mx

Gerardo Arturo Limón Domínguez, Doktor der Psychologie, Professor auf Vollzeitbasis, UPN. Chihuahua. galimonxm@yahoo.com.mx

Javier Carreón Guillén, Doktor in Verwaltung, ordentlicher Professor "C", Mitglied des Nationalen Systems der Forscher, Forschungsrichtung Governance der Bürgersicherheit. javierg@unam.mx

Joel Martínez Bello, Doktor der Erziehungswissenschaften, Vollzeitprofessor, UAEMEX-UAP, Huehuetoca. jmartinezb@uaemex.mx

Jorge Hernández Valdés, Doktorand in Sozialer Arbeit, ordentlicher Professor "B", UNAM. Forschungsschwerpunkt: Aufkommende Männlichkeit und Gewalt. jorheval@unam.mx

José Marcos Bustos Aguayo, PhD in Psychologie, Mitglied des Nationalen Systems der Forscher, Profesor de Carrera Titular "C", UNAM. Marcos.bustos@unam.mx

Lidia Amalia Zallas Esquer Forschungsprofessorin an der Universität von Sonora, promovierte in Erziehungswissenschaften an der Universität von Tijuana, Professorin in der Abteilung für Sozialwissenschaften der Abteilung für Wirtschafts- und Sozialwissenschaften der südlichen Regionaleinheit der Universität von Sonora E-Mail lzallas@navojoa.uson.mx

Margarita Juárez Nájera, Doktorin der Sozialwissenschaften, Vollzeitprofessorin, UAM-Azcapotzalco. Mitglied des Sistema Nacional de Investigadores. mjn@correo.azc.uam.mx

María Luisa Quintero Soto, Doktorin der Politikwissenschaften, Vollzeitprofessorin, UAEMEX-UAP, Neza. Mitglied des Sistema Nacional de Investigadores. quinluisa@uaemex.mx

Michiko Amemiya Ramírez, promovierte Wissenschaftlerin, Vollzeitprofessorin, UNAM. amrami@hotmail.com

Oscar Coronado Rincón, Forschungsprofessor an der Universität von Sonora, Master in Steuerrecht an der Universität von Durango, Akademischer Sekretär der Abteilung für Wirtschafts- und Sozialwissenschaften der südlichen Regionaleinheit der Universität von Sonora.

Rosa María Rincón Ornelas, Forschungsprofessorin an der Universität von Sonora, Doktorin in Strategischer Planung und Technologiemanagement UPAEP, Vollzeit an der Abteilung für Wirtschafts- und Verwaltungswissenschaften der Regionalen Einheit Süd der Universität von Sonora. Koordinatorin des

217

Bachelor-Studiengangs in öffentlichem
Rechnungswesen. Zertifizierte
Arbeitskompetenz im Standard der
Kompetenz, Organismo Certificador
Excelencia laboral, S.C. SEP-
CONOCER. E-Mail
rosamaro@navojoa.uson.mx

Tirso Javier Hernández Gracia, Doktor
der Verwaltung, Vollzeitprofessor,
VAEH. Forschungsschwerpunkt:
Führung. explorerall@hotmail.com

CPSIA information can be obtained
at www.ICGtesting.com
Printed in the USA
LVHW100835300323
742975LV00021B/311